モノから見た
アイヌ文化史

関根達人
Tatsuhito Sekine

吉川弘文館

目　次

〔図版〕

○カバー表　藤原守道筆「オムシャ図」（筆者蔵）　白幕の奥にいるはずの貴人はあえて描かず、アイヌに下賜される貴重な赤布が漆盆の上に置かれている。アイヌの古老たちは手を繋いで腰をかがめているが、身分の高い和人の前でこのような姿勢をとるのは、小玉貞良の「蝦夷国風図絵」に始まるアイヌ絵の定番である。

○本　　扉　青森県東通村浜尻屋貝塚出土の骨角器（東通村教育委員会所蔵）

◇プロローグ――アイヌ文化とは何か？

よくある質問（縄文・エミシ・エゾ・アイヌの関係）

縄文文化に関心がある方々に縄文土器の説明をすると、しばしば「東北地方の縄文土器の文様って、アイヌ文様に似てますよね」との感想が寄せられる。両者が似ているとの直感を口にしただけの場合もあるが、言外に縄文文化（とりわけ東北地方の縄文文化）とアイヌ文化の「繋がり」に同意を求められているケースも少なくない。また縄文文化やアイヌ文化についてお話しをさせていただくと、話の内容にかかわらずほぼ毎回のように「アイヌの先祖は縄文人ですか？」（または「縄文人の子孫はアイヌですか？」）との質問を受ける。前述の感想と後述の質問は同じような内容に聞こえるかもしれないが、答える側からすると雲泥の差がある。後者は生物としてのヒトの系統性を問題にしており、人骨の形質やDNA分析から、縄文人は本土（本州・九州）の現代人よりもアイヌや沖縄・奄美の現代人と近縁関係にあることが明らかにされている[1]。それに対して縄文文化とアイヌ文化の「連続性」を述べた感想はなかなか厄介な問題だけにこちらとしては思わず身構えてしまう。

東北地方から出土する縄文土器と似たものがアイヌの人々が暮らす蝦夷地（北海道）からも発見されることを初めて認識したのは、江戸後期の紀行家、菅江真澄《すがえますみ》であった。真澄の専門は薬草学だが、縄文土器や土偶・須恵器などの古器物に対しても関心が高く、記録を残している[2]。彼は、遮光器《しゃこうき》土偶で有名な青森県つがる市亀ヶ岡《かめがおか》遺跡から出土した土器（縄文晩期の亀ヶ岡式土器）と同じものが現在の岩手県一戸町・秋田県大館市・北海道根室市から見つかっているとし、それらを「いにしえ蝦夷」が残したものと考えた。真澄は、本州北端の津軽で伝え聞いた本州アイヌや「亀ヶ岡式土器」の分布から、アイヌの先祖である「いにしえ蝦夷」が東北北部に居住していたとの認識を深めたのである。[3]

明治の日本で考古学や人類学が成立するや、日本人の起源が議論の中心となった。大森貝塚を調査したエドワード・シルベスター・モースが主張したプレアイヌ説は、真澄の「いにしえ蝦夷」の考え方に近いといえよう。ヘンリー・フォン・ジョン・ミルンや小金井《こがねい》良精《よしきよ》らはアイヌ説を主張したが、ミルンはその論拠として本州に残るアイヌ語地名や縄文土器の文様とアイヌ文様の類似性を挙げていた。

今日でこそ、縄文文化とアイヌ文化が年代的に直結しないことは常識化しているが、そこに到る道のりは長く、紆余曲折もあった。縄文文化の終末を巡っては、南北朝正閏論争をはじめ論争博士として著名な歴史学者の喜田《きた》貞吉《さだきち》と考古学者の山内清男《やまのうちすがお》との間で、一九三六年に雑誌『ミネルヴァ』を舞台に激しい論争が繰り広げられた。[4]当時の常識にしたがって東北地方では西日本の鎌倉時代まで石器時代がつづくと主張する学界の重鎮喜田に対して、新進気鋭の山内は、自ら構築した縄文土器の広域編年を武器に、縄文文化の終末は東北から九州までそれほど大きな年代差はないと主張した。今日では東北地方における縄文文化の終末はおおよそ二四〇〇年前頃、北海道におけるアイヌ文化の成立は一般に一二〜一三世紀頃と考えられており、両者の間には一六〇〇年間前後もの時間の開きが存在することが明らかとなっている。縄文土器の文様とアイヌ文様がいくら似ていても、直接的な関係性については否定せざるを得ないのである。

縄文とアイヌとの関係よりも説明に時間を要するのが、蝦夷(エミシ・エゾ)とアイヌとの関係である。通説にしたがえば、古代のエミシは律令国家に属さない東北地方の住民、中世以降のエゾはアイヌを指す。問題となるのが、縄文人とエミシ、エミシとエゾ（アイヌ）との関係である。

本州北端の津軽平野では約二四〇〇年前に水田稲作技術が受容されているが、津軽海峡を隔てた北海道で本格的に水田稲作が始まったのは、一九世紀である。津軽半島北端の竜飛岬《たっぴみさき》と北海道南端の白神崎との間の距離は約二〇キロに過ぎないが、水稲技術は二〇〇〇年以上もの間、アイヌ語で「しょっぱい川」と呼ばれる津軽海峡を越えることはなかったとみられる。その結果、北海道全域に日本史の歴史区分が適用されるのは、旧石器時代から縄文時代までと明治時代以降であって、その間は北海道独自に「続縄文時代」・「擦文《さつもん》時代」・「アイヌ文化期」に時代区分されている（図1）。このうちアイヌ文化期は「内地」（本州・九州・四国）の鎌倉時代から江戸時代にほぼ相当するため、「中世アイヌ文化期」や「近世アイヌ期」と呼ばれることもあるが、封建制を特徴とする中世や武家政権による統一支配を特徴とする近世の名称をアイヌ文化に冠することは不適切であり、例え便宜的であるにせよ控えるべきであろう。

現在、弥生文化の定義についてはあくまで灌漑《かんがい》式水田稲作を重視する考え方と、それを維持するための社会組織や祭祀を含めて考えるべきとする意見が併存している[5]。後者の考え方では、土偶などの縄文祭祀を色濃く残すいっぽう、青銅器や方形周溝墓・環壕集落などが見られない東北北部の「弥生文化」は、水田稲作だけを受容した続縄文文化ということになる。

東北最古の水田を営んだ人々が使っていた砂沢《すなざわ》式土器や佐渡島産の碧玉《へきぎょく》製管玉《くだたま》・南海産の貝製装飾品が北海道でも発見されているように、弥生時代に入った途端に本州から北海道への人・物・情報の流れが途絶えてしまうわけではない。また、弥生時代に比べ冷涼な江戸後期に松前藩が函館に隣接する大野などでしばしば稲作を試み、年によっては成功したように、函館平野と津軽平野と気候が、稲作の可否を決定づけるほど異なっているわ

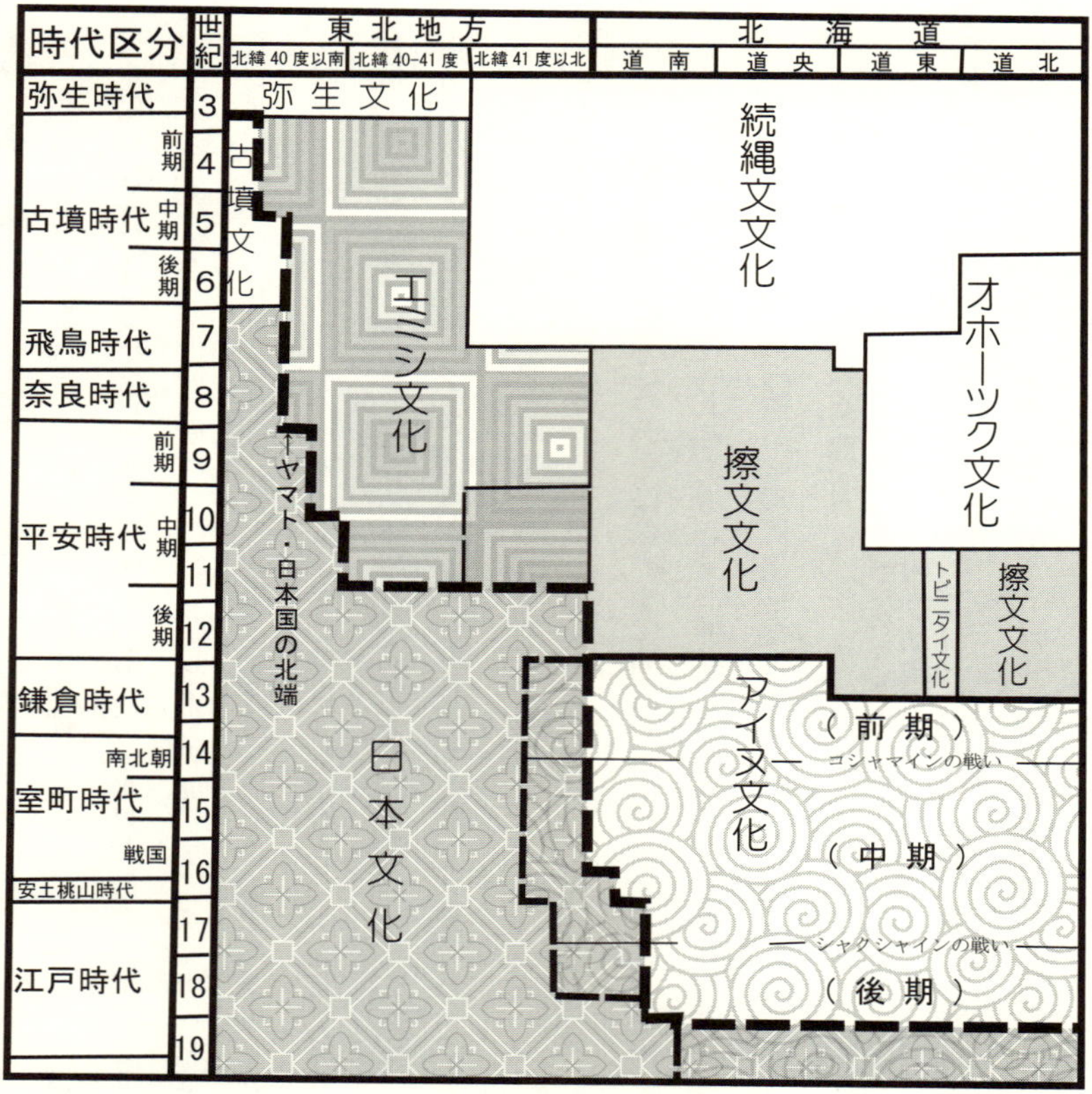

図１　日本史の時代区分と北日本の文化変遷概念図

けでもない。言い換えれば、水田稲作が困難な道央・道北・道東と異なり、道南の続縄文人は、稲作を行おうと思えばできたにもかかわらず、行わなかったのである。続縄文時代前期に北海道南西部にみられる恵山《えさん》文化は、豊富な骨角製漁撈具や古人骨コラーゲンの炭素・窒素同位体比分析から、生業に占める海獣漁の比率が高いとみられている。恵山文化を担った続縄文人は、本州との交易を視野に入れ、弥生人が水田稲作に注いだ労力を、狩猟・漁撈に注ぐ道を選んだと思われる。東北地方から出土する続縄文土器は、東北地方にもまた恵山文化の続縄文人と同じように、狩猟・漁撈になかば特化した人々がいたことを物語っている。続縄文文化は水田稲作を持たぬがゆえに、これまで弥生文化に比べ遅れた文化との烙印を押されてきたが、縄文文化が再評価されるようになった今日、続縄文文化についてもそうしたマイナスイメージを見直す時期に来ているのではなかろうか。

津軽平野では弥生中期までは水田稲作が営まれていたものの、ちょうど紀元〇年頃を境に弥生後期以降、寒冷化により水田稲作は放棄され、遺跡数は激減する。東北北部の太平洋側では、五世紀後葉以降、東北中部以南の古墳文化圏・古代日本国から移住してきた人々によって雑穀の栽培や馬産が営まれた。いっぽう、脊梁《せきりょう》山脈の西側、津軽地方では、弥生後期以降八世紀頃まで約七〇〇年間にわたり、非常に人口密度の低い状況がつづくが、九世紀には北陸や会津地方から多数の移民が押し寄せ、爆発的に人口が増加する。(6) 津軽地方では人口の増加にともない、九世紀には鉄・塩・須恵器生産が始まり、地球規模で温暖化した一〇世紀には水田稲作が再開する。

いっぽう、北海道では本州の土師《はじ》器の影響を受けて七世紀に土器から縄文が消失し、石狩低地帯の恵庭《えにわ》・千歳《ちとせ》周辺には、東北地方を北進する律令国家との朝貢関係により手にいれた刀剣類を保持する首長層が現れる。八世紀には恵庭・千歳周辺に本州北部太平洋側の地域から一定規模のエミシ集団が移住したと見られ、彼らが持ち込んだ北海道式古墳と呼ばれる墳丘墓、カマドを備えた正方形の竪穴住居、機織《はたお》り具、鍛冶《かじ》炉、祭祀用の土玉などが発見されるようになる。

しかし、九世紀には北海道の土器から土師器の特色が薄れ、在地化が進むことが示す通り、彼ら本州系集団は多数派の在地系擦文集団に埋没・吸収されたようだ。九世紀後半から一〇世紀の在地化した擦文《さつもん》土器は道央から道北へと分布域を広げる。さらに擦文土器の分布域は、一〇世紀後半から一一世紀には北海道全域におよび、北は宗谷海峡を越えサハリン島南部、東は国後《くなしり》島・択捉《えとろふ》島、南は津軽海峡を越え本州北部の津軽・下北地方にまで拡大する。

擦文文化の波が本州北端におよんだ一〇世紀後半から一一世紀、律令国家の出先機関が置かれた秋田市と盛岡市を結ぶ北緯四〇度以北の東北北部のエミシ社会では、大きな変化が生じていた。集落のまわりを空堀・土塁・柵などで囲った防御性集落の出現である。[7]古代の東北北部は、拡大する北の擦文集団と南の古代日本との狭間に位置していた。防御性集落は、東北北部のエミシ集団が政治・経済・文化にわたって南北両者の間を取り持つ調整役であり、そのためにしばしば集団間の緊張関係が高まったことを物語っている。防御性集落は道南でも確認されており、防御性集落の営まれた時期には、津軽海峡を挟んで南北で政治的・経済的・文化的一体性が強まっていた。この地域集団こそ、中世前期にエゾの一種「渡党《わたりとう》」として認識される人々の先祖であろう。

ところで、擦文文化の波及と防御性集落出現直前の一〇世紀前半、東北北部は二度の火山災害に見舞われている。九一五年には十和田湖を噴出源として大量の火山灰（十和田a火山灰）が青森・秋田・岩手・宮城に降った。九三七～九三八年には、中朝国境にある白頭山《はくとうさん》が巨大噴火し、偏西風により大量の火山灰（白頭山苫小牧《とまこまい》テフラ）が東北北部から道南・道央南部に降り注いだ。これらの噴火と擦文文化の南下や防御性集落の出現との因果関係は不明だが、度重なる火山災害が東北北部のエミシ社会に与えた影響は大きかったであろう。[8]

前九年の役（一〇五一～一〇六二年）と後三年の役（一〇八三～一〇八七年）に挟まれた延久合戦は、北東北が日本国に組み込まれる契機となった。すなわち、延久二年（一〇七〇）、陸奥守源頼俊《よりとし》と「山北《さんぼく》三郡」（仙北《せんぼく》・平《ひら》鹿《か》・雄勝《おがち》）・「奥六郡《おくろくぐん》」（胆沢《いさわ》・江刺《えさし》・和賀《わが》・紫波《しわ》・稗貫《ひえぬき》・岩手）の首長である清原真衡《さねひら》の連合軍が「衣曽別島《えぞべつがしま》（北海道南部もしくは下北）荒夷《あらえびす》」と「閉伊七村（北上山地およびその東側の沿岸地域）山徒」を武力攻撃し、北東北に郡や一戸〜九戸などの特別行政区が設けられる下地が創られた。(9)さらに一二世紀、奥州藤原氏による支配が東北一円におよぶとともに、北東北の防御性集落は姿を消す。

奥州合戦をへて鎌倉幕府の支配権が津軽海峡に面した外浜《そとがはま》までおよぶと、そこが日本国の東の果てと認識され、その外側に位置する夷島《えぞがしま》（北海道）に住む人々はエゾと呼ばれ始める。津軽海峡に「国境」が設定された後も、列島に人が住み着いて以来つづいてきた本州と北海道島との交流が絶えることはなく、幕藩体制が成立する一七世紀初頭までは海峡の自由な往来が保たれていたのである。

アイヌ文化の定義

日本文化とは何かと問われて言葉に窮するように、アイヌ文化を定義することは容易ではない。また日本文化と異なり、アイヌ文化には縄文文化や弥生文化のように、ある特定の時代を指す歴史用語としての意味合いもある。多義性に加え、ある特定の時代の文化にそれを担った民族名を冠することからくる誤解や分かりにくさを解消するため、アイヌ文化に代わる名称として、アイヌ文化の聖地として知られる平取町二風谷にちなんで「ニブタニ文化」が提唱されているが、旧石器時代に代わる岩宿《いわじゅく》時代や縄文時代に代わる大森時代同様、一般に定着するには至っていない。(10)

アイヌ文化の担い手はもちろんアイヌの人々だが、彼らの先祖が遺した擦文文化や、隣人である和人の日本文化とはどこがどう違うのだろうか。

近年北海道厚真《あつま》町周辺で行われている考古学的調査により、擦文文化とアイヌ文化をつなぐミッシングリンクの実態が明らかになるにつれ、両者の連続性を強調する意見が目立ちはじめた。(11)もちろん、ある日突然、擦文文化がアイヌ文化に変わったのでも、人種の交代があったわけでもない。したがって擦文文化とアイヌ文化が連続的なのはある意味当然といえる。要はそれが弥生文化と古墳文化を区別するのと同じ意味で、時代区分として有効か否かが問題なのである。

「アイヌ文化」という概念は、縄文文化や弥生文化と異なり、近現代以降の、遡っても近世後半以降のアイヌ民族の文化によって規定される部分が大きい。もちろん、アイヌ文化は純粋に考古学的事象だけで定義できるわけではないが、擦文文化との異同を論じる場合には、考古学的事象を中心に考えざるを得ない。近年は、擦文文化もアイヌ文化も和人社会との交易を前提とした文化であるとの考え方が支配的になりつつある。では、擦文文化とアイヌ文化の違いは何か。その物質文化の特徴に関する詳細は、第Ⅱ章のアイヌ文化の形成に譲るとして、ここでは結論だけ述べておこう。アイヌ文化は、南方に対しては、列島規模で展開し始めた中世的日本海運の北上により対和人交易が飛躍的に拡大するいっぽう、北方に対しては、サハリン島への進出にともないアムール女真文化との文化的接触を受けたと考えられる。アイヌ文化は、こうした南北双方の文化的影響を受け、擦文文化が「化学変化」して生成したのではなかろうか。

なぜアイヌ文化を知るべきなのか?

平成九年に「アイヌ文化振興法」が成立し、平成一九年には「先住民族の権利に関する国連宣言」が採択された。日本政府が平成二〇年に「アイヌ政策のあり方に関する有識者懇談会」、翌二一年には内閣官房長官を座長とする「アイヌ政策推進会議」を設置するいっぽうで、アイヌに対する政治家の差別的発言がマスコミで大きく取り上げられるなど、さまざまな意味でアイヌ民族やアイヌ文化に注目が集まっている。

アイヌ民族の問題と沖縄の基地問題は、我が国が抱える極めて重要な政治案件だが、どちらも背景には日本という国家が歩んできた内国化の歴史が横たわっている。我が国の南北極にあるこの二つの問題は、現地（北海道・沖縄）と「内地」とで温度差が著しい点も共通する。

こうした社会情勢を受けて近年アイヌに関する出版物は急速に増えており、アイヌ民族の歴史やアイヌ文化に関する一般書も店頭に並ぶようになった。しかし、それらのほとんどは明治以降の北海道開拓の中で培われてきたアイヌ史観に対する反動から、殊更にアイヌの人々の主体性やアイヌ文化の独自性を強調し、「日本史」や「日本文化」との差異が語られる傾向にある。その結果、近年は自然と共生し豊かな精神世界を構築したアイヌ像が巷間《ちまた》にあふれている。

アイヌの歴史や文化を知るうえで問題となるのが、彼らが和人と違って文字による記録を残さなかった点である。もちろん和人によって書かれたアイヌに関する文書や絵画などの記録はあるが、その多くは一九世紀以降のもので、しかも、なかには明らかな偏見や事実誤認がみられる。

アイヌの人々が遺したモノ資料から物質文化を復元する「アイヌ考古学」は、彼らの歴史や文化を読み解く上で有効な手段だが、実はこれまで中世・近世を対象とした歴史考古学とはあまり接点をもつことなく進められてきた。時としてアイヌ考古学は縄文文化を理解するための「手段」のような扱いすら受けることもあった(12)。

日本の歴史や文化が中国との関係を無視して語れないように、アイヌの歴史や文化も和人や日本文化と切り離して考えることはできない。蝦夷地の歴史は、アイヌをはじめとする北方民族と北方へ進出した和人の双方によって営まれた歴史であり、さらには中国やロシアとの関係性のなかで形成された歴史である。

既成のアイヌ史や北方史の枠を超え、新たに蝦夷地の歴史（「蝦夷地史」）を描くためには、従来別々に進められてきたアイヌ考古学と中世・近世考古学を融合する研究が不可欠である。

筆者は、アイヌモシリ（アイヌ＝人間、モシリ＝大地）であった〝蝦夷地〟が日本国に編入されるに到る歴史の中で、彼らアイヌと和人がいかなる社会的・経済的関係にあったのかについて検討を行ってきた。(13) その結果、経済活動にともなう和人と日本製品の蝦夷地進出が、アイヌ民族の自立性を奪い、政治的な内国化に先立ち、蝦夷地が日本国内経済圏に組み込まれていく過程が見えてきた。本書では、そうした蝦夷地の内国化の視点からアイヌ文化の歴史を通観してみたいと考えている。そうした作業を通して、和人とアイヌがこれまでどのような関係を築いてきたのかを明らかにすることこそが、現在日本政府が進めようとしている「民族共生」に向けた第一歩なのではなかろうか。

I　日本史とアイヌ史

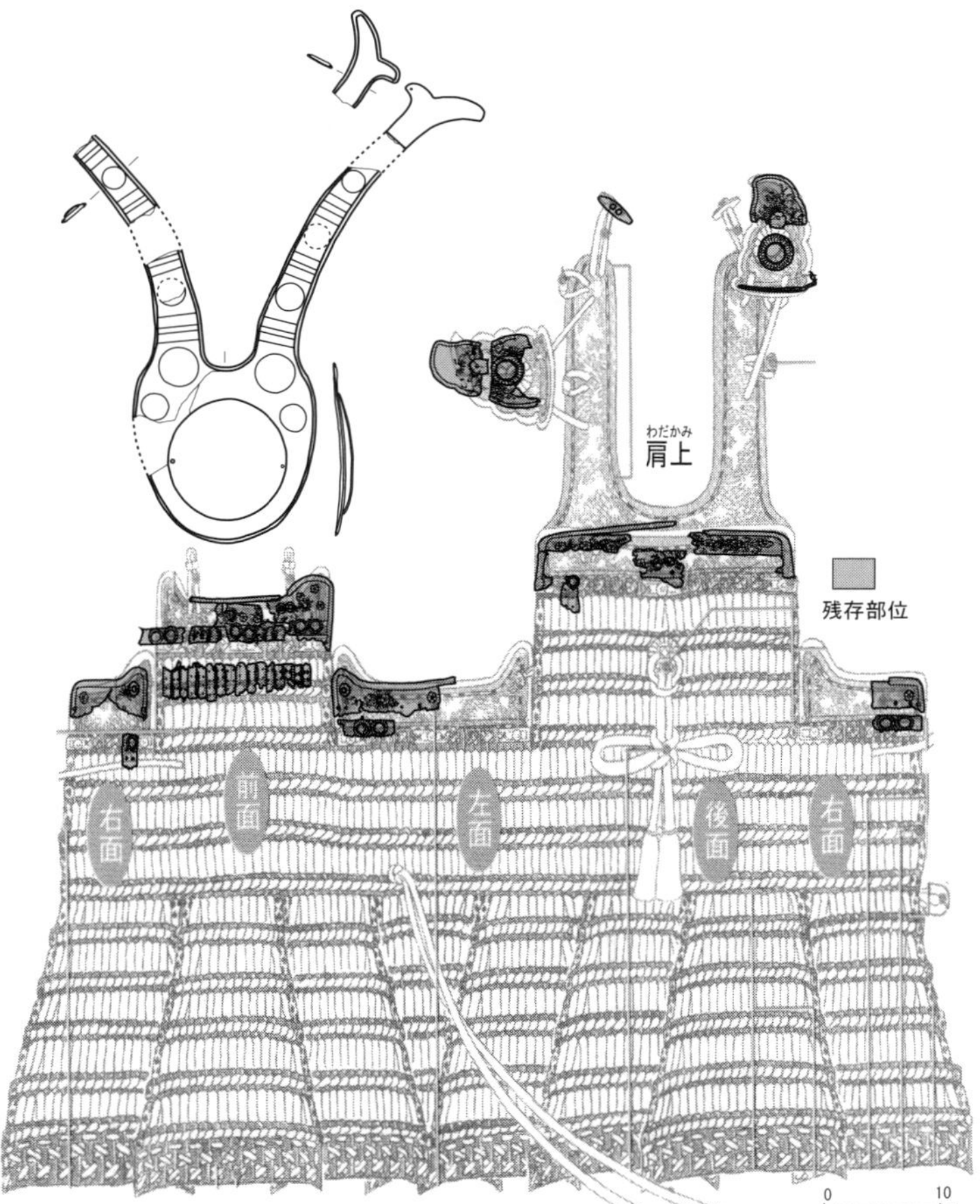

札幌市北１条西８丁目出土の鍬形と余市町大浜中遺跡出土の胴丸復元図

1　北方史の中のアイヌ

北方史で何が語られてきたか？

日本列島の地域的多様性に対する関心が高まりをみせ始めた一九九〇年代頃から、北海道・東北地方の文献史を主とする歴史研究者により「北からの日本史」を旗印として、今日につながる「北方史」研究が開始された。北方地域は文献史料に恵まれないことから、当初から考古学の分野を巻き込む形で研究が進められた。北方史研究は、各地で開催されたシンポジウムを通して地域研究を基盤に、日本史研究に新たな潮流を生み出した。[14]そうした研究成果は、日本史の通史にも反映されるようになり、北方史は確実に日本史の一分野として定着した。[15]

近年は、日本史の枠を超え、中国やロシアとの関係を視野に入れ、北東アジア世界史の枠組みのなかで日本の北方史が語られる傾向にある。[16]その背景には、従来の中央政権を中心とする歴史の見方や「国民国家」の領域性に縛られた一国史的な見方を乗り越えようとする歴史研究の大きな潮流がある。鎖国体制下でさえ、北に開かれた蝦夷口を通して松前藩は、アイヌの人々と経済的・政治的に深い関係性を築いており、彼らを介して間接的とはいえ、サハリン島に暮らすニブフやウイルタ、さらにはアムール川下流域の人々とも経済的な結びつきを持っていた。

こうした北方史研究に併行して、北方史の主役であるアイヌの人々に焦点を当て、彼らを中心とした歴史、すなわちアイヌ史の構築を目指す動きも進められてきた。近年のアイヌ研究は、考古学や環境生態学の研究成果を取り入れる場合が多く、総じて「交易民」としてのアイヌ像が強調される傾向にある。[17]

「北からの日本史」も「交易民」に力点を置くアイヌ史も、和人とアイヌとの間で行われた交易を重視するが、「北からの」文化的影響を重視するあまり、「南から」すなわち本州から北方世界に向かった和人や日本製品にはさほど関心が示されてこなかった。人類学でも明治以降、人種論争に関連して、本州、特に東北地方の和人集団の人骨におけるアイヌ的要素の抽出には多大な関心が寄せられてきた反面、北海道から出土する古人骨のなかに、いつごろからどのように和人的要素が出現するのかといった問題に正面から取り組んだ研究はほとんどみられない。

アイヌと和人との関係性が軽視される背景には、明治以降の北海道開拓の中で培われてきたアイヌ史観に対する反動がある。民族共生を謳《うた》う政府側としてもアイヌ民族から蝦夷地を奪った歴史を封印したいのか、蝦夷地の歴史から和人を消し去ることで、民族としての誇りを取り戻そうとするアイヌの人々と手を結ぼうとしているように思えてならない。

蝦夷地の歴史は、アイヌをはじめとする北方民族と北方へ進出した和人の双方によって営まれた歴史であり、さらには中国やロシアとの関係性のなかで形成された歴史である。蝦夷地がどのような経緯で民族の土地から日本国へ編入されるに到ったのか、内国化の前史を、考古資料・文献史料・絵画資料・民具・民族調査（聞き取り）などにより多角的に検証する必要がある。

北太平洋の先住民族としてのアイヌ

ベーリング海峡によって隔てられた新旧両大陸の間に広がる北太平洋の沿岸地域は、東は日本列島を含むユーラシア大陸東部からアリューシャン列島を経て西はアラスカからアメリカ北西海岸まで広大な範囲におよぶ。北太平洋沿岸は厳しい自然環境にも関わらず、多くの少数民族が暮らしてきた。彼らは石器時代以来、北太平洋の自然環境に適応した狩猟・漁撈技術を発達させるとともに、北太平洋に点在する島を結ぶ交易により中国・日本・ロシアといった国家とも関係性を作り上げてきた。シベリアや北アメリカ北部などの寒冷地に生息するクロテンやラッコの皮がもつ美しい光沢と柔らかな肌触りは、中国・ロシア・ヨーロッパの人々を魅了し、世界規模の毛皮交易へと発展した。(18)

北太平洋の先住民族の物質文化を特徴づけるものに、海獣類の骨や牙を使った道具や装身具とビーズがある。ビーズは首飾りや耳飾りなどの装身具をはじめ、衣服・ベルト・帽子・鞄に縫い付けるほか、木製の器や人形の目に嵌め込むなど、彼らの身の回りのいたるところに使われている（図2）。ビーズのなかでもっとも多いのは、北太平洋の先住民族自ら作ることのできないガラス玉である。(19) 彼らは毛皮や海産物などと交換するかたちで、中国・日本・ロシアからそれらのガラス玉を手に入れた。その結果、北太平洋の先住民族のもとには、中国・日本・ロシアのみならず、チェコ・ボヘミア・オランダ・イタリア（ベネチア）などヨーロッパ産のものまで、多種多様なガラス玉が集まってきている。(20) 毛皮とガラス玉は、北太平洋の先住民族と彼らを取り巻く国家との関係性を考えるうえで、極めて象徴的な物資といえる。

アイヌもまた、そうした北太平洋の先住民族に数えられる。その居住域は北海道島を中心に、南は津軽海峡を越え本州北部、北は宗谷海峡を越えカラフト（サハリン島）南半部、東は根室海峡を越え千島に広がっていた。

ところで、アイヌ文化を特徴づけるものとして真っ先に名前が挙がるのがイオマンテと呼ばれる飼いクマ送りの儀式である。クマに対する信仰や儀礼はユーラシア北部から北米北部に広がっており、そのなかでアイヌのように子グマを飼育して送る儀礼は、アムール河下流域からサハリン・北海道にかけての地域で発達した。(21) イオマンテは、アイヌに対する民族調査が始まった一九世紀の段階まで存続した人目を惹く儀式であったため、アイヌといえばイオマンテという図式が一般にも広く定着したと思われる。イオマンテは確かにアイヌ文化の重要な要素ではあるが、イオマンテこそがアイヌ文化を最も特徴づける決定的要素とまではいえない。

アイヌの物質文化にみられるクマや海獣類の毛皮とガラス玉は、北太平洋の先住民族に共通し、和人文化とは縁遠い文化的要素といえる。

北東アジア史の視点から

アイヌの人々の居住地、すなわち「蝦夷地」は北東アジアの東端に位置しており、アイヌ文化やその前身である擦文文化・オホーツク文化についても、大陸を視野に入れた研究が進行中である。(22)

アイヌと明・清王朝との接点を物語るモノ資料として、「北からの日本史」において注目されてきたのが、サハリンを経由して北まわりで我が国にもたらされた蝦夷錦《えぞにしき》と呼ばれる中国製の絹織物である。(23) 江戸時代の和人社会では、蝦夷錦はアイヌ玉とも呼ばれるガラス玉とともに、遠く北の異国を連想する品であり、祭礼衣装・打敷《うちしき》・袈裟《けさ》・袱紗《ふくさ》などさまざまなものに加工された（図3）。毛皮交易が北太平洋の先住民族としてのアイヌを象徴していたように、蝦夷錦は、アイヌの人々が和人同様、中国を中心としたアジア的世界の住人でもあったことを物語っている。

蝦夷地はまさにシルクロードやガラス玉の道の終着点の一つであった。アイヌをはじめとする北太平洋の先住民が好んだガラス玉には多くの中国製品が含まれるが、本場中国では貴石としては玉が珍重され、ガラスは玉の代用品に過ぎず評価は低い。アイヌの人々に受容された中国製のガラス玉もまた、彼らがアジア的世界の周縁住

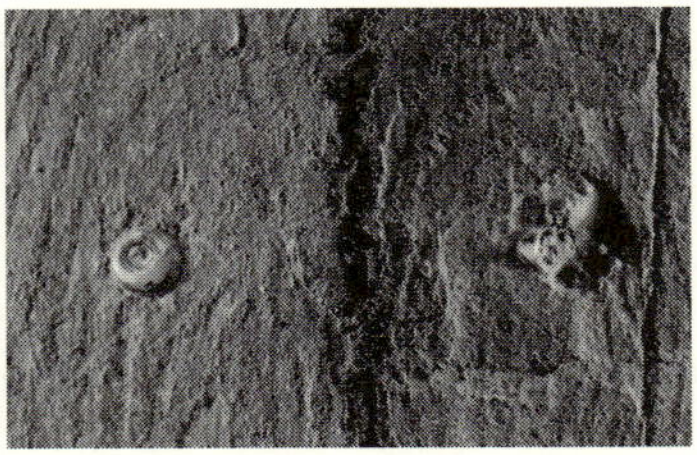

(a)

(b)

図２　ウイルタの木偶（サハリン州立郷土誌博物館蔵．筆者撮影）
目には中国製と思われる青色のガラス製小玉を嵌め（図2a），体にはアザラシの毛皮を纏う．首からはロシア製の木綿紐で寛永通寶を下げる（図2b）．この木偶は，サハリン島中部以北に住むウイルタが，毛皮などの交易によりアイヌやニブフを介して，中国・ロシア・日本製のさまざまな物資を得ていたことを物語る．

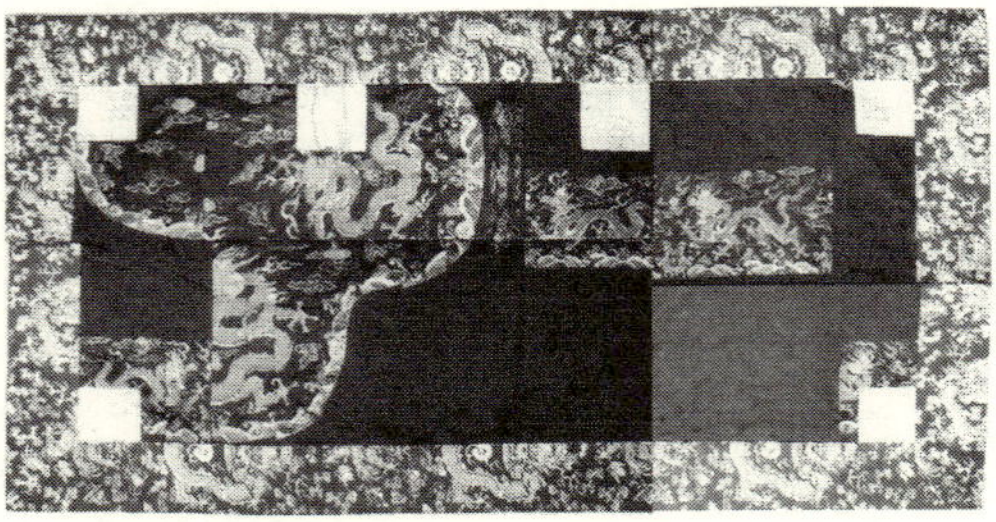

図３　蝦夷錦製の袈裟（来生寺蔵．筆者撮影）
青森県鰺ヶ沢町の来生寺に伝わる七条袈裟は，紺地龍文の蝦夷錦で作られている．松前・江差・函館・佐井・野辺地・鰺ヶ沢・深浦など，北海道・青森県内の北前船の寄港地にはこうした蝦夷錦が伝来している．

人であったことを物語っている。

中国からみれば辺境に住む多くの民族の一つであるアイヌが初めて中国側の史料に登場するのは、一三七〇年編纂の官撰史書『元史』で、サハリンへ進出した「骨嵬《くい》」がモンゴルの支配下にあったギリヤーク（ニブフ）と抗争したが、世祖フビライがサハリンに派遣したモンゴル軍により一二六四年に制圧されたとの記事である。しかしその後もモンゴル・元朝とサハリンへ進出したアイヌとの抗争は、アイヌが使者を征東元帥府のある黒竜江下流の奴児干（ヌルガン）に派遣し降伏する一三〇八年までつづいている。その間、両者の戦いはサハリン島内にとどまらず、アイヌはギリヤークが建造した船で間宮海峡を渡り、大陸で元軍と交戦している。元軍に敗れたアイヌは、毎年毛皮を朝貢する約束をし、元朝の支配下に入った。

アイヌ民族は、国家の視点からみれば、中国と日本という重層的中心から遠く離れた「辺境」に暮らすマージナルマン（境界・周辺人）に映るかもしれない。しかし、見方を変えれば、彼らは北東アジアの国家的世界と北太平洋の民族的世界とを繋ぐ非常にユニークな存在でもある。

2　アイヌ史の登場

アイヌ史研究の方法

「北からの日本史」が始まる以前の北方史は、和人による開拓史観が根強く、アイヌの人々は抑圧される民族として描かれることはあっても、北方史の主役としては扱われてこなかった。「北からの日本史」はアイヌの人々に光を当て、彼らに北方史の主役の座を用意した。

二〇〇七年の「先住民族の権利に関する国際連合宣言」採択以降、我が国でもアイヌを先住民族として認め、その人権と基本的自由を享受する権利を守るとともに、文化的伝統と習慣を実践・再活性化する取り組みが進められるようになった。そうした時代背景のもと、近年は、日本史の一部としてではなく、アイヌ民族を主役としたアイヌ史が提唱されるようになってきた(24)。

アイヌ民族を中心とした歴史を描こうとする場合に、日本史とは異なる難しさが存在する。なぜならアイヌの人々は明治政府による国民化政策以前には、文字記録を持たなかったからである。彼らのことを記した史料の大半は和人によるものであり、時代的には一八世紀以降のものが圧倒的多数を占める。一七世紀以前のアイヌに関する史料は極めて断片的なうえに正確性に乏しい。

つまりアイヌ史研究では、日本史以上に非文字資料が重要なのである。非文字資料としては、絵画資料や無形のオーラル・ヒストリー（口述された歴史）、伝世した民具、出土資料などがある。

アイヌの人々を描いた現存する最古の絵画資料は、元亨元年（一三二一）に製作された「紙本著色聖徳太子絵伝」（茨城県那珂《なか》市上宮《じょうぐう》寺蔵）とされる。中世のアイヌの姿を伝えるこの絵は、蜂起を諌《いさ》める馬上の太子の前に四人のアイヌがひざまずく。彼らは鳥の羽根から作られた衣装をまとい、三名は短弓と矢筒を携え、残る一名は槍を手にしている。絵師は実際にアイヌを見たことはなかったと思われるが、この絵は、絵師を含めた和人が、アイヌは自分たちとは風俗が大きく異なるとともに、弓矢に長けた人々と認識していたことを物語る。アイヌといえば弓矢という発想は、クナシリ・メナシの戦いのさい松前藩にお味方したアイヌを描いた蠣崎波響《はきょう》の「夷《い》酋《しゅう》列像《れつぞう》」に到るまで連綿と受けつがれていくことになる。蝦夷地への関心が高まった一八・一九世紀には、和人により「アイヌ絵」と呼ばれる絵画が多く描かれた(25)。アイヌ絵は、狩猟や祭りなど和人がアイヌに対して抱くイメージを想起させる場面が多く、偏見や誤解を含みつつステレオタイプ化しているため、古文書以上に厳密な資料批判が必要となる。

いっぽう、アイヌ民族に伝わる叙事詩ユーカラやウエペケレと呼ばれる散文には、何がしかの歴史的な出来事が反映されていることもあるが、歴史的事実と創作を判別することは一見簡単そうに見えて実のところ容易ではない。

アイヌの民具は、東京国立博物館・国立民族学博物館・北海道博物館・北海道大学・アイヌ民族博物館・市立函館博物館・旭川市博物館・苫小牧市美術博物館・ロシア民族学博物館・サハリン州立郷土誌博物館・科学アカデミー人類学民族学博物館・ブルックリン美術館など、国内外の博物館や美術館に膨大な資料が収蔵されている。(26)しかし、なかには明らかに和人や欧米人向けにお土産として作られたものも見られ、実用品であっても歴史資料として重視される採集時期や採集地などの情報が明確な資料となると、格段に数は減る。

加えて、オーラル・ヒストリーや民具によって辿れる歴史は、古文書や絵画資料よりさらに新しく、それらから一八世紀以前のアイヌの人々のことを知ることはほぼ不可能といってよい。すなわち、一七世紀以前のアイヌの歴史は、もっぱら考古資料に頼らざるを得ないのである。

アイヌ考古学と中近世考古学

考古学的手法によりアイヌの歴史を研究するさい、最初に避けて通れないのが、年代決定の問題である。日本では土器や陶磁器の編年研究が進んでいるため、考古学の世界では焼き物が「時間のモノサシ」として使われることが多い。しかし北海道では土器の使用は擦文文化で途絶え、アイヌの人々は陶磁器類を日常的に使用する習慣がなかったため、本州の中世・近世遺跡のように陶磁器から年代推定を行えるケースは稀である。また、和人と異なりアイヌの物質文化には紀年銘資料は基本的に存在しない。そのため、これまでアイヌ考古学の編年はもっぱら噴出年代の判明している火山灰層を手懸かりとして進められてきた。

　しかし火山灰層による編年は、陶磁器などの遺物による編年に比べ時間幅がはるかに広く、一万年以上もつづいた縄文時代には適用できても、数百年間のアイヌ文化期の出来事を論じるさいには目が粗すぎる。加えて有珠《うす》山をはじめ、雌阿寒岳《めあかんだけ》・樽前山《たるまえさん》・駒ケ岳《こまがたけ》など火山活動が活発な太平洋沿岸域には適応できても、それらの火山灰が到達していない日本海沿岸やオホーツク海沿岸では遺跡や遺物の年代を推定することが困難である[27]。

　これまでアイヌの物質文化の編年研究は、骨製銛頭（キテ）や鉄鍋などごく一部に限られており、編年の目盛もせいぜい半世紀程度と粗さが目立つ。いっぽう、中近世考古学の分野では、古文書・絵画との比較や紀年銘資料、陶磁器との共伴関係などにもとづきさまざまな遺物に関して精緻な編年研究が進んでいる。例えば、アイヌ文化期の遺跡からもよく出土するキセルは、すでに近世考古学の分野で編年が確立している代表的な遺物である。また、アイヌ文化期の遺跡からも数は少ないが、年代決定に役立つ陶磁器や古銭が出土することもある。アイヌの人々に受容された和産物のうち、すでに編年が確立されている遺物との共伴関係や、出土層と火山灰との上下関係を検討することで、彼ら自身が製作した各種の遺物についても新たに年代を推定することが可能となる（図4）。アイヌの人々に受容された和産物は単に編年に役立つだけでなく、和人とアイヌの政治的・経済的関係性を追求する上で重要な役割を果たす。

　ところで、中世・近世の遺跡や遺物が我が国で考古学の研究の対象となったのは、縄文に比べかなり遅れる。一九六九年の日本考古学協会総会で中川成夫氏と加藤晋平氏により「近世考古学の提唱」が発表された時を近世

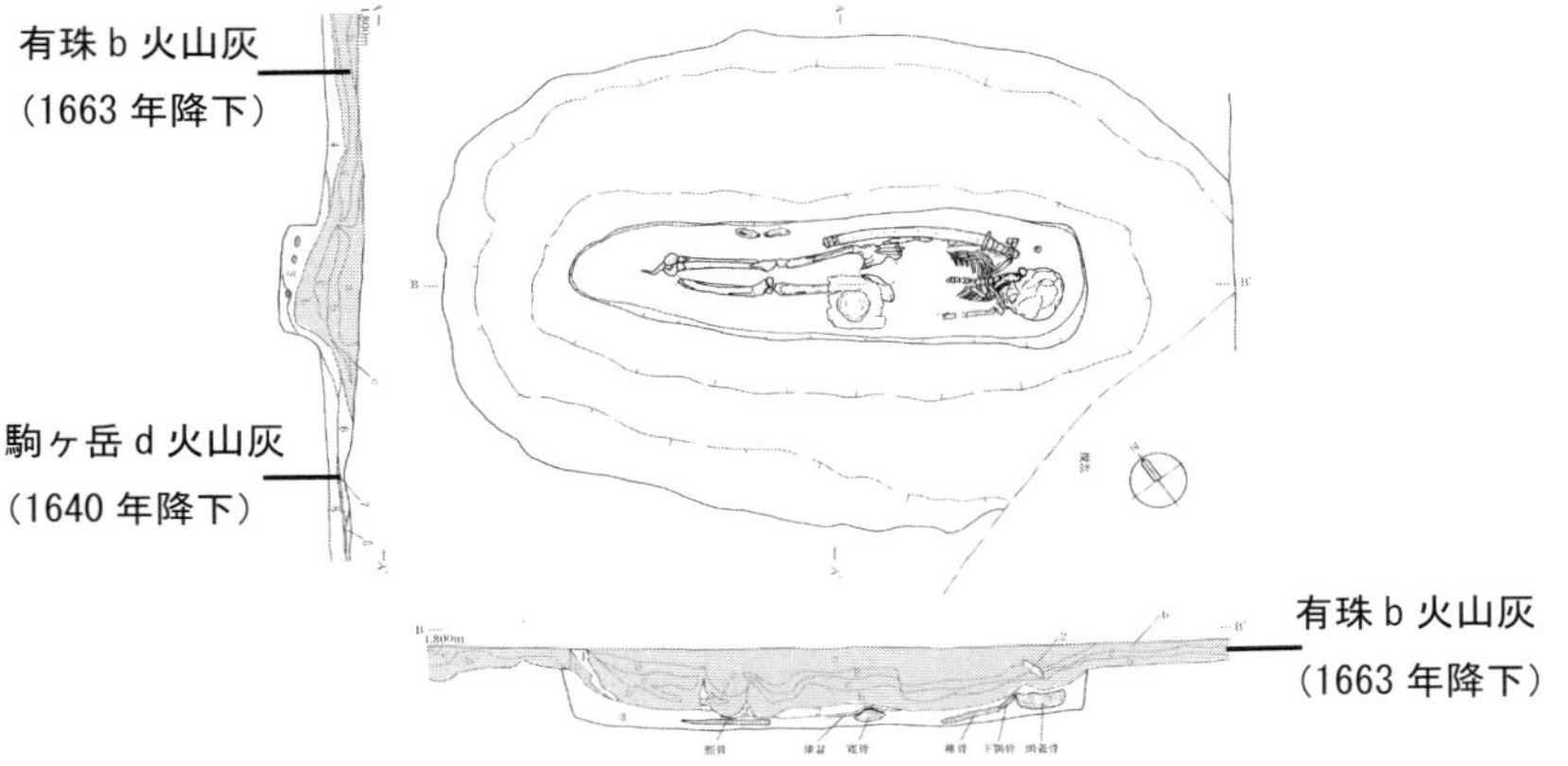

(1)北海道伊達市有珠 4 遺跡 GP006アイヌ墓

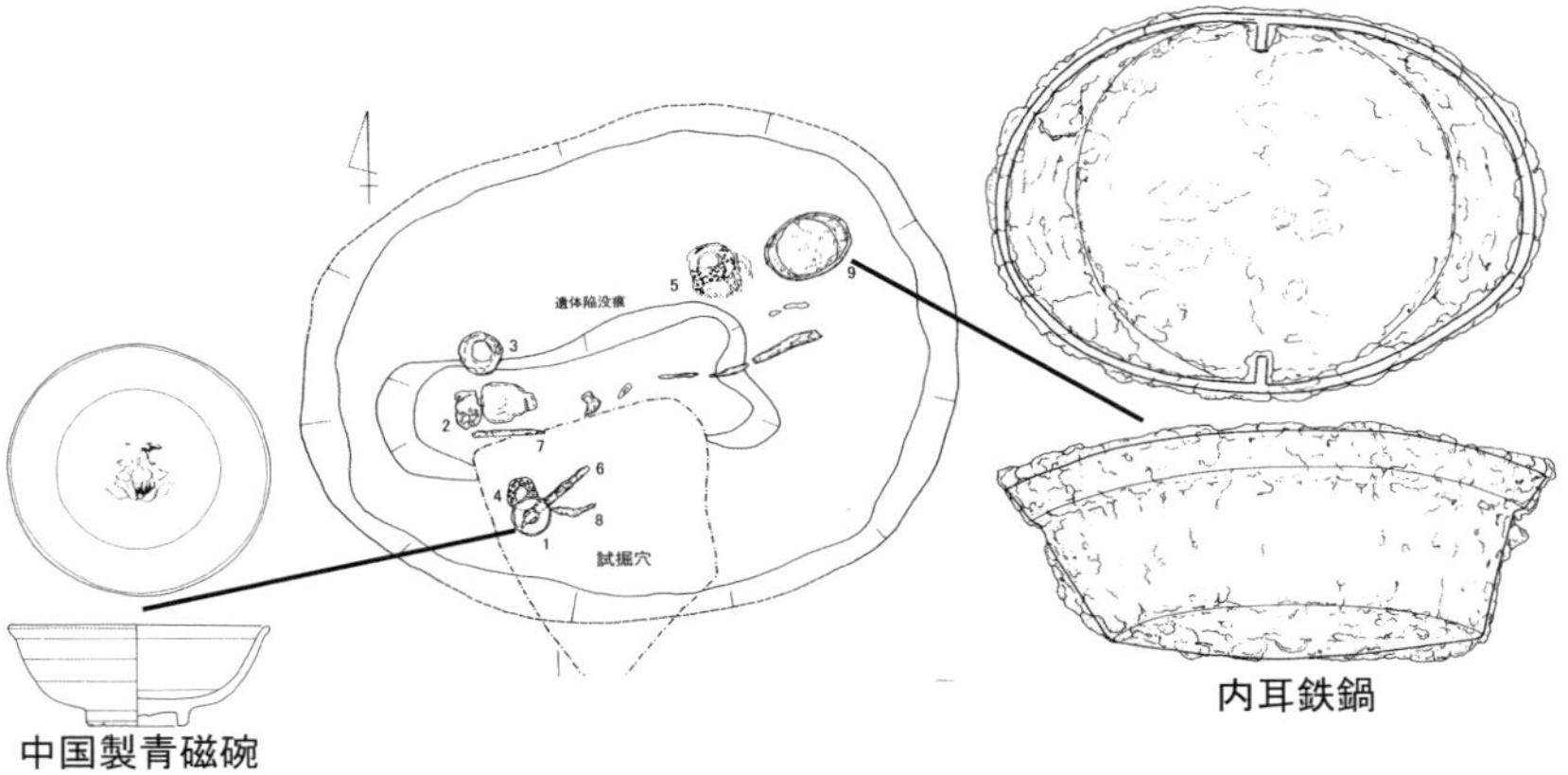

(2)北海道泊村堀株 1 遺跡第12号土壙アイヌ墓

図 4　火山灰と遺物による年代決定

(1)に示した北海道伊達市有珠 4 遺跡 GP006アイヌ墓は，寛永17年（1640）に降下した駒ヶ岳 d 火山灰を掘りこんで構築されており，寛文 3 年（1663）の有珠 b 火山灰に覆われていることから，1640～1663年の間に位置づけられる．図は伊達市噴火湾文化研究所『有珠 4 遺跡発掘調査報告書』2009年掲載図を改変．

(2)に示した北海道泊村堀株 1 遺跡第12号土壙アイヌ墓は，副葬された中国製の青磁碗や内耳鉄鍋から，14世紀末～15世紀中葉の年代を与えることができる，図は泊村教育委員会『堀株 1 遺跡』2004年掲載図を改変．

考古学の始まりとするなら、その研究史はまだ半世紀に満たない。八〇年代後半から九〇年代初頭のいわゆるバブル期には、東京や地方都市の再開発により江戸遺跡や近世城郭跡・城下町遺跡の調査が進み、江戸時代に関する考古学的知見が蓄積された。その結果、文書や絵図をはじめ、建造物から民具に到るまで、伝世資料が豊富な近世といえども、出土資料に頼らざるを得ない、換言すれば、「文字に記録されなかった」あるいは「人から人へと伝えられなかった」歴史があることが次第に明らかとなってきた。

日本考古学協会が毎年刊行する『日本考古学年報』に掲載される研究の動向では、「歴史時代（中世・近世）」とされてきたものが、近世考古学の提唱から二〇年後の九〇年度版以降「近世研究の動向」として独立し、学会内では近世考古学が認知されるようになった。いっぽうで、すべての中世遺跡が文化財行政上、原則保護・調査の対象となっているのに対して、近世遺跡については、九八年に文化庁から出された「埋蔵文化財の保護と発掘調査の円滑化等について」という通知の中で、それぞれの地域において必要なもののみを対象とするとして、各自治体の運用に委ねられている。近世遺跡の保護は今日なお試行の段階にあり、その意味では近世考古学は未だ完全には市民権を得てはいない。

いっぽう、北海道では、本州の中世・近世に併行する時期の考古学的研究は、先住民であるアイヌの人々を専ら研究対象とした「アイヌ考古学」が主体であり、これまで中世・近世考古学とはあまり接点をもつことなく進められてきた。既成のアイヌ史や日本北方史の枠を超え、新たに蝦夷地の歴史（「蝦夷地史」）を描くためには、従来別々に進められてきたアイヌ考古学と中近世考古学を融合する研究が不可欠である。すでに述べたように、本州に比べ北海道には圧倒的に古文書や絵図などの史料が少なく、考古学の果たす役割は大きい。

アイヌ民族はかつて東北北部にも住んでいた。彼ら本州アイヌは、北海道アイヌに比べ、和人と接する機会が多かった。アイヌと和人の両方の物質文化を共有する本州アイヌの考古学研究は、中近世考古学とアイヌ考古学の橋渡しとなる。次節では本州アイヌの実像に迫ってみたい。

3　見えてきた本州アイヌの実像

アイヌと東北地方

東北地方におけるアイヌの問題は、古くは一八世紀から新井白石や本居宣長といった知識人の間で関心がもたれており、北方への関心が高まった一八世紀末以降は一般人にも意識されるようになった。明治以降は、主として日本人のルーツ探しという観点から、人類学・考古学・言語学、さらにはアイヌ語地名など多方面からのアプローチが行われてきた。

東北地方を舞台とするエミシ・エゾ・アイヌの問題は、いまなお人々の関心を惹きつけて止まない古くて新しい問題であり、研究者から一般の人々まで、それぞれの立場で主張をぶつけ合うことができ、なかなか「正解」にたどり着かないという意味で「邪馬台国論争」と相通じるものがある。

いっぽう、近世史の分野では、『弘前藩庁日記（国日記）』や盛岡藩の『雑書《ざっしょ》』、その他古絵図類の検討から、北奥の近世社会で「狄《てき》（狄）」などと呼ばれ異民族視された人々（「本州アイヌ」）の存在に関心が寄せられるようになった。(28)

弘前藩の礎を築いた初代藩主大浦《おおうら》（津軽）為信《ためのぶ》による津軽掌握戦争の実態は、南部氏からの独立抗争であると同時に、実は本州アイヌ掃討戦でもあったとの見解が示されている。(29)この説にしたがえば、津軽地方の戦国時代は、戦国領主間の戦にとどまらず、そこに本州アイヌを加えた三つ巴の戦いが繰り広げられたことになる。弘前藩の場合、津軽半島北端部や夏泊《なつどまり》半島に異民族視された人々の住む「狄村《えぞむら》」が存在していたことは公然の事実であり、津軽半島北端部では、宝暦六年（一七五六）に儒学者乳井貢《にゅういみつぎ》による同化政策が採られるまで和人の村と狄村が併存していた（図5）。

津軽半島のアイヌに関しては、古くは喜田貞吉らが関心を示し、『弘前藩庁日記（国日記）』などの資史料を用いた研究が行われてきた。(30)また、下北半島や津軽北部には厚司（アッシ）、アイヌ文様を有する脚絆《きゃはん》、マキリ、タマサイなどが僅かながら伝世していることが知られている。(31)しかし、それら一見すると本州アイヌの人々が使ったと思われる民具にしても、来歴を調べてみると、実は明治時代に下北や津軽から北海道の漁場に出稼ぎに行った人たちが土産品として持ち帰ったものが含まれていることが分かった。史料上は少なくとも約二五〇年前まで本州アイヌが本州北端部に暮らしていたことは確かなのに、北海道と異なり、本州では彼らの痕跡は地上からはほとんど失われてしまっている。

「狄」すなわち本州アイヌの実態がよくわかっていないため、彼らとエミシとのつながりや、北海道アイヌとの異同といった、古くからの大問題とされてきた事項が論じられる機会はほとんどなかった。これは、これまで本州アイヌの研究が近世文書や古絵図に依拠し、考古学的な検討がほとんど行われてこなかったことにも原因がある。本州アイヌの実態を明らかにするためにも、本州島の中世・近世遺跡から出土するモノのなかに、北海道アイヌの物質文化と共通する遺物がどの程度含まれているのか検討する必要がある。次項では青森県内の中世・近世の遺跡で発見された本州アイヌの考古学的痕跡を紹介する。

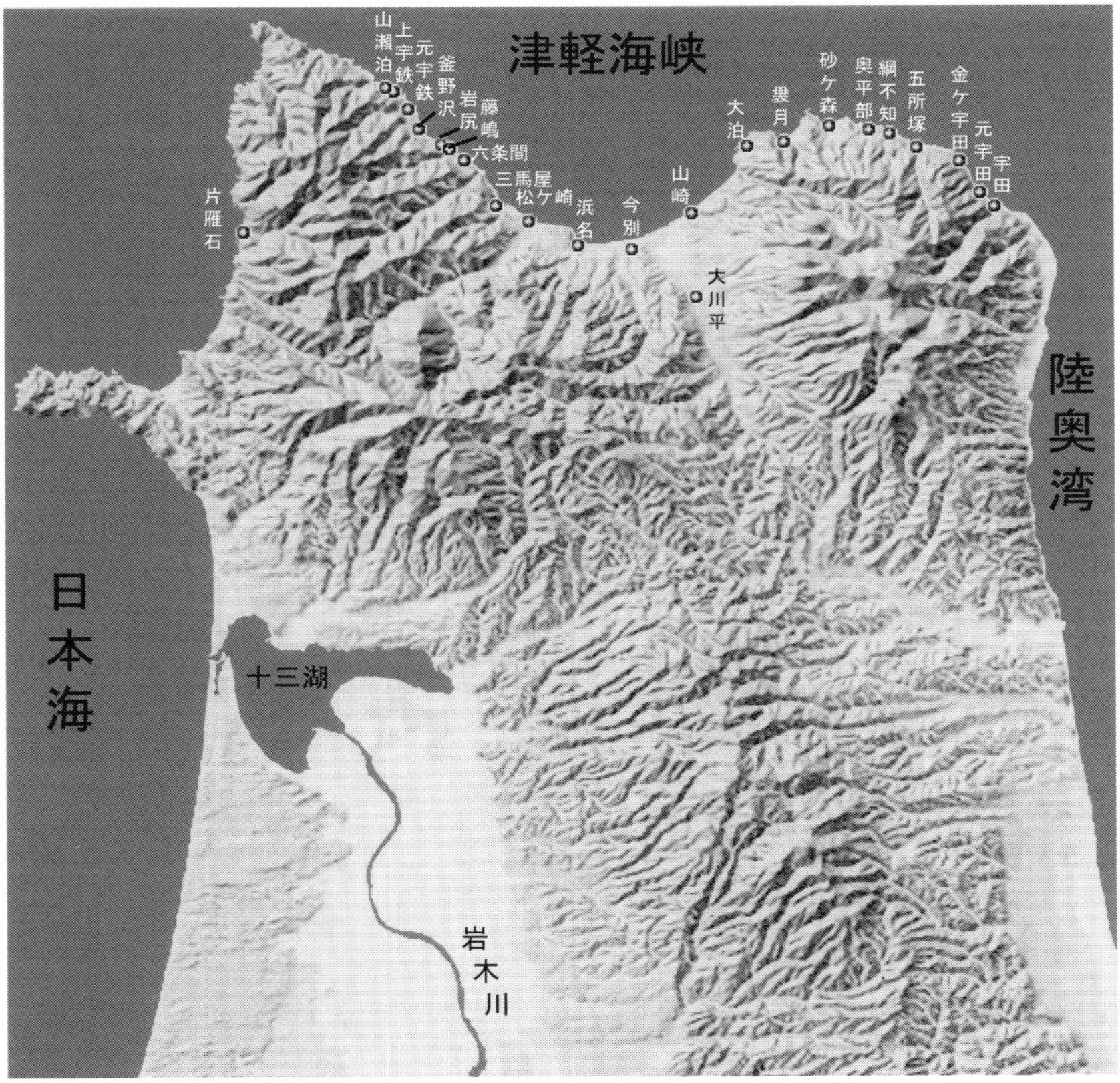

図５　『弘前藩庁日記』（『国日記』）に登場する津軽半島の「狄村」

『弘前藩庁日記』には，その記録が開始される寛文元年（1661）以降，しばしば領内の狄に関する記述がみられる．狄に関する記述は，弘前藩において和人との同化政策が進められる宝暦以前に集中しており，天明期以降は確認できない．狄の居住地としては24ヵ所の地名が確認できる．地図上には，場所の比定ができなかった岩尻（元禄８年６月28日条）を除く23ヵ所を示した．日本海側に位置する片雁石と今別川に沿ってやや内陸に入った大川平（山派）を除き，残りは全て津軽海峡に面する場所である．

本州アイヌの考古学的痕跡

青森県内の中世・近世遺跡からは、銛頭・骨鏃・中柄などの骨角器、ガラス玉、蝦夷拵《こしらえ》の刀装具といったアイヌ民族に特徴的な遺物が出土している。出土地は、下北半島尻屋崎《しりやざき》周辺のアワビを主体とする貝塚（東通村浜《はま》尻屋《しりや》貝塚・大平《おおだい》貝塚）、地域を代表する大規模な戦国城館（青森市浪岡《なみおか》城跡・南部町聖寿寺《しょうじゅじ》館跡・八戸市根城跡・平川市大光寺《だいこう》新城跡）、港湾都市（五所川原市十三湊《とさみなと》遺跡）、「狄村」の所在地として知られる場所（外ヶ浜町宇鉄《うてつ》・むつ市脇野沢）である（図6）。それらの遺物は本州アイヌの存在を示す「動かぬ証拠」である（図7）。

キテはトドやクジラといった海獣猟に用いる銛先である。銛は、先端に位置する鉄製の刃とそれをささえるキテノク（その両方をあわせたものもキテという）、キテを差し込んでささえる「キテの槍」（キテオプ）、シウリの木から作られる長い柄、イラクサを撚《よ》ってつくった銛綱（キテトゥシ）からなる。伝世した北海道アイヌの民具では、キテノクには鯨骨か、木のなかでも一番堅いとされるエリマキ（ツリバナ・マユミ）や「さびたの木」（ノリウツギ）が使われている。北海道内から出土したアイヌのキテ（キテノク）には、鹿角や鯨骨で作られたものの他、木製も見られる。青森県内では下北半島の浜尻屋貝塚（一四・一五世紀）と大平貝塚（一七世紀後半）から出土している。浜尻屋貝塚のキテには鯨骨と鹿角が使われているが、大平貝塚のものは全て鯨骨製とみられる。

アイヌ民具の弓矢では、矢尻は鉄か乾燥させた根曲がり竹を素材とする。樽前a火山灰（一七三九年降下）の下で確認された千歳市末広遺跡のアイヌ墓からは、骨鏃とチシマザサ製の鏃が出土している。また、上ノ国町勝《かつ》山館《やまだて》跡から出土した骨鏃は、陸獣の骨を用いたものが多いが、四分割した鳥骨を素材とするものもある。青森県内では、浜尻屋貝塚と聖寿寺館跡から骨鏃が出土している。浜尻屋貝塚出土の骨鏃には、海獣骨・鹿角・鹿の四肢骨が使われている。

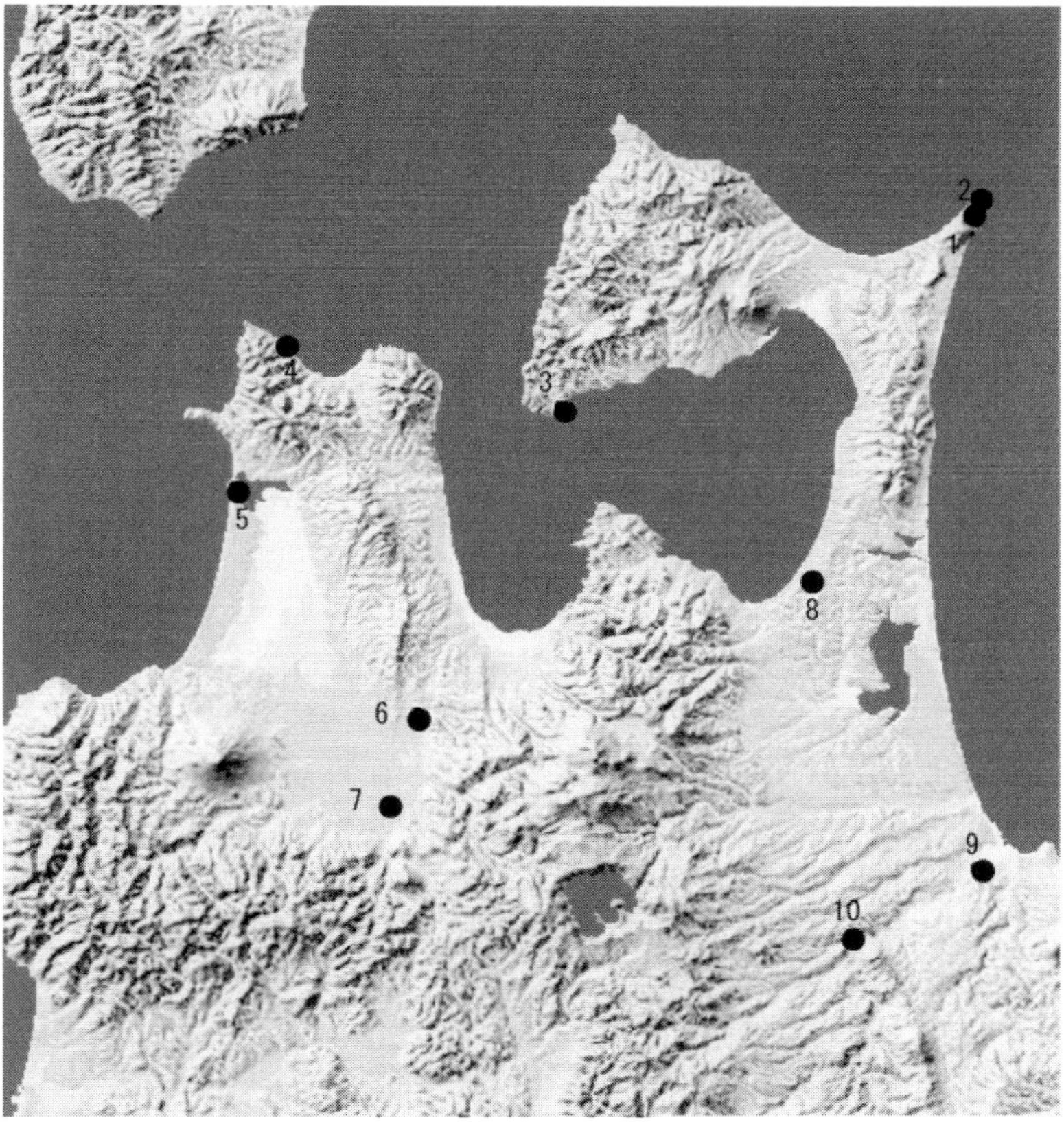

図 6　本州アイヌに関する遺物出土地

1　東通村浜尻屋貝塚（骨角器），2　東通村大平貝塚（骨角器），3　むつ市脇野沢本村（蝦夷拵），4　外ヶ浜町宇鉄（蝦夷拵），5　五所川原市十三湊遺跡（蝦夷拵・ガラス玉），6　青森市浪岡城跡（骨角器・ガラス玉），7　平川市大光寺新城跡（ガラス玉），8　野辺地町向田（35）遺跡（ガラス玉），9　八戸市根城跡（ガラス玉），10　南部町聖寿寺館跡（骨角器・ガラス玉）

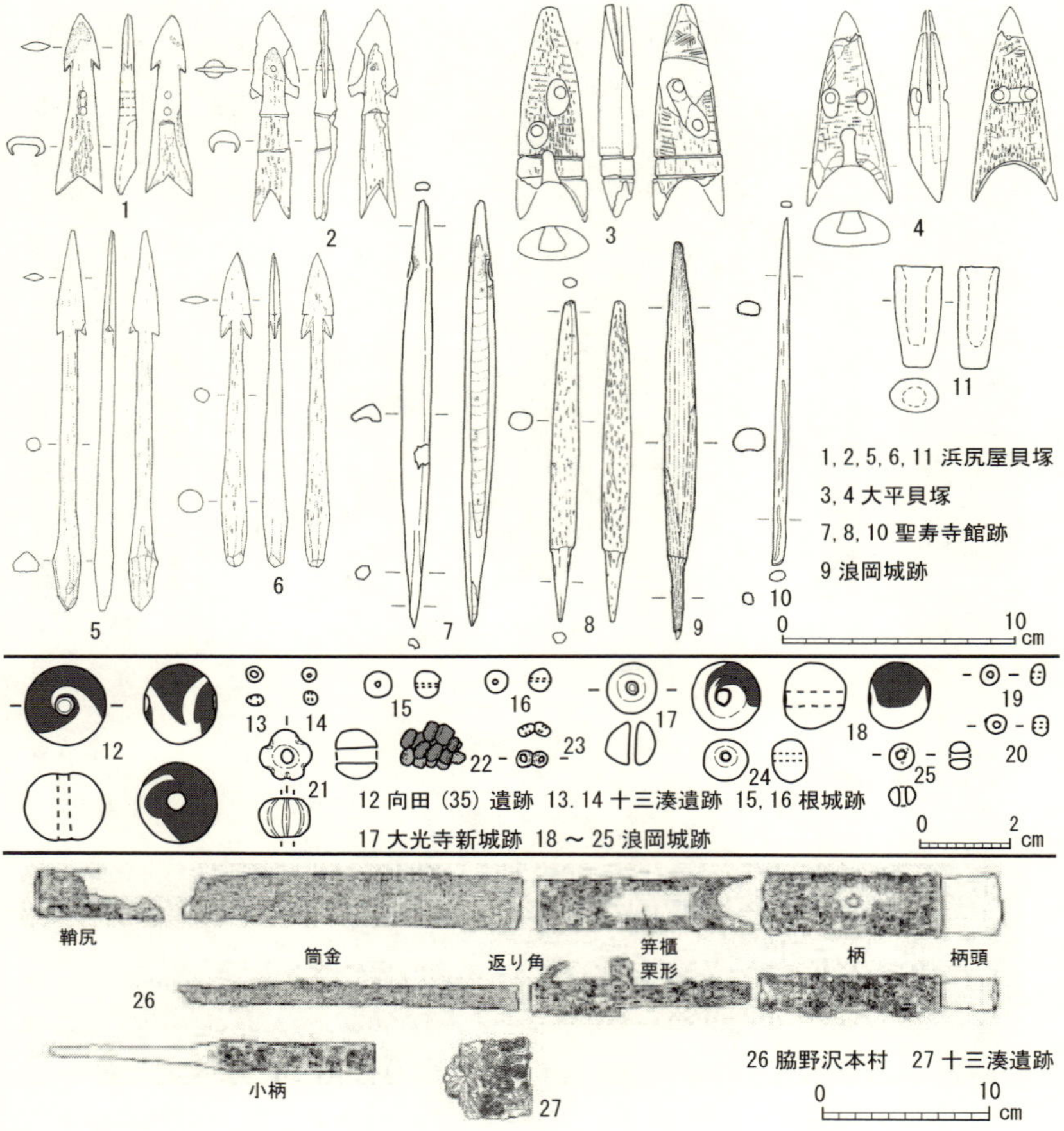

図７　本州アイヌの考古学的痕跡

１～４銛頭（キテ），５・６骨鏃，７～９中柄，10骨針，11針入れ，12～25ガラス玉，26・27蝦夷拵

中柄《なかえ》（マカニツ）は矢骨とも呼ばれ、矢尻《やじり》（ルム）と矢柄《やがら》（アイスプ）を繋ぎ、矢の錘《おもり》の役目をする。中柄はアイヌの矢に特徴的な部品で、和弓の矢には見られない。アイヌの人々は、矢尻・中柄・矢柄を組み合わせて鹿の筋を細く裂いて作った糸（スンチ）でぐるぐると巻いて留めることにより一本の矢とする。獲物に刺さった矢は、体内に食い込んだ矢尻を残してはずれるようになっている。アイヌの民具では、中柄には、鹿の骨を縦割りにして削ったものや、木のなかでも重い「さびたの木」（ノリウツギ）が使われている。中柄は、丈夫さと重さが要求される仕掛け弓（クワリ）用の矢（マカニツアイ）にも使われる。北海道内で出土した中柄には、鹿角、鹿の四肢骨、鯨骨、木（アジサイ属）を素材とするものがある。青森県内では、浜尻屋貝塚・聖寿寺館跡・浪岡城跡・大光寺新城跡・大平貝塚から中柄が出土している。海獣骨・鹿角・鹿の四肢骨など骨角製が多いが木製もあり、木製の中柄もかなり使われていたとみられる。

針や針刺しにも骨が使われる。針刺し（チシポ）は、針を刺しておく布の紐と、その布紐を納めておく筒からなり、筒は、木や蔓《つる》、またはキツネやタヌキといった小動物の脛骨《けいこつ》（首の骨）を使って作られる。(32) 針入れ（ケモプ）は、細い竹などの筒に木の栓《せん》をしたもので、主として皮革を縫うのに用いる太い針（ルウェケム）を入れた。北海道内からは鉄製と骨製の両方の針が出土しているが、古くは骨針が主体であった。鉄針は、小さく持ち運びに便利な上に、アイヌの人々から喜ばれたため、かつては重要な和産物であった。青森県内では、聖寿寺館跡と大平貝塚から骨針が出土している。北海道に比べ鉄製の針を入手しやすいにもかかわらず骨針が使われたのは、太い骨針が海獣類の皮革加工に適していたからであろう。浜尻屋貝塚では、骨製の針入れも発見されている。

青森県内では古代末から中世の遺跡からガラス玉が発見されている。北海道ではガラス玉が多数出土しているが、東北地方では青森県以外では中世以降のガラス玉は出土していない。日本のガラス生産・加工は、奈良県飛鳥池工房遺跡の出土品や正倉院に伝わる「造仏所作物帖《ぞうぶつしょさくもつちょう》」などから、飛鳥・奈良時代の様相はある程度判明しているものの、平安時代以降、中世の状況に関してはベールに包まれている。平安・鎌倉時代には、中国・宋から瑠璃《るり》壺・瓶子《へいし》・盃《さかづき》などのガラス器を輸入するいっぽうで、ガラス玉の一部は、国内で細々と生産、もしくは輸入品を再加工していたとも考えられている。平安時代から中世のガラス玉の使用例としては、瓔珞《ようらく》や各種器物の象嵌《ぞうがん》が多く、畿内や鎌倉では神仏閣の荘厳として使用されている。青森県内から出土するガラス玉は、神仏とは関連性が乏しく、畿内や鎌倉で作られたとは考え難い。青森県内から出土するガラス玉は、北海道から出土するアイヌのガラス玉と外見上区別ができないほど似ており、北海道を経由して北方からもたらされたと考えられる。

刀に関して、アイヌの人々は、切れ味よりも鞘《さや》や鍔《つば》・柄《つか》といった刀装を重視していた。蝦夷刀は、刀身も刀装も日本刀とは大きく異なるため、両者は容易に区別がつく。伝世したアイヌ刀は、大部分が鈍刀で、竹光や刀身のないものも少なくない。アイヌ刀にみられる装飾性の高い刀装は蝦夷拵と呼ばれる。アイヌの刀については後に詳しく述べることとし、ここでは青森県内の遺跡から出土した蝦夷拵を紹介しよう。

青森県内では、むつ市脇野沢本村、外ヶ浜町三厩《みんまや》宇鉄、五所川原市十三湊遺跡から蝦夷拵が出土している。また、蝦夷拵の鍔を造るさいに用いたと思われる鋳型が、青森市の浪岡城跡と八戸市の根城《ねじょう》跡から出土している。

青森県の文化財に指定されている脇野沢出土の腰刀《こしがたな》（図7の26）は、下北アイヌの首長の一人ハッピラの屋敷跡と伝えられる場所から青磁の壺と一緒に出土した。刀身はなく金銅製の拵だけが現存する。柄・鞘口・鐺、笄に牡丹を浮き彫りにした非常に豪華な拵で、後醍醐天皇の皇子で征西将軍となった懐良《かねなが》親王の佩刀《はいとう》と伝えられる熊本県阿蘇神社旧蔵の牡丹造《ぼたんづくり》腰刀（重要文化財）に類似する。脇野沢出土の腰刀は、中世の本州アイヌがこうした優品を手に入れるだけの経済力とコネクションを持っていたことを物語る。なお、東京国立博物館には脇野沢本村出土の鞘に樹皮を巻いた典型的な蝦夷太刀が所蔵されている。

同じく東京国立博物館には外ヶ浜町宇鉄から出土した銀蛭巻《ぎんひるまき》の腰刀がかつて寄託されていた。[33] 宇鉄は弘前藩領内でも大規模な狄村であった。この刀を特徴づけている銀蛭巻とは、幅狭の銀の薄板を漆《うるし》下地の柄と鞘に螺旋《らせん》状に巻き付け、残った隙間に黒漆を塗って固めた刀の拵の様式を指す。蛭巻太刀は、平安末期ころから鎌倉時代にかけ流行した太刀で、室町時代頃まで見られる。アイヌの民具の研究家として著名な杉山寿栄男《すえお》の収集品には、樺太《からふと》東多来加《たらいか》（現ロシア連邦サハリン州ポロナイスキー区プロムィスロヴォーエ）のアイヌに伝来した銀蛭巻太刀（東北歴史博物館所蔵）がある。[34]

中世の三津七湊《さんしんしちそう》の一つに数えられる十三湊遺跡からは、銅板の片面を叩いて菊の花の文様を浮かび上がらせた刀の柄縁金具が出土している（図7の27）。類例としては東京国立博物館所蔵の菊造腰刀がある。[35] 十三湊から出土した蝦夷拵やガラス玉は、十三湊が和人とアイヌを繋ぐ北方交易の本州側の玄関口であったことを物語っている。

図5と6を比べれば明らかなように、近世史料から判明する弘前藩領内の「狄村」が津軽半島北端部や陸奥湾に面する夏泊《なつどまり》半島の海沿いの狭いエリアに限定されているのに対して、中世の本州アイヌの考古学的痕跡は、内陸部を含めた青森県域全体に広がっている。このことは弘前藩・盛岡藩の成立を契機に、藩主権力によって領内各所に住んでいた本州アイヌが津軽・夏泊・下北など半島部の海辺に集住させられた可能性を強く示唆する。

浪岡城跡・聖寿寺館跡・根城跡・大光寺新城跡といった北奥を代表する大規模な戦国城館跡から本州アイヌの考古学的痕跡が発見されたことの意味は非常に大きい。北海道渡島半島西海岸に位置する上ノ国は古くから和人の拠点とされた場所であるが、夷王山《いおうさん》墳墓群で発見されたアイヌ墓や、勝山館跡とその周辺から発見されたイクパスイ・シロシを刻んだ陶磁器・ニンカリ・ガラス玉・骨角器などから、和人とアイヌが混住していたことが判明している。(36)北奥の戦国城館跡から発見された本州アイヌの考古学的痕跡は、上ノ国同様、戦国期の北奥においても和人とアイヌが「共生」していたことを物語っている。

聖寿寺館跡・浪岡城跡・大光寺新城跡から発見された中柄（図7の7〜10）は、戦闘に動員された（参加した）本州アイヌの人々がいたことを示す物的証拠と言えよう。『氏郷記』の「九戸《くのへ》城没落並氏郷加増之事」には、天正一九年（一五九一）の九戸城の戦闘で、城を取り囲む仕置軍、籠城する九戸方双方に毒矢を用いる夷人がいたことが記録されており、北海道島から参陣した蠣崎慶広《かきさきよしひろ》の陣営には毒矢を携えた蝦夷三〇〇名が含まれていたと伝えられている。(37)聖寿寺館の南部氏、浪岡城の北畠氏、大光寺南部氏ともに、毒矢の使用に長けた本州アイヌを戦闘要員として自らの陣営に組み込んでいた可能性がある。根城跡や浪岡城跡で発見されている蝦夷刀の鍔の鋳型は、アイヌ向けの和産物が北奥の戦国城館内で生産されていたことを示しており、南部氏や浪岡北畠氏とアイヌとの結びつきを物語る。

いっぽう、南部氏に反旗を翻し、下剋上により南部氏から津軽を分捕った津軽（大浦）氏関連の城館跡（青森県鰺ヶ沢《あじがさわ》町種里《たねさと》城跡、弘前市大浦城跡・堀越城跡）では、これまでのところ本州アイヌ関連の遺物はまったく発見されていない。南部氏や浪岡北畠氏が一四世紀以来北奥の地の領主として本州アイヌと共生関係を維持してきたのに対して、南部氏や浪岡北畠氏と敵対する新興勢力である津軽（大浦）氏は本州アイヌをも敵に回さざるを得なかったのではなかろうか。

本州アイヌの習俗

津軽半島や下北半島に暮らす本州アイヌには本来、和人とは異なる習俗がみられた。『弘前藩庁日記（国日記)』や盛岡藩の家老席日記である『雑書』に記された彼らの名前は、るてるけ・へきりは・ゆきたいん・はつひろたいぬ・びよろ等、和人とは異なるものが主体で、与助・万五郎等の和人名は少ない。また、寛文九年（一六六九）、蝦夷島で起きた近世最大のアイヌ民族による武装蜂起であるシャクシャインの戦いのさい、幕府の命令にしたがい松前に出陣した弘前藩の陣営に通詞として領内の本州アイヌが動員されたことから分かるように、彼らは北海道アイヌと共通の言語を保持していた。領内に「異民族」を抱えていた弘前藩や盛岡藩は、彼らを藩主権力の偉大さを内外に誇示する道具として利用するため、一八世紀中ごろまでは彼らを和人に同化させることなく、その異民族性を保持しつづけさせる政策をとった。その政策の柱となるのが、藩主への特産物の献上、御《お》目見《めみえ》儀礼《ぎれい》の強要と、「狄米」・「蝦夷稗《ひえ》」等穀類の支給・貸与、漁場や木材利用に関する優遇策といった経済的保護策であった。

　弘前藩や盛岡藩はともに藩政初期の記録が不足しており、領内のアイヌ民族の首長層からの特産物の献上や御目見儀礼の強制が確認できるのは一六六〇年代以降である。弘前藩では、御目見は、藩主下向のさいなどに行われ、アイヌの首長たちには「狄装束」が強制された。狄装束とは、蝦夷錦や陣羽織《じんばおり》などを羽織った上に太刀綬に通した刀を右肩から左腰に下げ、足にアイヌ文様を刺繍した脚絆《きゃはん》を付ける「正装」であった。寛文五年（一六六五）七月に行われた南部盛岡領下北アイヌの「御目見」では、藩主から「夷太刀」すなわち蝦夷拵の太刀が下賜されており、弘前藩でも享保九年（一七二四）二月一七日、五代藩主津軽信寿《のぶひさ》が弘前城の武具蔵より「狄刀二腰」を取り出させ手元に置いたとの記録が残る。[38] いずれも藩が領内の本州アイヌを支配する道具として、「狄装束」の最も重要な要素である蝦夷拵の刀を管理し、時に下賜していたことを示している。いっぽう、宝永四年（一七〇七）二月一二日、宇鉄の狄「へきりは」らから申し出のあった親同様の御目見願を許可したさい、藤嶋の狄「るてりき」の狄装束では「掛刀」を欠いていた。これは、一八世紀の初め頃には、すでに本州アイヌの間で蝦夷太刀を背中に掛ける習俗がなくなりつつあったことを示しているものと思われる。御目見のさいに彼らに「狄装束」を維持させるためには、もはや藩が蝦夷太刀を用意する必要があったのである。前述した東京国立博物館に所蔵されている脇野沢出土の蝦夷太刀は、年代的に見て、盛岡藩主から脇野沢に住む本州アイヌに下賜されたものであった可能性があろう。

弘前藩では元文二年（一七三七）を最後に、アイヌから藩主への献上記録が見られなくなる。弘前藩は宝暦六年（一七五六）、乳井貢による宝暦の改革の一環として、領内外浜のアイヌを強制的に和人の人別に編入し同化を図った。「髭剃り、鬢《びん》立たせ候、女狄は髪結わせ、歯染めさせ申し候、戸数人別帳《こすうにんべつちょう》へ入れ、宗旨《しゅうし》改め、寺持たせ候」とあるように、弘前藩は習俗・宗教面でアイヌの独自性を否定し、和人化する方向に大きく方針転換したのである(39)。その結果、宝暦の改革から約三〇年後の天明八年（一七八八）、菅江真澄がかつて「狄村」であった外浜の上宇鉄を訪れたさいには、言語、容姿ともに和人と何ら変わらない状態になっていたのである(40)。

本州アイヌの生業

本州アイヌを歴史的に位置づけるためには、彼らの生業を理解する必要がある。しかし彼らは一八世紀代にはすでに和人に同化し、歴史上に名を留めるだけの存在になってしまったため、北海道アイヌとは異なり、生業復元の参考となる民族学的研究が存在しない。『弘前藩庁日記（国日記）』によれば、彼らの主たる生業は、漁撈、「狄船」を用いた領内・領外の海運・交通活動、焼畑による粟・稗・蕎麦などの雑穀栽培であるが、このうち考古資料との関係で論証できるのは漁撈・狩猟活動に限られる。前述の通り、弘前藩・盛岡藩領内の本州アイヌの居住地が津軽・夏泊・下北の半島部の海沿いに限定されていることからも、近世期に彼らの生業が漁撈活動を中心としていたことは確実である。ここでは、考古資料と『国日記』の記述とを重ね合わせることで、本州アイヌの狩猟と漁撈の実態を明らかにし、中近世北奥社会における本州アイヌと和人との関係性について述べることとする。

日本沿岸で採れるアワビ類のなかで水産上、最重要種とされるエゾアワビは、クロアワビの冷水域の亜種とされ、一般のクロアワビよりも細長く貝殻の凹凸が激しい。エゾアワビは、北海道の日本海沿岸から津軽海峡沿岸と東北地方三陸沿岸に生息し、北海道の太平洋沿岸やオホーツク海沿岸にはみられない。こうしたエゾアワビの分布を説明する話として、アイヌの人々は、昔々津軽海峡に面した函館市（旧戸井《とい》町）日浦《ひうら》海岸の武井《むい》の島で、アワビとムイ（オオバンヒザラガイ）の大将が縄張り争いをし、それまで北海道全島に棲んでいたエゾアワビ軍が大敗した結果、噴火湾を抱く亀田半島の突端のムイ岬（恵山岬）より北側にはアワビは棲めなくなったとのユニークな伝説を有する。(41)

北日本ではこれまでにアワビを主体とする中世・近世の貝塚が二二ヵ所確認されており、その分布はエゾアワビの生息域に重なる。アワビを主体とする貝塚は、一四・一五世紀には下北半島（浜尻屋貝塚）、一七世紀には、下北半島（大平貝塚）から渡島半島の付け根付近の日本海沿岸部（せたな町瀬田内チャシ跡）、一八・一九世紀には下北半島（岩屋近世貝塚）から積丹《しゃこたん》半島北側の日本海沿岸部（小樽市忍路《おしょろ》神社遺跡・桃内《ももない》遺跡、余市町天内山《あまうちやま》遺跡・ヌッチ川遺跡）さらには道北礼文島（礼文町重兵衛沢2遺跡）と、時代が下るにつれ、蝦夷地への和人の進出と軌を一にして、次第に北へと範囲を広げる。

アイヌの貝塚は必ずしもアワビを主体とするものばかりではなく、むしろアワビを主体とする貝塚のほうが少ない。いっぽう、古くは平城京跡出土木簡が示すように、和人社会では古くは奈良時代から熨斗《のし》アワビが食品としては最も価値の高い贈答品とされ、貴族社会や武家社会では神事に不可欠な品物であった。また、一八世紀初頭の元禄・宝永期から本格化する長崎俵物《たわらもの》では、干鮑が煎海鼠《いりこ》や鱶鰭《ふかひれ》とともに三品に数えられ、対中国貿易の重要輸出品目にもなっていた。

『国日記』には、四代藩主津軽信政《のぶまさ》の代を中心に、外浜の狄がアワビを献上したとの記事が散見される。アワビの献上に対して、藩からは米や銭が下賜されている。献上されるアワビには、串貝（串鮑）、生の鮑、白干鮑があり、串貝が最も多い。串貝は、生のアワビ五個を丸竹の串で貫き、天日で乾燥させたもので、通常は一〇串で一連とする。白干鮑は、生アワビを蒸すか煮るかして塩をふり、ねかせてから乾し上げたもので、手間がかかるため串貝よりも高値で取引された。長崎俵物三品の干鮑も中国側の要請により、白干鮑であった。

北日本のアワビの貝塚は、和人の求めに応じてアイヌの人々が採取したアワビの加工場跡であり、「アワビの道」は日本列島を縦断する形で、蝦夷地から本州をへて長崎出島へ、さらには中国へとつづいていたのである（図8）。

下北半島にあるアワビの貝塚からは、トド・ニホンアシカ・アザラシ・ラッコ・オットセイ・クジラなど多数の海獣類の骨とともに、海獣類の捕獲に使われた銛頭（キテ）が出土している（本扉写真参照）。北の海に生息する海獣類は、毛皮（トド・ニホンアシカ・オットセイ・アザラシ類）、精力剤（オットセイ）、獣油、食肉など利用価値が高く、骨も銛頭・中柄・骨鏃といった狩猟具の材料となる。

アザラシは現在、北海道のごく一部で有害獣駆除を目的とした猟がみられるに過ぎないが、古代・中世の和人社会では、アザラシ（水豹）の皮は、太刀の尻鞘、切付（下鞍）や障泥《あおり》といった馬具、あるいは頬貫《つらぬき》（毛履）などの原料として不可欠であった。平安時代には、陸奥・出羽を通してアザラシの皮が都の貴族に献上され、『延喜式』や『倭名類聚抄《わみょうるいじゅうしょう》』には陸奥や出羽の産品として「葦鹿皮《あしか》」が挙げられている[42]。アシカの皮は主に切付（下鞍）の材料となった。古代・中世の武具や馬具に使われた海獣類の革を和人に供給していたのはアイヌの人々であり、彼らなくして和人は合戦の舞台に立てなかったのである。

イタチ科で最大のラッコは、千島列島・アラスカ・カリフォルニアといった北太平洋沿岸に生息する。千島列島の中部に位置するウルップ島は、日本では近世初期から「ラッコ島」と呼ばれていた。北海道の遺跡でラッコそのものの骨が出土することは稀だが、ラッコの生息域で暮らしたオホーツク人やアイヌの人々にラッコが身近な存在であったことは、オホーツク文化期の遺跡から出土する角や牙にラッコの姿をリアルに表現した彫刻品や、ラッコの呼称がアイヌ語に由来することから推察できる。ラッコは、他の海獣類が冷たい海水から身を守るために皮下に蓄えている分厚い脂肪層をもたないかわりに、綿毛と呼ばれる柔らかな毛が一平方センチあたり一〇万本以上密集して生えている。海に潜るさいには綿毛の間に入った空気が断熱材の役割を果たす。この特殊な綿毛がラッコの皮に光沢と滑らかな手触りをもたらすゆえに、ラッコの皮はクロテンと並んで毛皮の頂点に君臨するのである。

図8　青森県東通村浜尻屋貝塚のアワビを主体とする貝層（筆者撮影）

本州北端の下北半島尻屋崎周辺には，本州アイヌの人々によって営まれたアワビを主体とする中世・近世の貝塚がある．貝塚からは，トド・アシカ・クジラなどの海獣骨とともに，骨角製の狩猟・漁撈具が出土する．

江戸時代、世継ぎを残すことは藩主にとって最大の責務の一つであった。オットセイの陰茎《いんけい》である「たけり」は強壮剤・強精剤であり、「陽を興《おこ》し気を壮にする」ものとして珍重されており、弘前・盛岡両藩が主要な産地として知られていた。(43)『国日記』には、外浜の狄から寛文から元文期にかけ約七〇年間で三一頭のオットセイが献上されたことが記録されている。オットセイの献上は一回につき一〜四頭で、一頭につき米ならば二俵程度、銭の場合二〇〜三〇文が藩から支払われている。オットセイの捕獲方法としては「やす」を用いて仕留めたり、鮫網にかかったものを捕まえたり、あるいは磯に打ち上げられた屍《しかばね》を拾うなどしたようだが、正徳五年（一七一五）には、オットセイの上納は生け捕りに限定し、そのさいの捕獲状況を説明するよう藩から指示が出されている。同じく『国日記』によれば、外浜の狄が一年間で捕獲するオットセイは、多い年には一〇〇〜二〇〇羽にのぼっており、藩主への献上品は氷山の一角に過ぎず、大多数は一般の市場に出回った可能性が高い。

地下資源である石油が本格的に利用される前は、菜種などから採れる植物油とともに、動物性の油は非常に重要な生活物資であった。特に冷たい北の海域に生息するクジラやサメには多くの油分が含まれており、利用価値が高かった。

『国日記』には、外浜の狄に対して、鯨油での返却を条件に漁飯米の拝借を許可、あるいは鯨油上納による米の売貸願いを許可するなどの記録が散見され、本州アイヌの人々が捕獲した鯨から油が採られ、その一部が藩に上納されていたことが確認できる。藩への鯨油上納記録を見る限り、本州アイヌもまた、単に海岸に漂着・座礁した「寄り鯨」を利用するだけでなく、噴火湾周辺の北海道アイヌ同様、積極的な捕鯨活動を行っていたと考えられよう。

浜尻屋貝塚や大平貝塚からは、海獣類とともにツノザメやホシザメをはじめとするサメ類の骨が見つかっている。津軽半島北端竜飛《たっぴ》岬《みさき》周辺は現在でもツノザメの一種アブラツノザメの好漁場として知られる。アブラツノザメは、青森県では今日なお魚肉として広く親しまれているが、その名の通り肝臓に多量の油が含まれていることから、江戸時代には主として照明用の油を目的とした鮫漁が行われていた。『国日記』には狄に関連して魚油に関する記述がみられるが、種別が判明するものでは鯨油よりも鮫油が多い。外浜の狄による鮫漁が藩米の貸出し制によって維持されており、そうして生産された鮫油は藩用品として上納され、余剰分についても藩の手で販売されたとの意見もある。[44]

『国日記』にみられる鮫漁に関する記録の中でとりわけ注目されるのが、正徳二年（一七一二）九月二七日の記載である。それによれば、その時点から五〇年ほど前まで宇鉄から竜浜《たつはま》（竜飛岬）までの一里程の場所は鮫漁を行うための狄専用の漁場であったが、一六・一七年前頃から近隣の三馬屋《みんまや》・浜名《はまな》・今別《いまべつ》・大川平《おおかわたい》の四ヵ村から三〇～四〇隻の船が入り込むようになった。鮫漁に支障をきたすのでこれら和人の船を排除してほしいとの狄の願い出を受け、弘前藩は漁場を大間之崎より竜浜と源兵衛間から鎧島までとに分け、前者を狄に、後者を四ヵ村へと割り当てた。この記事は、一七世紀末頃、アイヌ固有の生業分野に和人が進出するようになり、それまで暗黙の了解のうちになされていた和人とアイヌの生業面での「棲み分け」が難しくなったことを示している。

大平貝塚ではツキノワグマ、浜尻屋貝塚からは本来本州に生息しないエゾヒグマの骨がそれぞれ発見されている。『国日記』には記された本州アイヌとクマとの関わり合いは、献上記録と領内で発生した熊害に対する狄への出動命令がある。寛文から正徳期にかけて外浜の狄による熊の献上がしばしば記録されている。このうち熊ノ子の献上は、熊の献上記録としては最も古い寛文二年（一六六二）に一度きり見られるだけで、その後確認することはできない。いっぽう、献上された熊皮は、寛文六年以降、記録されたものだけでも約五〇年間に四〇頭分を数える。熊胆《くまのい》は「熊胃」とも表記され、熊皮より遅れて元禄期以降献上されるようになる。アイヌによる熊の献上については、子熊から熊皮へ、熊皮から熊胆へと変化しており、一七世紀末を初見とする熊胆の献上は、元禄期の江戸での大ブーム以降に定着した漢方薬ブームに対応するとの指摘が佐藤宏之氏によってなされている。(45)

アイヌ文化に見られる「仔グマ飼育型クマ送り」の成立時期については意見が分かれるところである。(46)外浜の狄から弘前藩主への確認できる最古の熊の献上が熊皮や熊胆でなく生きた子熊であったことは、献上が行われた一七世紀後半、本州アイヌもまた子熊に特別な価値観をもっていたことを示しており大変興味深い。外浜の狄から子熊を献上された弘前藩四代藩主津軽信政は、アイヌの子熊に対する特別な想いを理解できず、大変驚いたに違いない。そしてそれ以後、熊の献上は生きた子熊ではなく、熊皮にするよう指示したものと思われる。

次に、熊害に対する狄への出動命令をみてみよう。『国日記』によれば、元禄九年（一六九六）七月に熊害が発生したため、今別の狄共へ「おとし」ならびに「あへまつほう」または毒矢を用いて熊を捕獲するよう指示が出されている。「おとし」とは、今日「鳥獣保護及狩猟ニ関スル法律」で禁止されている「おし」（「はこおとし」）と呼ばれる狩猟法のことであり、「あへまつほう」は仕掛け弓を意味するアイヌ語のアマクポである。「おとし」は獲物が踏み板に乗るか、餌を咥えて引くことにより、重量物が落下し獲物を圧殺する仕掛けである。「おとし」で捕獲されたクマは何日も放置されることで胆汁の分泌が促進され、良質な熊胆がとれることから、昔は熊猟によく使われたという。『国日記』の正徳五年（一七一五）一月二〇日条には、オットセイは屍が磯に寄ったものや鮫網にかかったものを捕らえており、毒矢での捕獲は前々から行っていない旨、大泊・本宇鉄・松ヶ崎の狄共が述べた記事がある。この記事は、裏を返せば、彼ら外浜の狄が少なくともこの頃まで、オットセイではなく熊を対象として毒矢やそれをつがえた仕掛け弓を使用していたと理解できるのではなかろうか。

これまでのところ、考古資料で本州アイヌの存在が確認できるのは一四世紀以降であり、エミシとの関係は依然としてつかめない。浜尻屋貝塚を残した本州アイヌの主たる生業はアワビ漁や海獣猟などの漁撈活動と海産物の加工であった。そうしたある種の専業化した生業形態は、和人との経済活動が前提にあってはじめて成立する。多量のアワビを処理するのに用いた鉄鍋や、銛先に装着する鉄鏃といった彼ら特有の生業を支える道具にさえ、和人との交易品が使われている。一四・一五世紀の段階ですでに、彼ら本州アイヌの生活は和人の経済システムに組み込まれていた可能性が高い。浜尻屋貝塚からは、同時期の北海道アイヌの遺跡ではみることのない比較的多くの陶磁器類や銭貨、さらには天目《てんもく》茶碗や茶臼などの茶道具が出土しており、多量の動物遺存体や骨角器を除けば、中世城館跡から出土する遺物とほとんど変わらない。浜尻屋貝塚からは、アイヌ文化期の遺跡にはみられない家畜（ウシ・ウマ）やネコの骨も発見されている。一四・一五世紀には本州北端に暮らすアイヌにも確実に貨幣経済が及んでおり、その生活様式は、多分に「和風化」していたといえよう。

そのいっぽうで、考古資料の分布は、戦国期以前には内陸部を含めた北奥の広い範囲に本州アイヌの居住地が広がっていたことを示している。戦国期以前の本州アイヌの生業は、近世に比べ焼き畑などの農耕の比重がより大きく、和人経済に組み込まれていたとはいえ、戦国領主とはある程度の距離感を持ち、その支配下に完全に組み込まれてはいなかったと思われる。

幕藩体制の成立により、彼ら北奥のアイヌは弘前藩・盛岡藩の支配下に完全に組み込まれた。藩権力は彼らを半島の片隅に追いやったものの、政治的・経済的理由から彼らを同化することなく、一八世紀中ごろまで約一五〇年にわたって異民族として扱いつづけた。藩権力が彼らに求めたのは、自らの権威を高めるための異民族性と、魚油・海獣類の毛皮などの海産資源や熊皮・熊胆の献上であった。そのために藩は、占有の漁場から漁船建造用の材木・漁飯米に到るまで漁撈活動に必要なものを提供し、必要とあらば「狄装束」までも準備した。大平貝塚から出土した一七世紀代の鯨骨製銛頭は、同時期の北海道日本海側のものと共通性が高く、幕藩体制成立後も、アイヌには津軽海峡の航行の自由が黙認されていたと思われる。津軽海峡を挟んでアイヌ民族が完全に分断されるのは、シャクシャインの戦いが起きた寛文九年（一六六九）以降であろう。

幕藩体制下で本州アイヌが独自の習俗と生業を維持し得たのは、藩権力の政策による部分が大きい。弘前・盛岡両藩は、「異民族」を抱えつづけるため、彼らに課税を免除するとともに、献上品に対しては経済性を度外視し、多くの品を下賜するか高額な価格で買い取りを行った。

しかし弘前藩は、一七世紀末頃から財政の悪化により、こうした本州アイヌへの「優遇策」を見直さざるをえない状況に追い込まれた。経費をつぎ込んでまで異民族の支配者という「体面」を維持することよりも、経費を削減し、本州アイヌを他の領民と同じように「百姓」として扱うことで、彼らからも税金を徴収する道を選んだのである。

弘前藩における本州アイヌの同化政策は、乳井貢による宝暦の改革の一環として、宝暦六年（一七五六）に行われた。これにより津軽半島北端部に居住する本州アイヌは強制的に和人の人別帳に編入された。それは差別からの解放である反面、名前・習俗の和風化を強いられ、漁業や木材の伐採に関する特権を失うことを意味した。同化政策が決定打となって、本州アイヌはアイヌ民族としてのアイデンティティーと伝統的生業を喪失し、和人の中に埋没・吸収されたのである。

Ⅱ　アイヌ文化の形成

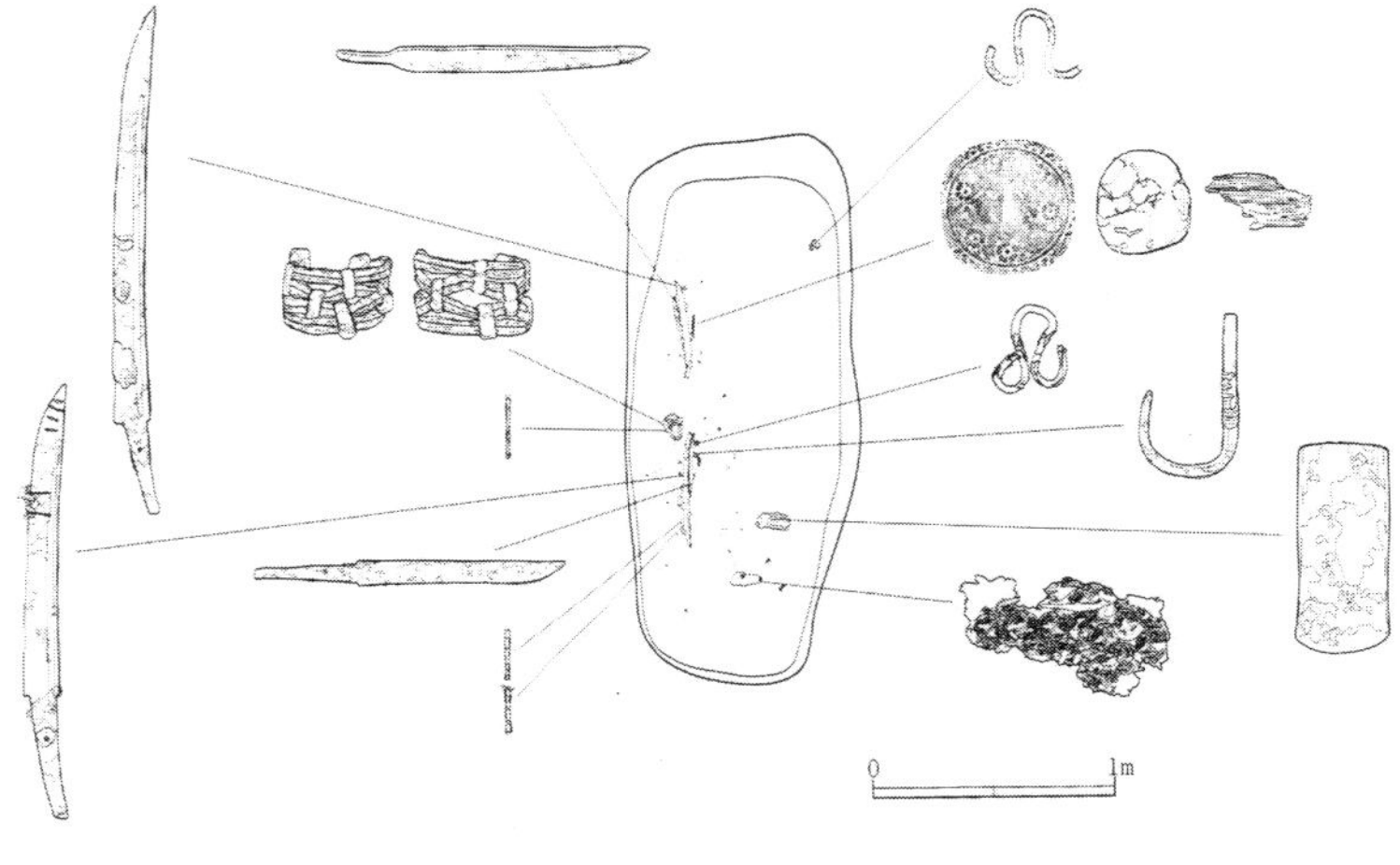

北海道厚真町オニキシベ2遺跡1号土坑墓（13世紀後半～14世紀初頭）

1　アイヌ文化の成立時期とその歴史的背景

擦文文化の終末

北海道の続縄文文化は、本州北部のエミシ集団との接触により次第に変容し、七世紀後半には縄文時代から頑ななまでに土器の器面に施しつづけてきた縄文を放棄して終末を迎える。擦文文化は、土器の変遷にもとづき、早期（七世紀後半）、前期（八世紀〜九世紀前半）、中期（九世紀後半〜一〇世紀）、後期（一一・一二世紀）の四時期に区分されている。擦文文化の終末は土器の消滅をもって規定される。擦文土器の終末時期を巡ってはさまざまな議論が行われてきたが、現在は道南・道央部では一二世紀、道北や道東でも一三世紀代には土器が作られなくなったとの見方が支配的である(47)。

いっぽう、土器に替わる煮沸《しゃふつ》具である鉄鍋が道内で確認されるのは今のところ遡っても一三世紀後半以降であり、本州と異なり北海道では一一・一二世紀代に土器と鉄鍋が共伴するような現象は見られない(48)。なぜ、北東北に比べ北海道のほうが土器から鉄鍋への切り替えがスムーズに行われたのか。そこにこそアイヌ文化成立の歴史的背景を理解する鍵があるように思える。すなわち、東北地方と北海道で鉄鍋の受容開始時期には一〇〇年を超すタイムラグがある。その間、本州では平氏政権や奥州藤原氏による平泉政権が倒れ、鎌倉幕府が成立する。先に結論からいえば鎌倉幕府の成立が擦文文化からアイヌ文化への変化の要因の一つと考えている。この考え方は、「風が吹けば桶屋が儲かる」式的なこじつけのように聞こえるかもしれない。Ⅱ章ではその是非を検証してみたい。

土器や鉄鍋に話を戻そう。本州では一二世紀頃、煮沸具が土器から鉄鍋に置き換わるのに並行して、住居形態も壁際に竈《かまど》を備えた竪穴住居から中央部付近に囲炉裏《いろり》を設けた平地式住居に大きく変化する。長胴の甕《かめ》は竈の使用に適した土器であり、内側に釣り手が付く内耳《ないじ》鉄鍋は囲炉裏に掛けて使うのに向いている。いっぽう、北海道では鉄鍋の流入は本州に比べ遅れるものの、擦文後期には内耳鉄鍋を模倣した鍋型土器（内耳土器）が作られ、炉をもつ竪穴住居で使用された。北海道でも擦文後期には平地式住居が登場し、住居形態は竪穴式から平地式へと移行する。平地式への移行は道北・道東に比べ道南・道央部が早い。アイヌ文化期にはチセと呼ばれる中央に囲炉裏を設けた平地式の住居が一般的となるが、サハリンや千島では一九世紀まで竪穴住居が残る。北海道で土器作りが途絶えた後も、サハリンや千島では内耳土器が作られつづけており、千島アイヌは一九世紀まで内耳土器を使っていたことが知られている。

擦文文化からアイヌ文化への変化は、大局的には竪穴住居＋土器から平地式住居＋鉄鍋という組み合わせへの変化なのだが、地域によって変化の在り方は多様であった。北海道から竪穴住居や土器が姿を消した後もサハリンや千島でそれらが使われつづけたのは、竪穴住居が平地式住居に比べ寒冷地に適していたためであり、本州から遠く離れており鉄鍋を入手する機会が北海道に比べ少なかったからであろう。

住居が生者の住まいだとすれば、墓は死者の住まいである。次に墓からアイヌ文化への成立について考えてみたい。擦文中期～後期の墓は、道東部では住居内埋葬（廃屋墓）、道央部では土坑墓が主流で、死者は手足を伸ばした状態（伸展葬《しんてんそう》）で葬られる。伸展葬はアイヌ墓にも引き継がれるが、アイヌ文化期には墓の上に木製の墓標を建てることが一般化する。

擦文中期～後期の土坑墓では、葬送儀礼に使われたと思われる黒曜石の転礫《てんれき》などが出土することはあるが、副葬品はあまり見られない。それに対して一三世紀以降のアイヌ墓からは豊富な副葬品が出土する。最も一般的な副葬品はマキリと呼ばれる小刀（刀子《とうす》）で、約六割を超す墓で見られる。マキリに次いで多いのが漆器で、約半数の墓に副葬されている。太刀・腰刀は四割弱、キセルは約二割の墓にみられる。副葬率が一割を超すものとしては他に、鉄鍋・山刀・首飾り（玉類）・耳飾りがある（図9）。また、矢（鏃・中柄）、矢筒などの狩猟具、鉤銛、銛、釣り針などの漁撈具、鉈、鎌、針、針入といった工具類、鍔や小柄《こづか》などの刀装具、鎧の小札《こざね》、和鏡、陶磁器を副葬した墓もある。鉄鍋は女性の墓に限られ、通常、死者の足元に置かれる。

一般に本州の中近世墓では、銭貨が六道銭《ろくどうせん》として納められるものの、副葬品と呼べるようなものはほとんど出土しない。(49)反対に、アイヌ墓では副葬品は豊富だが、銭貨は首飾り（タマサイ）の部品として用いられていた可能性が高いものがわずかに見られるに過ぎない。アイヌ墓に六道銭が全く見られないのは、和人と異なり彼らが仏教の感化を受けなかったことを物語っている。

アイヌ墓の副葬品で目を引くのが、マキリ、太刀・腰刀、キセル、鉄鍋、山刀などの多様な金属製品であり、とりわけ鉄製品の豊富さには驚かされる。北海道における鉄器の出土量は、一一世紀と一四世紀に増加し、特に鉄鍋・刀剣が組成に加わる一四世紀代が大きな画期とされる。(50)アイヌ文化では擦文文化の一〇倍以上の鉄器が使用されたと見積もられている。(51)

筆者がアイヌの物質文化を特徴づけるものとして重視するのが、前に触れた鉄鍋に加えて、漆器・ガラス玉・蝦夷刀・骨角製狩猟・漁撈具である（図10）。これらはアイヌ文化が成立する一三世紀から一四世紀に出現または急増し、近代まで連続性が認められる。これらはすべて副葬品にもなっていることから、彼らのアイデンティティや価値観と深く結びついた物質文化とみられる。

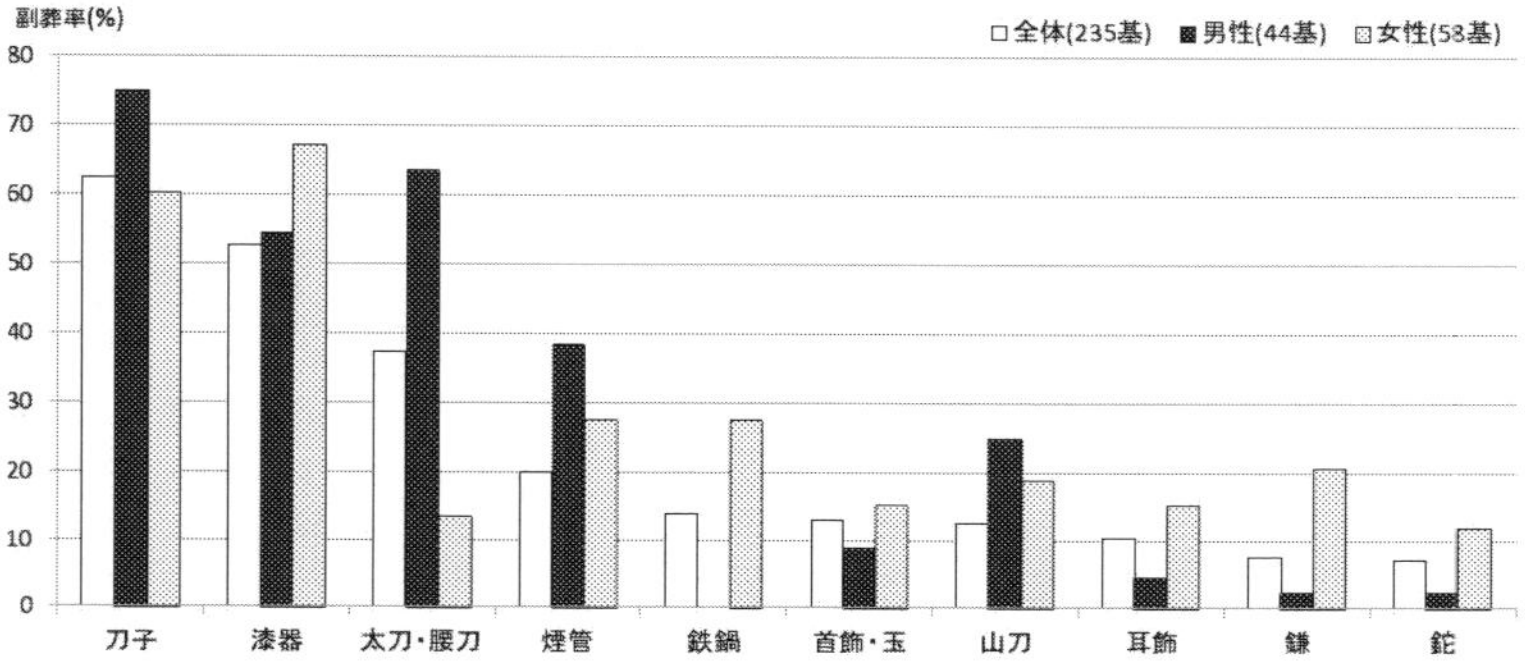

図 9　アイヌ墓の副葬品
副葬される比率の高い順に，上位10品目を示した．

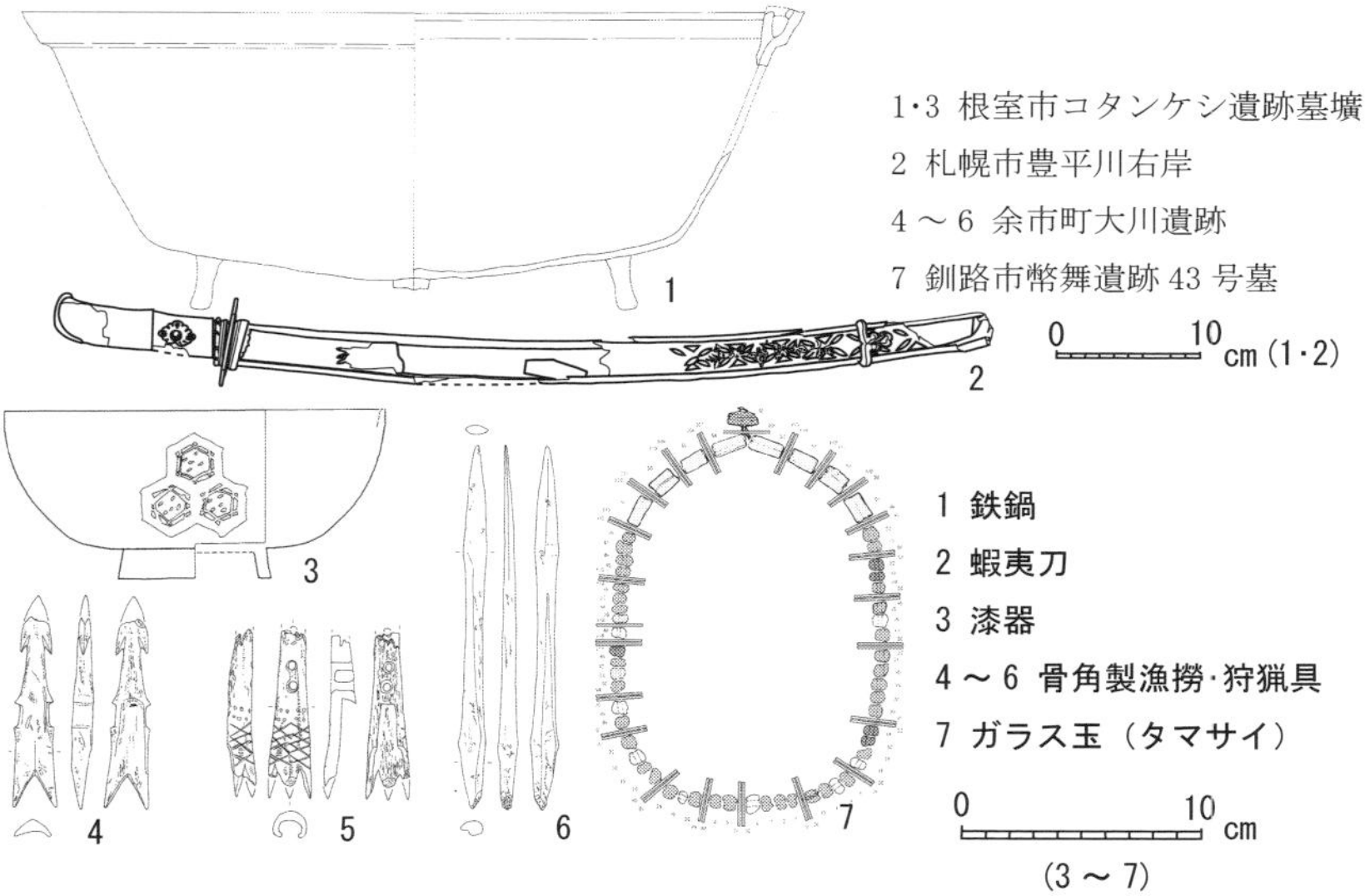

図10　アイヌ民族を特徴づける物質文化

縄文後・晩期に北海道や東北を中心にあれほど盛行した漆工芸は、弥生・続縄文時代には急速衰退する。これまでのところ北海道では擦文からアイヌ文化期を通して、漆製品が作られた明確な証拠は認められず、基本的には漆製品は本州からの移入品と考えられる。擦文文化期の漆製品は、擦文前期の刀剣類に黒漆塗りの鞘が確認できるほか、擦文文化終末期に漆椀がわずかに出土しているに過ぎない(52)。漆器の出土量が急増し、副葬品にも見られるようになるのは一三世紀以降である。

ガラス玉自体は続縄文時代の遺跡からも出土するが、タマサイと呼べるような多数のガラス玉を連ねた首飾りは、根室市穂香《ほにおい》竪穴群の竪穴住居跡から出土した一一世紀代の資料が最も古い。一三世紀後半から一四世紀以降、アイヌ墓にタマサイが副葬されるようになり、出土例が増加する。

擦文・オホーツク文化期の刀剣類は、主に札幌市、恵庭市、江別市、余市町、平取《びらとり》町、網走市、北見枝幸《えさし》町周辺から出土しており、分布に偏りがみられる。それらの古代刀は、本州に由来する蕨手《わらびて》刀・毛抜形太刀・直刀と、大陸に由来する曲手《まがりて》刀に分けられる（図11）。一三世紀後半から一四世紀初頭には、彎刀《わんとう》を樹皮巻の鞘に納めた蝦夷刀・蝦夷拵が出現するが、一四世紀代までは古代刀の系譜を引く木柄の直刀も遺存している(53)。

骨角製狩猟・漁撈具は、擦文文化期のものが確認されているが、量的に増えるのは一四世紀以降であり、獲物を手繰り寄せるための紐《ひも》を通す索孔が穿けられた銛頭は一四世紀頃に出現する(54)。骨角製狩猟・漁撈具の増加と改良は、アイヌ文化の生業が擦文文化よりも狩猟・漁撈に重きを置いていたことを示している。その背景には、和人との交易がより一層活発化し、シカや海獣類の毛皮の需要が増えたことが考えられよう。

以上のように、アイヌの物質文化を特徴づける品々が出揃うのは一三世紀であり、擦文後期の一一世紀まで遡りうるものでも、急増するのは一三〜一四世紀なのである。

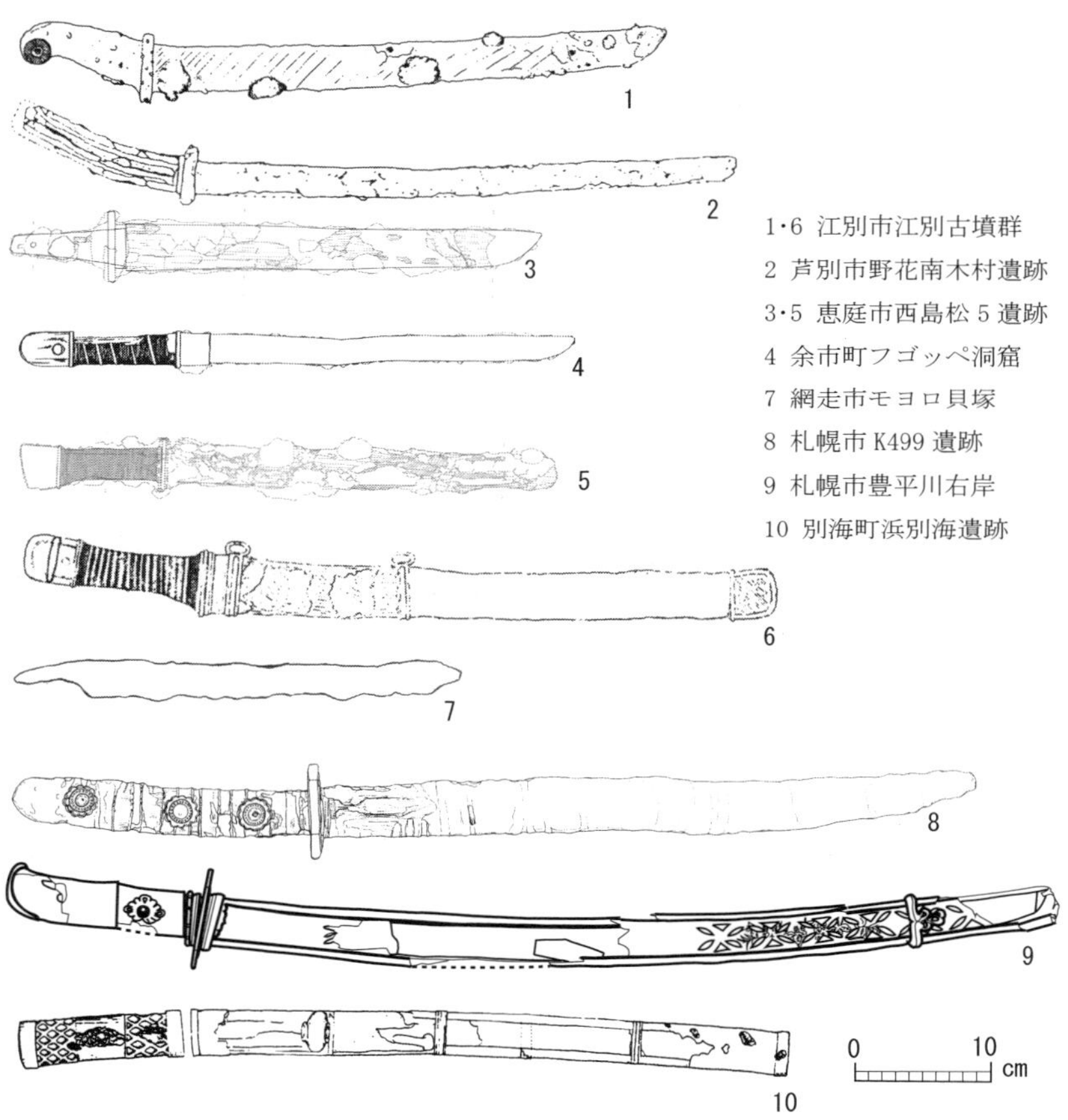

図11　北海道の古代刀と蝦夷刀

古代刀には本州に由来する蕨手刀（1）・毛抜形太刀（2）・直刀（3～6）と，大陸に由来する曲手刀（7）があり，直刀は手で握る柄の材質により，木製のもの（3）と，金属製のもの（4～6）に分けられる．

蝦夷刀には太刀（8・9）と腰刀（10）があり，太刀は和人から入手した刀身に，彫刻を施し樹皮を巻き付けた柄と鞘を装着し，それに金具を取り付けて盛大に飾り立てたエムシ（8）と，主に本州からの移入品を主とするイコロ型の太刀（9）に分けられる．

平泉政権の影響はあったか？

北海道苫小牧市に隣接する厚真《あつま》町で発見された一点の壺が、北方史に大きなセンセーションを巻き起こしている。昭和三四年（一九五九）に地元の郷土史家によって厚真町宇隆《うりゅう》公民館の建設現場で採集された壺が、平成二三年（二〇一一）年になって、一二世紀中葉の常滑《とこなめ》焼であることが判明したのである。(55) この壺は、北海道出土の中世陶磁器では最も古く、しかも経典を埋めるさいに容器として使われたとの見方が示された。末法思想が広まった一二世紀には、「日本」各地で経塚《きょうづか》が造られたが、北海道はその時代には「日本」ではなく、仏教のブの字もなかったと見られており、誰もその時代の経容器が見つかるとは予想していなかったのである。しかも発見場所が本州に接する道南ではなく、遠く離れた道央の厚真町であったことが大きな反響に繋がった。

一二世紀代の経塚や経容器は、これまでにも本州北端の青森県内まで確認されていたが、今回の発見により、分布圏が一挙に津軽海峡を超えたことになる。(56) ことがことだけに、慎重を期して、壺が発見された場所周辺の調査が試みられたが、経塚の存在を示す明確な遺構は確認されなかった。擦文文化末期、末法思想とは無縁の北の大地に、誰がどのような目的で、この常滑焼の壺を運んだのか？　多くの研究者が注目するなか、間もなくして奥州藤原氏の名前が挙がった。(57) 件の壺の中には経典は残っておらず、直接的にこの壺と奥州藤原氏を結びつける物的証拠はない。しかし東日本で最も多く一二世紀の常滑焼が出土しているのは、奥州藤原氏の本拠地である平泉であり、これまでに青森県内で発見されている常滑焼についても奥州藤原氏との関係性が指摘されてきた。「常滑焼」・「一二世紀」・「経塚」といった状況証拠はこの壺と奥州藤原氏との関連性を示しているとみられた。そうした見方の背景には、この時代の北方域の覇者といえば藤原氏、しかも仏法思想の保護者である奥州藤原氏以外に選択肢がないという事情がある。

一二世紀といえば、北海道では擦文文化からアイヌ文化、北東北ではエミシを中心とする古代社会から中世的世界への過渡期であり、北海道でも北東北でも資料が少なく様相が捉えにくい時代といえる。件の壺が奥州藤原氏と関係するか？　奥州藤原氏の影響力は北海道にどの程度およんでいたのか？　奥州藤原氏とアイヌ文化の成立に関連性はあるのか？　こうした問題について、津軽海峡を挟んで北海道と本州との間で行われた北方交易について時代を追って振り返ることにより考えてみたい。

北海道石狩低地帯にみられる末期古墳や土器、竈をもつ竪穴住居のあり方などから、擦文文化が成立した七世紀には、東北北部の太平洋側から石狩低地帯へエミシ集団の移住があったとみられる。七世紀から八世紀前半の北方交易では、青森県八戸周辺の馬淵《まべち》川・新井田《にいだ》川中・下流域のエミシ集団と石狩低地帯の擦文集団を結ぶ太平洋ルートが大きな比重を占めていたようだ。

天平五年（七三三）、出羽国経営の軍事・行政機関であった出羽柵が山形県庄内地方から現在の秋田市に移された。出羽柵は八世紀中頃に秋田城と改称され、律令国家による北方経営の拠点となった。八世紀後半から九世紀には日本海ルートによって秋田城と道央部石狩川水系下流域の擦文集団が交易関係を構築していた（図12）。石狩川水系下流域の遺跡から出土する秋田県域産の須恵器は、日本海ルートで運ばれた物資の一つである。さらにオホーツク海沿岸から出土する蕨手刀は、日本海ルートの延長線上に、石狩川水系下流域とオホーツク海沿岸域を結ぶ海上交通路が存在していたことを示唆する。

一〇・一一世紀には秋田城に代わって、陸奥湾に面する外浜地域のエミシ集団が本州側の窓口となったと考えられる（図13）。一〇・一一世紀には陸奥湾を取り囲む津軽半島や下北半島から擦文土器が出土するいっぽう、青森県五所川原産の須恵器が北海道全域に広がる。また、北海道太平洋沿岸部と青森県域からは、「佐波理《さはり》」と

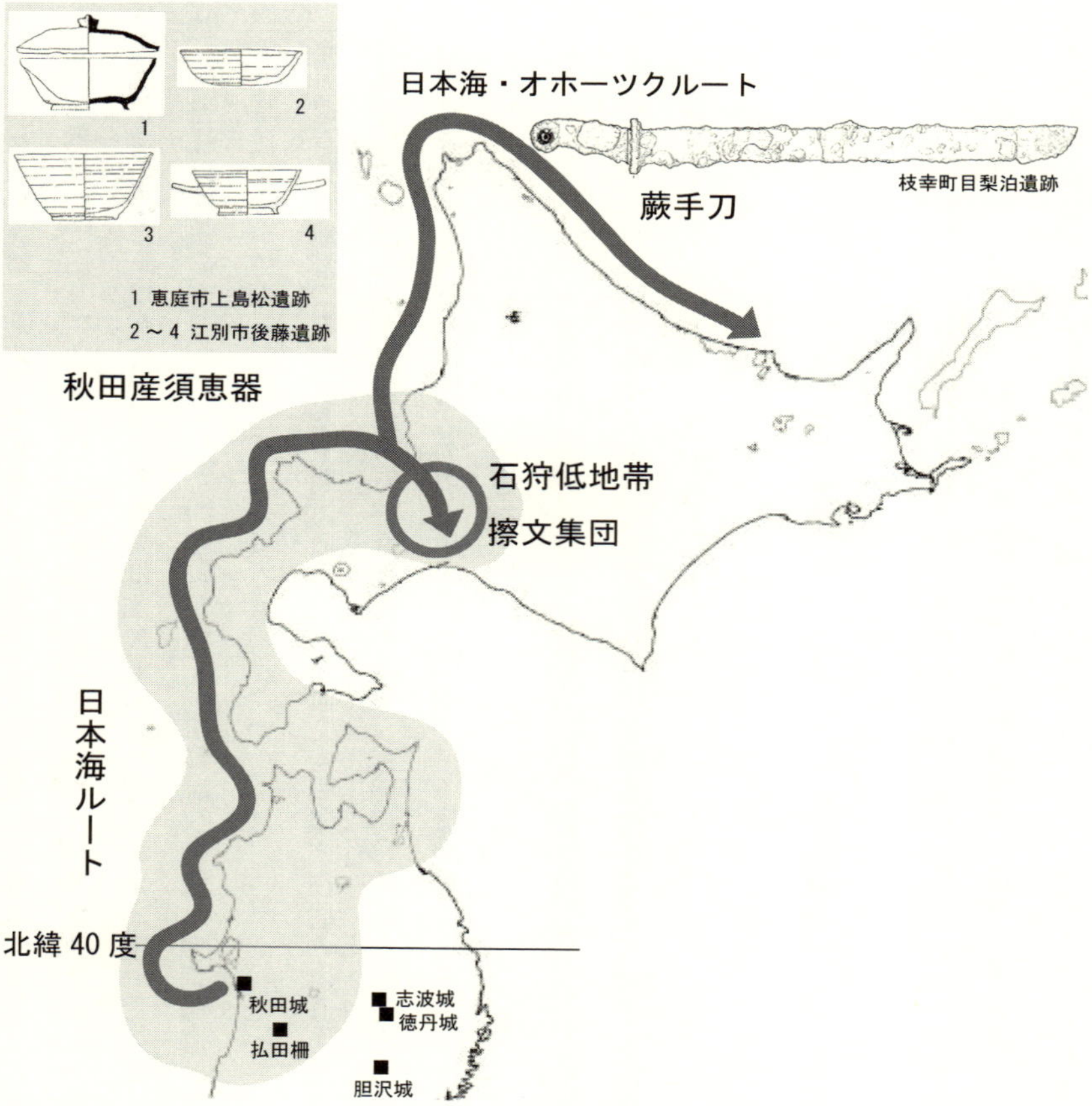

図12　8世紀後半から9世紀の北方交易概念図

北海道の西部の日本海沿岸や石狩低地帯からは，8世紀後半から9世紀に秋田市の新城窯跡群や古城窯跡群，9世紀後半には秋田県男鹿市海老沢窯跡群・西海老沢窯跡群で生産された須恵器が出土する．

また，北海道枝幸町目梨泊遺跡や網走市モヨロ貝塚などオホーツク文化に伴って出土する蕨手刀は，石狩低地帯の擦文集団の中継により，日本海・オホーツク海ルート（西廻り）で本州からの物資がオホーツク文化の集団にまで届いていたことを示している．

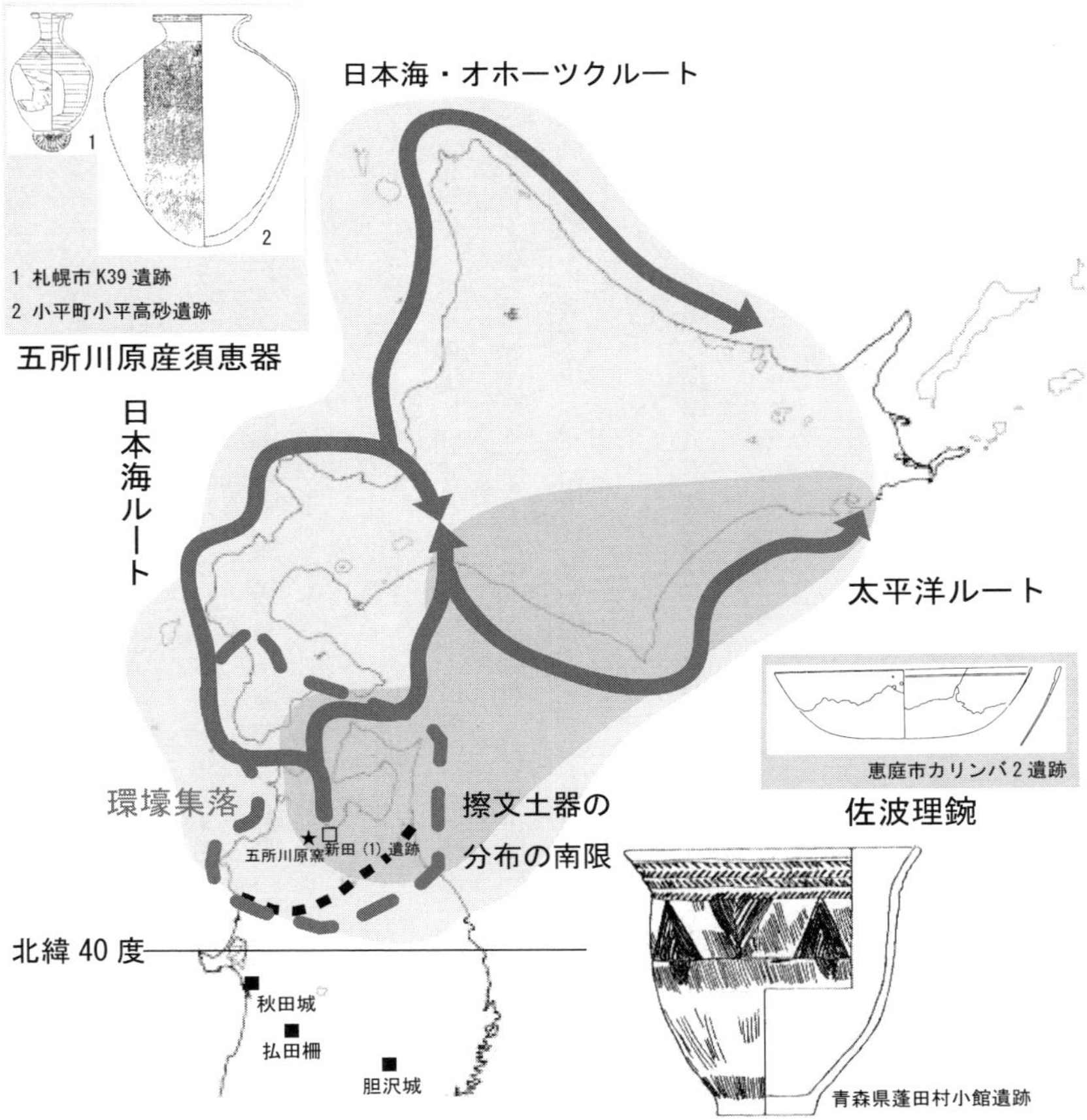

図13　10・11世紀の北方交易概念図

青森県五所川原窯で生産された須恵器の大甕や長頸壺は，北は稚内市，東は釧路市まで北海道内に広く分布する．五所川原産の須恵器の分布の南縁は，青森県と秋田・岩手両県の県境付近である．青森県八戸周辺にも環壕集落が存在し，五所川原産の須恵器の流通圏に含まれるが，津軽・下北地方と異なり，擦文土器は見つからない．この時期，北方交易で主体的役割を果たしていたのは，擦文土器が濃厚に分布する津軽外浜のエミシ集団であった．

呼ばれる錫と銅の合金で作られた鋺《かなまり》が出土する。これは太平洋側の擦文集団から貢納された毛皮や鷲羽の見返りに都の王臣家から下賜された宝物の一つであったとみられる。

この時期にはまだ「日本」に組み込まれていない北緯四〇度以北の本州北端のエミシ集団は、集落の周りを壕で区画するようになる。大規模な環壕集落は、陸奥湾に面する外浜に集中する傾向が見られ、擦文土器が多く出土する。環壕集落は、津軽海峡を越えて道南日本海側の乙部《おとべ》町小茂内《こもない》遺跡でも発見されており、この時期には津軽海峡域の一体性が強まる。

陸奥湾に面する青森市の新田《にった》（1）遺跡は、この時期の津軽海峡を挟んだ北方交易の物流の拠点と目される。新田（1）遺跡は、二重の溝に囲まれた集落で、計画的な区画割が確認されている。遺跡からは、斎串《いぐし》、馬形・刀形などの形代といった陰陽道による律令的祭祀具、付札木簡状の木製品、「忌札見知可《いみふだ》」と記入された木簡（物忌札）、都の貴族が正装するさいに用いる桧扇《ひおうぎ》などが出土したことから、出羽国や陸奥国との関係性をもった交易拠点として注目される。

新田（1）遺跡や北奥の環壕集落からは、北の擦文集団と南の「日本」との仲介者として北方交易を掌握した北奥のエミシ集団のもとに多くの富が集積し、富や利権を巡って集団間の社会的緊張関係が高まっていた様子がみてとれる。

新田（1）遺跡が外浜の物流拠点として一二世紀以降も継続するいっぽうで、一〇世紀後半から一一世紀前半を中心に北奥地域にあれほど見られた環壕集落は、奥州藤原氏の登場とともに一二世紀にはすっかり姿を消す。

一二世紀代の北方交易の実態を示す遺物は極めて少ない。一二世紀代に本州から北海道に持ち込まれたとみられる遺物は、ごく最近までは陶磁器がわずかにみられるに過ぎなかった。東北地方から出土する壺甕類は、日本海側が主に石川県能登半島で生産された珠洲《すず》焼であるのに対して、太平洋側では愛知県知多半島で焼かれた常滑焼が主体を占める。厚真町宇隆1遺跡から出土した常滑焼の壺が太平洋ルートで北海道まで運ばれたことはほぼ確実であろう。陶磁器の出土状況から見て、一二世紀には引きつづき日本海ルートと太平洋ルートの両方が機能していたと推測される（図14）。

私にとって宇隆1遺跡出土の常滑壺以上に衝撃的だったのは、その後に同じ厚真町の上幌内《かみほろない》2遺跡のアイヌ墓から出土した和鏡である。この鏡は菊・薄と二羽の鳥が表現された秋草双鳥鏡《あきくさそうちょうきょう》で、一二・一三世紀を代表する和鏡の一つである。一二世紀代の秋草双鳥鏡は、東北地方でも奥州藤原氏の本拠地である岩手県平泉町柳之御《やなぎのご》所《しょ》跡や山形県東根市大森山経塚などから出土している。

鏡が出土した墓の被葬者は女性で、鏡のほかに中国・北宋銭の熙寧元寶（一〇六八年初鋳）、小刀、鉄製の腕輪、縫い針、タマサイ、黒曜石の転礫が副葬されていた。タマサイはガラス玉・ワイヤー製装飾・銅製の管《くだ》を連ねていたとみられる。このうちワイヤー製装飾と鉄製腕輪は、後で詳しく触れるように沿海州など大陸から北回りでもたらされたと考えられる装身具で、初期アイヌ墓に特徴的にみられる副葬品である。いっぽう、黒曜石の転礫は擦文後期の墓にもみられる副葬品で、この墓が初源期のアイヌ墓であることを物語っている。和鏡が鋳造されたのは一二世紀中頃と見られるが、墓に埋められたのがいつなのかは、今のところ断定できない。鏡には伝世がつきものである。しかし、墓の形態や鏡以外の副葬品など総合的にみて、この墓は現在知られる限りもっとも古いアイヌ墓であり、一三世紀代に収まることはほぼ間違いないであろう。この墓の副葬品はまさしく擦文文化が南の日本文化と北の大陸文化の影響により変質したことで、一三世紀にアイヌ文化が成立したことを物語っている（図15〜17参照）。

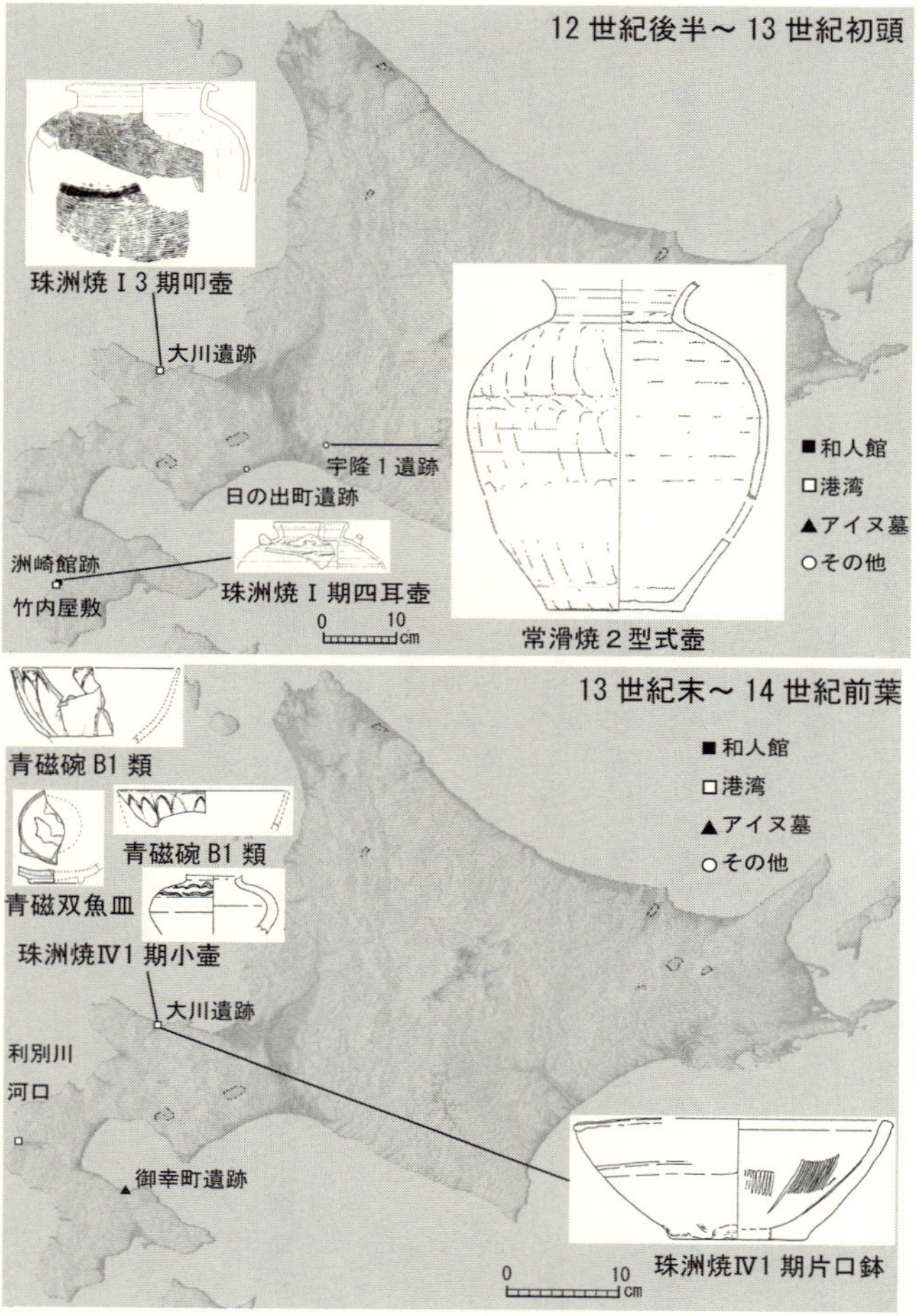

図14　北海道における中世前半期の陶磁器分布

12世紀後半から13世紀初頭の陶磁器（上段）は少ないながらも日本海側と太平洋側両方から出土するのに対して，13世紀末から14世紀前葉の陶磁器（下段）は日本海側の余市町大川遺跡に集中するようになる．

厚真町宇隆１遺跡から出土した常滑焼壺は常滑編年２期（12世紀第３四半期）に比定されている．余市町大川遺跡や上ノ国町竹内屋敷・洲崎館跡から出土した珠洲焼壺は，珠洲焼編年Ｉ期（12世紀後半）に位置づけられる（吉岡康暢『中世須恵器の研究』，吉川弘文館，1994年）．

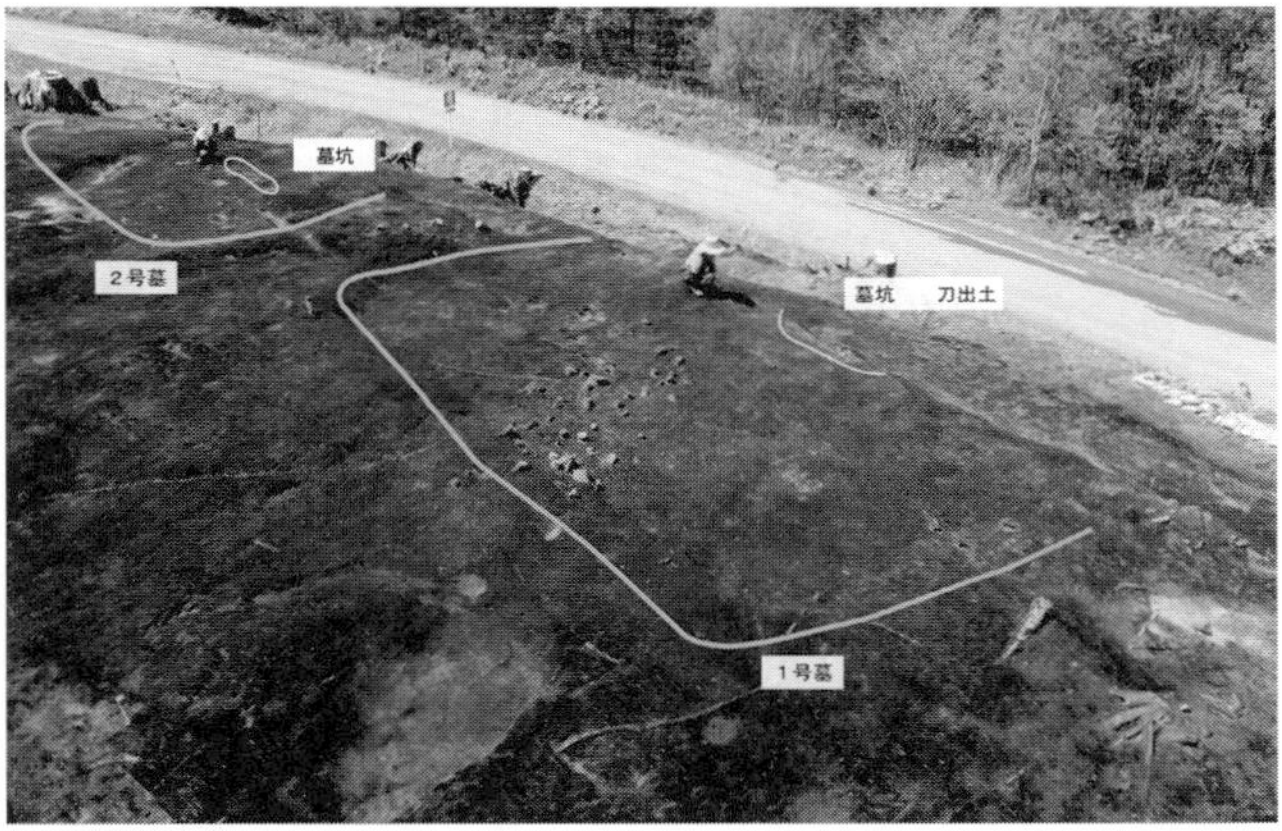

北海道道央部太平洋側に位置する厚真町では近年，擦文文化からアイヌ文化への移行を考える上で重要な発見が相次いでいる。上幌内２遺跡では，秋草双鳥鏡やワイヤー製装身具が副葬された初期アイヌ墓が見つかった．

図15　北海道厚真町上幌内２遺跡の初期アイヌ墓

（15～17　厚真町教育委員会写真提供）

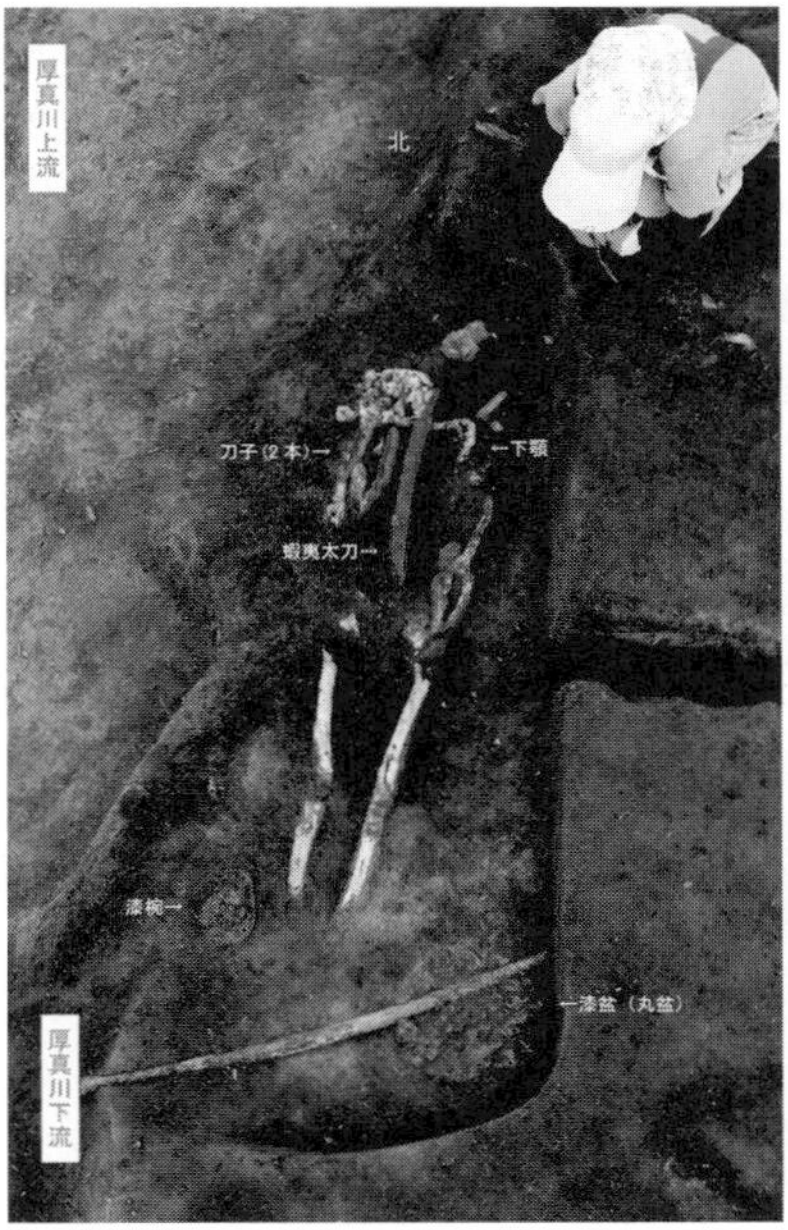

図16　上幌内２遺跡１号墓

図17　上幌内２遺跡２号墓

秋草双鳥鏡の発見により、常滑壺と奥州藤原氏との関連性はかなり高まったといえよう。とはいえ、考古学的には奥州藤原氏が活躍した一二世紀代に北方交易が活発化した様子は見られず、むしろ前後の時期に比べて停滞しているようにすら感じられる。一二世紀に北方交易が振るわなくなった原因は何か。

環壕集落の消滅が示すように、奥州藤原氏の登場で北奥のエミシ集団の社会的環境は大きく変わったように見える。しかし環壕集落の消滅自体は、奥州藤原氏よりも一一世紀後半に行われた北奥での郡郷制の施行と関係があろう(58)。歴史上はじめて北緯四〇度以北の北奥が、「日本国」に編入されたのである。

奥州藤原氏は、まさに進行中の北奥の内国化と同時期に登場したことになる。初代藤原清衡が奥州の南の玄関口である白河関《しらかわのせき》から、北の果てである外浜まで、奥州を南北に貫く官道である「奥大道《おくだいどう》」に沿って一町毎に金色の阿弥陀像を描いた笠塔婆を建てたという『吾妻鏡』の話は有名である(59)。また、天治三年(一一二六)三月二四日に営まれた一切経《いっさいきょう》を納める経蔵などの大伽藍の落慶法要《らっけいほうよう》で奉納された供養願文《くようがんもん》は、かつての「俘囚《ふしゅう》の地」北奥羽と「蝦夷の地」北海道島を本拠に、南は奥羽の全域を管轄し、北は大陸の粛慎《しゅくしん》・挹婁《ゆうろう》の人びと(沿海州からサハリンの住人)を服属させているという奥州藤原氏の自己主張であり、日本国の北の辺境に、北方の諸地域・諸民族との交易を管轄して、日本国の枠組みを超えた地方政権を樹立した、清衡の立場の見事な表明との評価がなされている(60)。

奥州藤原氏による交易で北からもたらされた産物としては、史料上確認できる「羽毛歯革」(中尊寺供養願文)、「水豹《あざらし》皮」・「鷲羽」(『台記』仁平三年九月一四日条、『吾妻鏡』文治五年九月一七日条)といった、武器・武具の原材料となる動物性資源や、後の蝦夷地交易で大きな比重を占めることになる昆布等の海産物(食料)が想定されてきた。それらはことごとく有機質であり、出土品はもちろん伝世品ですら確認することが限りなく不可能に近い。

また、それらは江戸時代の記録をみれば津軽・下北や蝦夷地の産品であり、それらをもって奥州藤原氏による北方交易の相手先を一挙に大陸系北方民族にまで拡大することなどできない。奥州藤原氏による北方交易に関しては、交易品・交易相手ともに極めて不明確であり、サハリンや沿海州との関係性を示す物的証拠は何もない。

すでに述べたように、奥州藤原氏が活躍した一二世紀の北方交易は、基本的には、一〇・一一世紀に北奥外浜のエミシ集団と北海道島の擦文集団との間で行われていた、太平洋・日本海の両方のルートを踏襲したものであった。奥州藤原氏が滅亡したさい、藤原泰衡《やすひら》は「夷狄嶋を差し、糠部郡《ぬかのぶ》に赴く」（『吾妻鏡』文治五年九月三日条）とあるように、糠部郡すなわち、青森・岩手北部の太平洋側を経由して北海道への逃亡を図ろうとしていた。泰衡の北海道逃亡計画は、途中、配下の河田次郎が本拠とした肥内《ひない》郡贄柵《にえのさく》（秋田県大館市）で、河田次郎の裏切りにより殺害されてしまったため頓挫したが、「糠部経由夷狄嶋行」こそまさに太平洋ルートに他ならない。厚真町から出土した常滑壺や秋草双鳥鏡と同じようなルートで泰衡は北海道に渡ろうとしていた可能性が高い。

厚真の常滑壺や秋草双鳥鏡は、奥州藤原氏が北奥のエミシ集団と同じように、北海道の擦文集団とも仏教と交易のセットで接しようとしていたことをうかがわせる。確かに北奥の統治には仏教が絶大な力を発揮した。しかし同じ手は擦文集団には通用しなかった。彼らが仏教を受け入れることは決してなかった。佐波理鋺や銅鏡が威信財として積極的に受け入れられたのに対して、常滑壺の価値は理解されなかったと思われる。そして奥州藤原氏による新体制の下で北方交易がふたたび活発化する前に、奥州藤原氏は滅亡してしまったのである。

中世日本海交易の興隆

日本海側の若狭・能登・越後などで、古代末から中世初期にかけて国府や府中が、内陸部からより港湾に近い場所に進出する現象が確認されている。そうした変化の要因は、中世には港湾や流通をより強力に掌握することが一国行政上不可欠となったことにある。古代の港湾は律令国家の管理下にあったが、平安時代には国衙《こくが》に結集していた「在庁官人」と呼ばれる地元の武士が次第に府中に付属する湊に権益を拡大していく。しかし中世前期には、中央の大神社に所属する神人《じにん》と呼ばれる人々が北陸各地に下り、彼らが湊町の開発や整備をし、流通の担い手になっていった。[61] 彼らは神人としての特権を使い関税や守護方の検断《けんだん》（保安や警察的行為）を逃れるいっぽう、漁民や運送業者を組織して湊町を成長させた。

北海道と本州を結ぶ北方交易もまた、こうして次第に形成されていった日本海沿岸の湊町を中継する中世的物流システムに組み込まれた。一三世紀以降、幕末の箱館開港に到るまで、中世・近世を通して日本海ルートが主体となって北方交易が展開していく。

中世前期の北方交易の拠点は、北海道側では積丹《しゃこたん》半島の東側の付け根に位置し、石狩低地帯へのアクセスも良い余市であり、本州側では、津軽平野を貫く岩木川河口に広がる十三湖畔の十三湊であった。北海道内では一四世紀前半以前の中世陶磁器は圧倒的に余市に集中する。余市川の河口に位置する余市町大川遺跡からは中国産の青磁の碗皿類や珠洲焼の壺・擂鉢が出土している。

十三湊遺跡のなかにある湊迎寺《そうごうじ》は江戸時代に創建された寺院だが、寺には奈良時代に作られた銅製押出菩薩坐像や一二世紀代の金銅観音菩薩坐像懸仏《かけぼとけ》・金銅錺《かざり》金具が伝わる。これらの由来はまったく不明だが、つる唐草の宝相花《ほっそうげ》文様を透かし彫り状に表した錺金具は、平泉の寺院に残る仏教造形との類似性が指摘されている。[62] また、十三湖の北岸にある山王坊遺跡から出土したと伝えられる一二世紀中葉に製作された古瀬戸《こせと》草創期の無釉四耳三《むゆうしじさん》筋壺《きんこ》もある。[63] これらの遺物は、奥州藤原氏と十三湊との関係を推察させるが、正式な発掘資料でないため評価が難しい。発掘調査によれば、港湾としての十三湊の利用は、湖と海に挟まれた「前潟《まえかた》」と呼ばれる砂州に併行する水路に面した場所から出土した珠洲焼や古瀬戸から、一三世紀初頭に始まるとみられる(64)。

一五世紀の中頃、南部氏との抗争に敗れた津軽安藤氏が十三湊を放棄して北海道に敗走したことで、余市と十三湊を結ぶ北方交易の図式が大きく変化した。即ち、十三湊の廃絶と同時に余市の大川遺跡も終焉を迎え、瀬田《せた》内《ない》・上ノ国《かみのくに》・松前《まつまえ》・箱館といった道南の渡島《おしま》半島にある湊が余市の代わりを果たすようになる。本州側では、津軽外浜の油川《あぶらかわ》湊や、津軽安藤氏から分かれた檜山《ひやま》安藤氏が本拠を置いた秋田県の能代《のしろ》、同じく湊安藤氏が拠点とした秋田土崎湊・男鹿半島付け根の脇本・船越が窓口となって、中世後半の北方交易が展開したとみられる。

日本海ルートによる中世的物流システムに組み込まれたことにより、一三世紀以降の北方交易は、それまでとは桁違いの規模に拡大した。北海道が政治的に内国化されるのは一九世紀だが、一三世紀には北方交易を通して次第に日本経済圏に組み込まれる、すなわち経済的内国化のレールが敷かれた。和人との交易規模の拡大は、次節で述べるサハリン・沿海州との文化的接触とともに擦文文化の終焉・アイヌ文化成立の二大要因となったと考えられる。

2　初期アイヌ文化にみられる大陸的要素

特異な葬法

アイヌ文化の成立には、南に隣接する日本国内の中世的物流システムの誕生とともに、北方のサハリン・沿海州との文化的接触が大きく関与している。

北海道とサハリンとの交流は、擦文文化期にも確認できる。サハリンの南貝塚期と呼ばれるオホーツク文化の土器を巡っては、擦文土器の影響が以前から指摘されていた(65)。加えて近年、日露双方の共同研究により、サハリン南部の遺跡から一〇世紀後葉～一一世紀頃の擦文土器が出土していることが確認された(66)。サハリン出土の擦文土器は、天塩《てしお》川以南の道北日本海沿岸部のものと特徴が一致する。南貝塚期には擦文文化と同じようにカマドを持つ住居が存在することも明らかになってきた。

さらに厚真町のニタップナイ遺跡から出土した断面形がZ字状の特徴的な鉄鏃は、九～一三世紀の沿海州アムール川流域のアムール女真《じょしん》（パクロフカ）文化にともなうもので、国内では他に例がないことが分かった(67)。

これらは擦文文化の波がサハリンや沿海州におよんでいたことを示すものとして注目される。北方交易における矢羽根の受容を満たすため、道北日本海沿岸の擦文集団が鷲羽を求めて一一世紀前半にはオホーツク文化圏のサハリンへ、一一世紀後半にはトビニタイ文化圏の道東釧路方面へ進出したとの仮説も示されている(68)。擦文文化の波がサハリンにおよんだ一〇世紀・一一世紀には、本州北端の青森県域でも多くの擦文土器がみられる。この時期、擦文集団は南北両方へ勢力を拡大したとみられる。

アイヌ文化は擦文文化の延長線上に位置づけられ、民族が入れ替わるような現象は起きていない。近年厚真町上幌内2遺跡などで発見されている初期アイヌ文化期の墓は、方形の竪穴《たてあな》状の窪みの中央に長方形の墓坑をもつもので、擦文文化に見られる「廃屋墓《はいおくぼ》」（住居内埋葬墓）との連続性がうかがえる。アイヌ墓は基本的には擦文文化期の墓を踏襲する形で、長方形の墓坑を掘り、遺体はその中に手足を伸ばした状態で土葬される。ところが、初期アイヌ文化期には、それらとはまったく様相が異なり、擦文文化の墓制に由来しない特殊な墓が存在する。私が「方形配石荼毘《だび》墓」と呼ぶ墓がそれである（図18）。

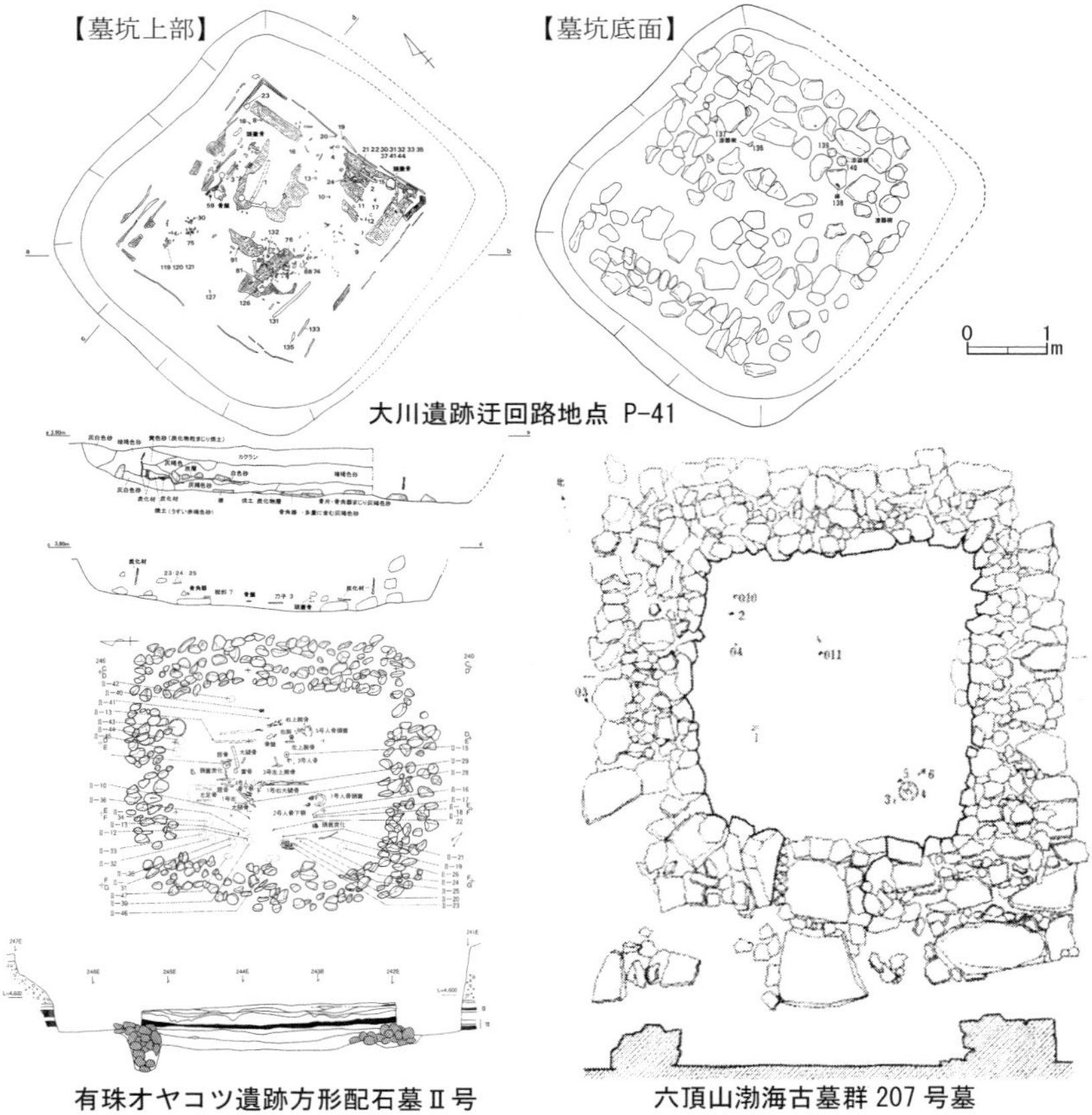

図18　初期アイヌ文化期にみられる方形配石荼毘墓と渤海の石室墓

方形配石荼毘墓は、これまでに日本海側の余市町大川遺跡と太平洋側の伊達市オヤコツ遺跡で発見されている。

大川遺跡では、四・八×四・四メートルの隅丸方形の墓坑を掘り、底面に扁平な角礫を敷き、その上に約三メートル四方にクリ材の木枠を置き、外側に角礫を配置している。木枠内に複数の遺体と副葬品を納めた後、それらを焼き、砂で埋めている。出土した中国製の青磁などから一四世紀の墓と考えられる。

オヤコツ遺跡では方形配石荼毘墓二基が発見されている。どちらも幅・深さとも約五〇センチ《チセン》の溝を一辺四～五メートル《メートル》の方形に掘り、溝のなかに近くの河口や河川で採取されたと考えられる人頭大の礫を積み上げている。Ⅰ号墓には成人男性と女性の二体、Ⅱ号墓には熟年男性、一四～一六歳の男性、九～一〇歳の男性、壮年女性、一二～一五歳の女性の計五体が頭を南に向け仰向けの状態で合葬され、その場で焼かれていた。Ⅱ号墓は、遺体を砂で覆い、その上に仮小屋を建て、それを燃やしたと推定されている。仮小屋は、埋葬前の遺体を安置していた殯屋《もがりや》であろう。Ⅰ・Ⅱ号墓ともに、蝦夷刀などの副葬品から一四世紀頃の墓と考えられる。

オヤコツ遺跡と大川遺跡では相違点もあるが、①石を方形に配置する、②複数の遺体を合葬する、③埋葬施設で火葬されている、など共通性がうかがえる。

沿海州アムール川流域のアムール女真《じょしん》（パクロフカ）文化では、一一世紀末に土坑墓墓地において埋葬地点の上で火葬（クレマーツィヤ）が現れる(69)。ウラジオストク近郊のナデジュジンスコエ墓地では、女性と幼児の合葬例や、「埋葬焼却の仮屋」の痕跡も確認されている。アムール女真文化の火葬は、靺鞨《まっかつ》以来の伝統的な土葬に「エグスグマーツィヤ」と呼ばれる遺骨掘り出しや棺焼却をともなう除厄浄化儀礼が加わり、発達・複雑化したものと考えられている。

方形配石墓についても沿海地方の渤海の遺跡にみられる石室墓に起源を求めることができよう。沿岸地方オクチャブリ地区のスイフン川右岸に位置するチェルニャチノ5遺跡から発見された墓はすべて二次的な火葬を受けているが、そのなかに、土壙の底部に石を敷き詰め、遺体を納めた棺もしくは木製構造物を置いて火をつけるものや、土壙内に遺体を納めた棺もしくは木製構造物を置き、土壙の周りを石で囲い、それらを焼く墓が報告されている(70)。中国吉林省敦化市の六頂山墓地遺跡やロシア沿岸地方ハサン地区のクラスキノ土城西門外などで発見されている渤海時代の石室墓は規模が大きく形態の整ったものが多い(71)。年代が下るにつれ簡略化し、オヤコツ遺跡や大川遺跡の方形配石茶毘墓へとつながるものと推測する。

方形配石茶毘墓は、擦文文化やオホーツク文化に起源を求めるこれまでのアイヌ墓の成立過程に関する見解(72)からは明らかに逸脱する。方形配石茶毘墓は、アイヌ文化の成立に大陸との文化的接触が関与していることを示す傍証の一つといえよう。

金属板象嵌技法とは

厚真町オニキシベ2遺跡の初期アイヌ墓に副葬されていた矢筒を見て、私は大変驚いた。アイヌの人々の宝物の一つにイカヨピコロと呼ばれる飾り矢筒がある。イカヨピコロは、普段は飾り太刀などとともに住居（チセ）の左手奥にある宝壇の壁に飾られ、クマの霊送りなど重要な儀礼のさいにも祭壇に吊り下げられる。アイヌの民具にみられるイカヨピコロには、銀などを円形に加工した大小の金属板が装飾として表面に嵌め込まれている。オニキアイヌ墓から出土した矢筒は、まさにアイヌの民具にみられるイカヨピコロと変わらないものだったのである。それら伝世品はほとんど一九世紀以降に作られたものだが、オニキシベ2遺跡のアイヌ墓から出土した矢筒は間違いなく一四世紀に遡る。だとするとイカヨピコロは五〇〇年近くほとんど姿形を変えなかったことになる。これは非常に驚くべきことであると同時に、私たち考古学者にとっては頭の痛い問題でもある。というのも、物質文化研究に携わる考古学者は、モノの特徴にもとづき時代を特定し、モノの変化から過去の社会の移り変わりを論じる。五〇〇年間も同じモノが作られつづけていたら、私たち考古学者は商売にならないのである。

気を取り直してアイヌの民具を見直すと、刀装具や「鍬形《くわがた》」と呼ばれる兜の正面に付く二本の角状の飾り金具

(前立物)など、武器・武具類を中心に、イカヨピコロと同じように、木胎の表面に銀板や銅板を嵌めた装飾(金属板象嵌《ぞうがん》技法）が施されていることに気付いた。いっぽう、出土資料でも、金属板象嵌技法を用いた武器・武具類は、厚真町オニキシベ遺跡のほかにも、伊達市オヤコツ遺跡、平取町二風谷遺跡など初期アイヌ墓から出土しており、古くは一三世紀まで遡ることがわかった（図19）。

金属板象嵌技法の系譜を考えるうえで注目されるのが、知床半島に位置する羅臼《らうす》町植別《うえべつ》川遺跡で続縄文時代の墓から出土した鞘《さや》に銀の薄板を象嵌した刀子である。最初にこの資料に注目した東京大学の藤本強氏は、「銀製品つきの鉄製刀子は後漢時代を中心とした中国北部の匈奴《きょうど》・鮮卑《せんぴ》墓にみられる」と指摘し、北方ルートでもたらされた可能性を示唆した(73)。さらに北海道大学の菊池俊彦氏は、この刀子について、「銀製品が発見される匈奴《きょうど》・鮮《せん》卑《ぴ》・烏桓《うがん》の遺跡の分布地域から、松花江《しょうかこう》・嫩江《のんこう》・アムール河（黒龍江）流域をへてもたらされたものであろう」と述べ、より具体的な搬入経路を示した(74)。

植別川遺跡の刀子と初期アイヌ墓から出土する金属板象嵌技法を用いた武器・武具とは年代的にかけ離れており、直接的な系譜をたどることは難しい。しかし、近世以前の日本の金工・木工作品にはそうした金属の薄板を木胎《もくたい》に嵌め込むような技術はほとんど認められず、擦文文化でもそのような遺物は認められない。初期アイヌ文化期に見られる金属板象嵌技法を用いた武器・武具は、アイヌ文化の成立にさいして、大陸からの文化的影響があったことを物語っている。そしてその技術は、五〇〇年以上に渡ってアイヌの人々に代々伝承されたと考えられよう。

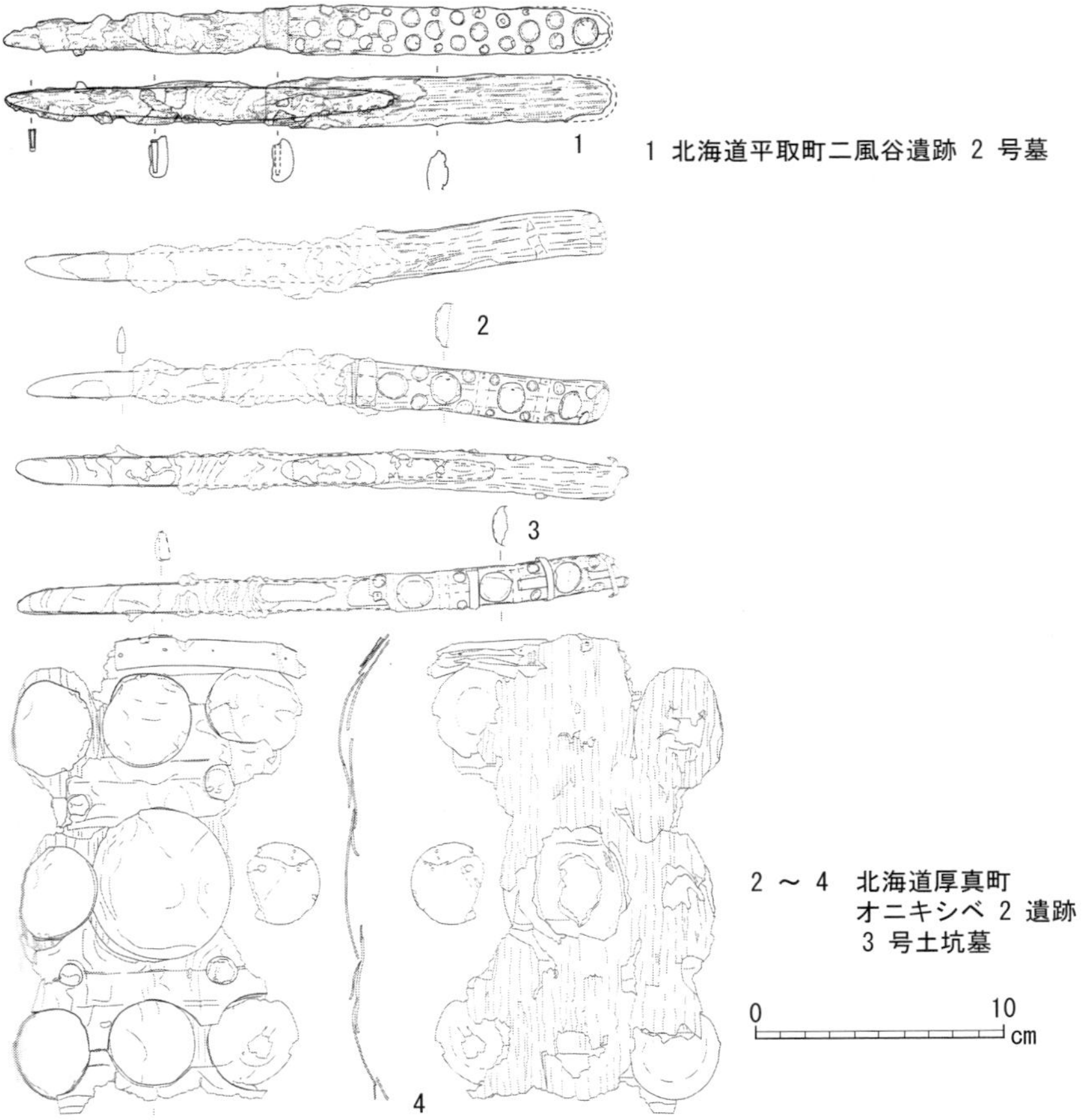

図19　金属板象嵌技法が使われた製品

1～3　刀子，4　矢筒（イカヨプ）

針金で作ったアクセサリー

平安時代以降、日本社会ではイヤリング・ネックレス・腕輪・指輪などの装身具がほとんど姿を消し、明治の西洋化にともなって復活するまで、日本人は男女を問わず、それらのアクセサリーを身に着けることはなかった。その間、アクセサリーを身に着けていたのは仏像だけであった。いっぽう、アイヌの人々はガラス玉をはじめ、コイン・貝殻などさまざまな素材を手に入れ、装身具の文化を発達させた。そうしたアクセサリーのなかで、ひときわ異彩を放つものに、「ワイヤー製装身具」がある（図20）。

ワイヤー製装身具とは、ワイヤー（針金）状の鉄線を素材とするアクセサリーで、これまでに腕輪、チェーン状のネックレス、垂飾《すいしょく》が確認されている。オホーツク海沿岸の北見市ライトコロ川口遺跡で初めて発見されたものが鉄線をコイル状に巻き上げて作られた滴形の垂飾であり、「コイル状の鉄製品」として報告されたことから、その以降、類品が発見される度に「コイル状」の名称が使われてきた。

最初に見つかったライトコロ川口遺跡では、一一点の垂飾が短刀の上に並んだ状態で出土したことから、腰帯・腰枕に吊り下げられていたとの推測がなされた。金属の垂飾がついた帯は、サハリンからアムール川流域の民族例に見られるため、サハリン方面との関連を考慮すべきとし、年代については平安時代末期を遡らない時期であると報告された(75)。

その後、同じような垂飾が平取町二風谷遺跡・千歳市美々《びび》4遺跡で発見されたほか、ワイヤーを素材として作られた腕輪が厚真町オニキシベ2遺跡・余市町大川遺跡・恵庭市ユカンボシE7遺跡・恵庭市茂漁《もいざり》6遺跡で、渦巻双頭状・棒状のものが平取町二風谷遺跡で、チェーン状の首飾りが厚真町上幌内2遺跡で続々と確認されるようになった。それらは、ワイヤー（針金）を素材とする装飾品という点では共通するが、必ずしもコイル状と

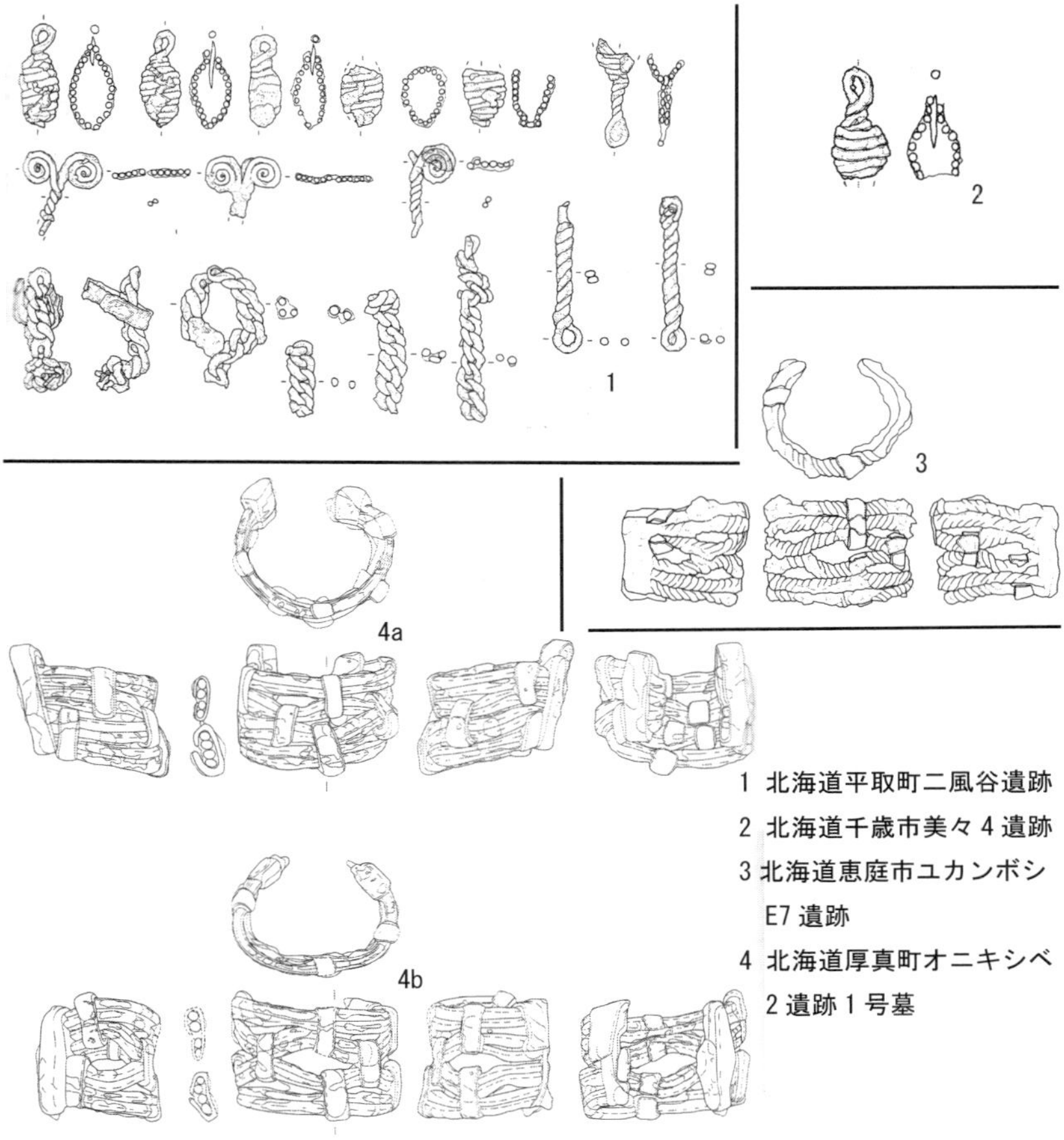

図20　ワイヤー製装身具
1・2 垂飾　3・4 腕輪

は限らないため、「コイル状装飾品」ではなく、ワイヤー製装身具と呼ぶのがふさわしい。今のところ、北海道内から出土したワイヤー製装身具はすべて一五世紀以前の初期アイヌ文化期に限られる。

サハリン・沿海州地域におけるワイヤー製装身具の出土事例は、まだ十分に調べられていないが、日本と渤海との交易ルートである「日本道」の出発点の港として近年注目されているロシア連邦沿岸地方クラスキノ土城から類品が出土している。クラスキノ土城のものは八〜一〇世紀であり、北海道内のものと年代的に直結しない。

しかし、近世以前の日本の金工品にはワイヤーを素材とする装飾品はほとんど認められず、擦文文化にもそのような遺物はまったく認められない。鉄のチェーンを首からぶら下げ、金具が散りばめられたベルトを締め、腕に針金を編み上げたブレスレットで飾り立てたその姿は、「日本文化」からはほど遠く、ヘヴィメタルのアーチストも顔負けするに違いない。初期アイヌ文化期に見られるワイヤー製装身具は、方形配石茶毘墓や金属板象嵌技法とともに、アイヌ文化の成立にさいして、大陸からの文化的影響があったことを物語っている。

3　アイヌ文化の特色

魂送りの思想

北海道旭川市博物館一階の展示室の入り口には、熊の頭骨と赤ん坊をあやすためのオルゴールメリーを組み合わせた不思議な「オブジェ」が置かれ、見学者をアイヌの人々の精神世界へと誘う役目を果たしている（図21）。これは昭和四三年（一九六八）に旭川市内の嵐山にある岩陰で発見されたものを復元したもので、そこでは近隣に暮らす上川アイヌの人々により役目を終えた器物や動物に宿る魂を神々の世界へ送る「イワクテ」と呼ばれる儀式が執り行われていた。送り場からはイオマンテのさいに子グマを射るのに使う花矢をはじめとする伝統的な道具とともに、酒瓶や缶、クマ・イタチ・リス・タヌキ・ウサギなどの骨が入ったビニール袋などさまざまな物が見つかった。

魂送りの思想は古く縄文人に遡る。縄文時代の貝塚から見つかる埋葬人骨は、縄文人にとって貝塚が単なるゴミ捨て場ではなく、再生を祈る「送り場」でもあったことを示すものと考えられてきた[76]。また縄文時代の貝塚ではしばしば動物遺体の特殊な出土状況が見られ、何らかの動物儀礼が行われたと判断される場合がある。千葉県船橋市の取掛西《とりかけにし》貝塚では約一万年前に遡るイノシシとシカの動物儀礼が確認されている。北海道でも道東の釧路市東釧路貝塚では、縄文前期の貝層中から放射状に並べられたイルカの頭骨や埋葬されたトド・イヌが発見され、六〇〇〇年以上前から動物の送り儀礼が行われていたと見られている。

縄文中期以降、全国的に墓地と貝塚が分離するようになるが、北海道太平洋側の噴火湾東沿岸地域では、続縄文期・擦文期まで貝塚に墓地が営まれる事例が認められる[77]。

いっぽう、動物儀礼は、本州以南では農耕社会の成立とともに下火になるが、北海道内ではアイヌ文化期に到るまで途切れることなく継続性が認められる。また、札幌市Ｋ39遺跡大木地点では、祭りの用具や日用生活用具などを送った一四世紀前半に遡る「送り場」が発見され、擦文からアイヌ文化に魂送りの思想が引き継がれた様相が確認された[78]。アイヌの古い「幣場《ぬさば》」（祭りや儀礼を行う場所）の一つにウナラエウシと呼ばれる「灰送り場」がある[79]。Ｋ39遺跡の送り場で確認された焼土や分厚い灰の堆積は、ここが「灰送り場」であった可能性を示している。

アイヌの人々は、自然現象から動物・植物・器物に到るまで、森羅万象にカムイ（霊的存在）を認める世界観を持つ。カムイは、神々の世界であるカムイ・モシリでは人間と同じ姿をしており、人間の世界であるアイヌ・モシリを訪れるさいには、その使命に応じた姿をすると考えられている。アイヌの人々にとってカムイは人間と対等な存在であり、両者が互いに支えあうことで世界が成り立っているとされる。アイヌの人々は、自分たちのもとへ遣わされたカムイに感謝してカムイノミと呼ばれる送りの儀式を行う。カムイ・モシリの世界へと還されたカムイはふたたびアイヌの人々のもとへと遣わされるのである。

物送り儀礼は、アイヌ文化の概念を規定するうえで非常に重要な宗教的要素と考えられる(80)。アイヌ文化期の送り場のなかでは、竪穴住居跡などの窪地を利用したものが古く、一六世紀頃から貝塚が登場し、二〇世紀になって御神木の根元や岩陰の利用例が増えるとの指摘がある(81)。

アイヌの人々が最も重視した動物神は、陸では熊、空ではシマフクロウ、海ではシャチであった。飼熊（子熊）の神を送る儀礼はイオマンテ、「キムンカムイ〈山にいる神〉」すなわち山で狩りによって獲られた熊を送る儀礼はカムイホプニレと呼ばれた（図22）。シマフクロウは、「モシリコルカムイ」や「コタンコルカムイ」すなわちコタン〈里〉を守る神〉と呼ばれた。

「レプンカムイ〈沖にいる神〉」と呼ばれるシャチ神は、海の神々のなかで最も重視された。というのも、「キラーホエール」の異名で知られるように、シャチはしばしばクジラを浅瀬に追いつめ、アイヌの人々に貴重なタンパク源である寄り鯨をもたらす非常に有り難い存在だったのである。函館市桔梗2遺跡から出土した縄文時代中期中葉のシャチ形の土製品は、シャチに対する信仰が四〇〇〇年以上前に遡ることを示している。

余市から石狩周辺の日本海沿岸には「カムイギリ」と呼ばれる木で作られたシャチの形代《かたしろ》が残されている（図23）。カムイギリには、「イナウキケ」と呼ばれる削り掛けとともに、海の恵みであるニシン・サケ・マグロ・サ

図21　北海道旭川市嵐山の岩陰の送り場で発見されたクマの頭骨とオルゴールメリー（復元）
（旭川市博物館写真提供）

図22　北海道余市町モイレ山のクマ送りの祠
（余市水産博物館写真提供）
大正5年（1956）頃に，余市町内にあった日常的な幣場を合祀したもので，社の中にはイナウ，漆器，クマ・キツネ・シギなどの頭骨が納められていた（乾芳宏「余市における熊送り」，『余市水産博物館研究報告』14，2011年）

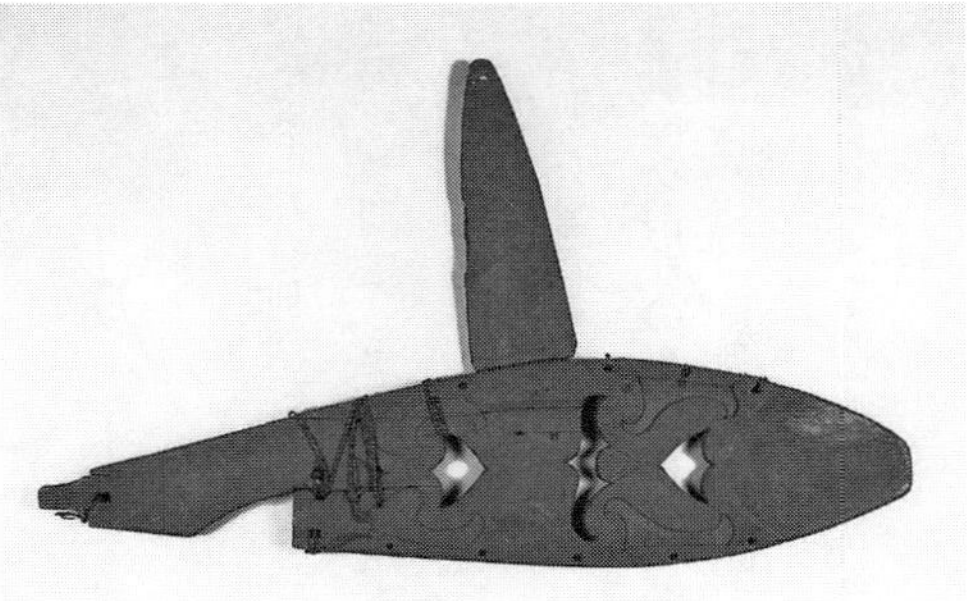

図23　カムイギリ
（余市水産博物館蔵・写真提供）

メ・アザラシ・イルカ・クジラなどの木彫りが吊り下げられている。カムイギリは、シャチがアイヌの人々にさまざまな海の恵みをもたらすカムイと考えられていたことを物語っている。[82] 余市水産博物館には、カムイギリとともに余市町豊浜の稲荷神社に祀られていたシャチの頭骨が収蔵されている。

民族調査によれば、他にキツネ・カワウソ・テンなどが動物送りの対象になっている例が多くみられるが、現在、道内各地で生息数が増え、交通事故やジビエ料理などでも話題となっているシカは、送りの対象から外れる場合が多い。[83] いっぽう、遺跡から発見されるシカの骨の状況や雄シカの頭骨が置かれた祭壇を描いたアイヌ絵から、かつてはシカが送りの対象となっていたことも事実である。シカは降雪や飢餓がボトルネックとなって短期間のうちに集団サイズや分布域が大幅に変動する。対和人交易においてシカ皮に対する需要が拡大するなか、拡張と収縮を繰り返すシカは安定した狩猟対象とは言えず、そのことがシカの神格性の喪失につながったのではないかとの興味深い仮説が提示されている。[84]

アイヌと動物とのかかわりを考えるさい、毛皮交易を前提とした狩猟活動が重要である。熊皮、熊胆、キツネ・テン・カワウソ・ラッコなどの小型動物の毛皮、矢羽用のワシ羽は、アムール川下流域・サハリンの諸民族との交易によりアイヌの人々が入手した中国産の絹製品やガラス玉類などの「山丹交易品」とともに「軽物」と呼ばれた。軽物は幕府や松前藩が独占し、場所請負人の扱う商品とはならなかった。一九世紀前半の蝦夷地では、場所請負人が納める運上金とともにアイヌが納める軽物が幕府や松前藩の重要な収入源であった。アイヌの小型毛皮獣猟は軽物生産を前提としたもので、山丹交易が幕府による官営交易となる文化九年（一八一二）以降にさかんになった可能性が高いとされる。[85] アイヌの人々が狩猟対象としたシカは軽物には含まれない。アイヌの人々が最後まで魂送りの対象とした動物は、実は「軽物」と重なり合う。

アイヌの動物儀礼は古く縄文文化に起源をもつものの、和人との関係の中で時代とともに変容したといえるのではなかろうか。

引き継がれた古代日本の価値観

アイヌ文化は、精神面では縄文文化以来の狩猟・漁撈民特有の宗教観を受け継いでいるものの、対和人交易を前提とした狩猟・漁撈活動と焼き畑などの小規模な農耕を二本立てとする生業は、基本的には擦文文化を踏襲している。アイヌの人々は、交易を通して和人から多くの物資を得ていたが、自分たちの価値観に照らし合わせて必要なものだけを手に入れたのであり、すべてを受けいれることはなかった。アイヌの物質文化を見る限り、彼らが良しとしたのは、同時代の日本（中世・近世の日本）ではなく、「古き良き日本」、すなわち古代の日本であったようだ。

「三種の神器」に代表されるように、玉・鏡・刀剣は、古代日本社会のなかで支配者の権威を象徴する宝物であった。このうち、刀剣だけは中近世の武家社会でも宝物としての地位を失わなかったが、鏡が宝物として扱われるのは宗教儀礼の場面に限られ、玉に到ってはほとんど顧みられることがなかった。ところが、次章（Ⅲ章）で詳述するように、アイヌ社会では、二〇世紀に到るまで玉・鏡・刀剣を宝物（イコロ）として大事に扱いつづけてきた。

アイヌの人々は、交易により陶磁器を入手する機会があるにもかかわらず、幕末に到るまで陶磁器を食膳具とすることはなかった。陶磁器を使う伝統のないアイヌの人々は、「三種の神器」とともに漆器を宝物として扱った。

漆器は、漆掻き・木地作り・漆工などの専門性の高い分業により作られるため、古代日本社会では漆器の生産は律令国家や有力寺院などに掌握されていた。陶器や土器に比べ高価な漆器は、金属器やガラス器とならぶ貴族の食器や調度品であった。平安時代後期、国家権力の衰退により後ろ盾を失った漆工技術者は地方へ拡散するとともに、より簡便な漆器生産を開始した。平安末期以降、日本社会で漆器は、手箱・硯箱《すずりばこ》に代表される高級な調度品と、飯椀・汁椀・菜椀からなる組椀のような安価な食器に二極分化する。

いっぽう、アイヌ社会に受容された漆器は、坏（トゥキ）・高坏（タカイサラ）・膳（オッチケ）・片口《かたくち》（エトゥヌップ）・耳盥《みみだらい》（キラウシパッチ）・行器《ほかい》（シントコ）などが多い(86)。アイヌの人々は、中世以降の日本社会でよく目にする組椀や手箱・硯箱といった類の漆器にはさして興味を示さなかった。漆器は彼らにとってあくまで酒儀礼の道具であり、酒器ないし酒を醸すための容器（酒槽器）として使われた(87)。

中世の日本文化を語る上で大衆化した仏教と喫茶の習慣は外せない。仏教や喫茶は、中世の日本社会が、中国を中心とする東アジア世界の一員であることを象徴する重要な文化要素といえる。しかし、幕末に到るまで仏教やお茶がアイヌの人々に広まることはなかった。

また、中世の日本では貨幣経済が浸透し、中国銭やそれを模鋳した銭が広く流通していたが、北方交易は物々交換によってなされ、アイヌの人々は銭貨を装飾品に転用することはあっても、貨幣として使用することはなかった。文字表記の文化を持たないアイヌの人々にとって経典も銭貨の文字も、何のありがたみもなかったのではなかろうか。中世の和人が求めて止まない仏教・お茶・銭が、アイヌの人々の心を動かすことはなかったのである。

和人社会の価値観が古代から中世にかけて大きく転換するいっぽう、アイヌの人々は、縄文以来の「魂送り」

の思想とともに、文字では表現されえない古代日本の価値観をかたくなに守りつづけたといえるのではなかろうか。

Ⅲ　アイヌ文化を特徴づけるモノ

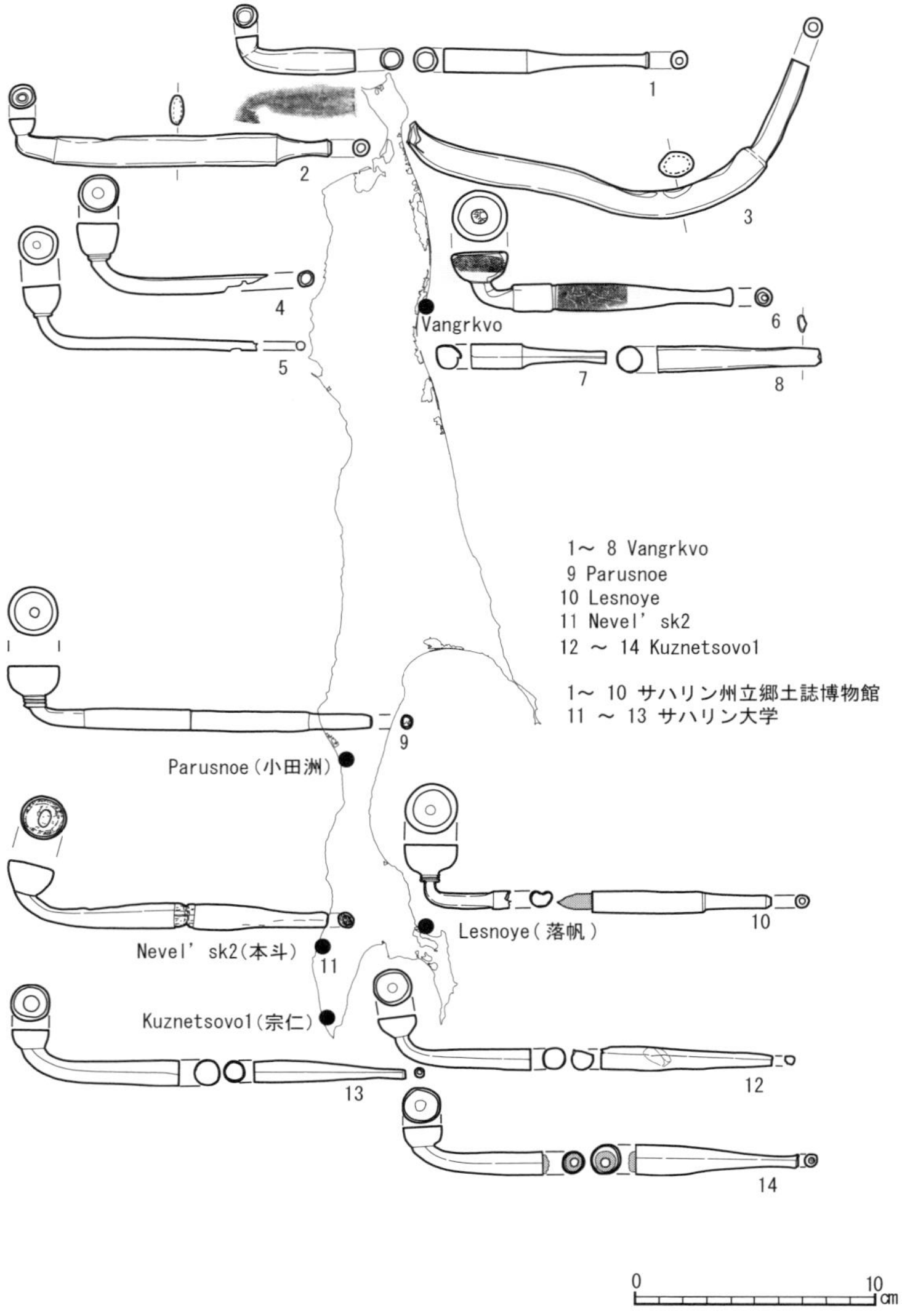

サハリン出土の日本製キセル

1　アイヌ文化にあって和人社会にないモノ

ネックレスとピアス

人物埴輪や古墳の副葬品が示すように、古墳時代から飛鳥時代の豪族は、男性も勾玉《まがたま》やガラス玉を連ねた首飾りや金属製の耳飾りを身に着けていた。しかし、奈良時代以降、そうした装身具は急速に姿を消し、平安時代以降、貴賤を問わず、男女ともネックレスやピアスを身に着ける習慣は見られなくなった。ところが、北海道では、続縄文文化・擦文文化・アイヌ文化と、時代により石・コハク・ガラスと材質の違いはあるものの、玉類が存在しつづける。江戸時代に和人が描いた絵画や明治以降に撮影された古写真に写るアイヌの人々は、首からタマサイをぶら下げ、耳にはニンカリと呼ばれる金属製のイヤリングを付けている。実際にアイヌ墓からはタマサイに使われたガラス玉やニンカリが出土する。

アイヌの人々が交易により入手したガラス玉や蝦夷錦と呼ばれる中国製の絹織物は、和人にとっては北の異国をイメージさせる魅力的な品物であった。和人の手に渡るや、蝦夷錦で作られた官服や反物は裁断されて煙草入や仏事で使う打敷《うちしき》などの小物に、タマサイに使われた青玉は、根付《ねつけ》や数珠《じゅず》に転用された。首飾りが数珠に化けたことを知ったら、アイヌの人々は仰天したに違いない。

発掘調査で出土したガラス玉と、アイヌの民具として伝世したタマサイを比較したところ、興味深い事実が見えてきた。一五世紀のガラス玉はトンボ玉を含み、サメの歯やワイヤー製垂飾品と組み合うなど、伝世品とは大きく様相が異なる（図24）。一五世紀のタマサイは大陸的・北方的色彩が濃厚である。一六・一七世紀のタマサイは青玉の比率が高く、この時期にアイヌ玉といえば青玉という図式が出来上がったとみられる。一七世紀以前のタマサイには銭貨が多く使われており、ガラス玉は直径一㌢未満の小玉がほとんどで、二㌢を超すような大玉は皆無である。一八世紀のタマサイに使われるガラス玉はやや大きくなり、直径一～二㌢の中玉が増えるとともに、色は濃く透明性の高い青から透明性を欠く空色がかった青色へと変化した。伝世した一九世紀以降のタマサイには大玉が多く使われており、黒色系の玉やトンボ玉が増加する（図25・26）。

一八世紀以前のガラス玉は、サハリン経由の北回りで大陸から渡ってきたものが主体を占めていたと考えられる。ロシアと日本との間で蝦夷地を巡る緊張関係が高まり、和人の目が蝦夷地に向けられるようになった一八世紀末以降、江戸・大坂・堺などで蝦夷地向けに大きく装飾性豊かなガラス玉の生産が開始され、それらが大陸渡りのガラス玉にとって代わった可能性が高い。

タマサイやニンカリに使われたガラス玉は、中国・日本・ロシアという国家間の狭間に生きたアイヌの人々の姿を伝える歴史の証人といえよう。

クジラの骨でクジラを獲る

幕末に日本に開国を求めたペリーの目的は、米国製繊維製品の中国移出と北太平洋における捕鯨活動のための寄港地を確保することであったといわれる。一八五九年にイェール大学の化学教授ジョージ・ビッセルと、鉄道車掌のエドウィン・ローテレンティン・ドレイクがペンシルベニア州タイタスビル近郊で石油の採掘に成功するまで、アメリカでは照明用の油や機械の潤滑油にはもっぱら鯨油が使われていた。産業革命により油の需要が増大し、アメリカは日本近海を回遊するマッコウクジラを対象とした捕鯨を活発に行っていた。当時は船上で鯨油

図24　北海道余市町大川遺跡のアイヌ墓から出土した15世紀のタマサイの部品（余市水産博物館蔵・筆者撮影）

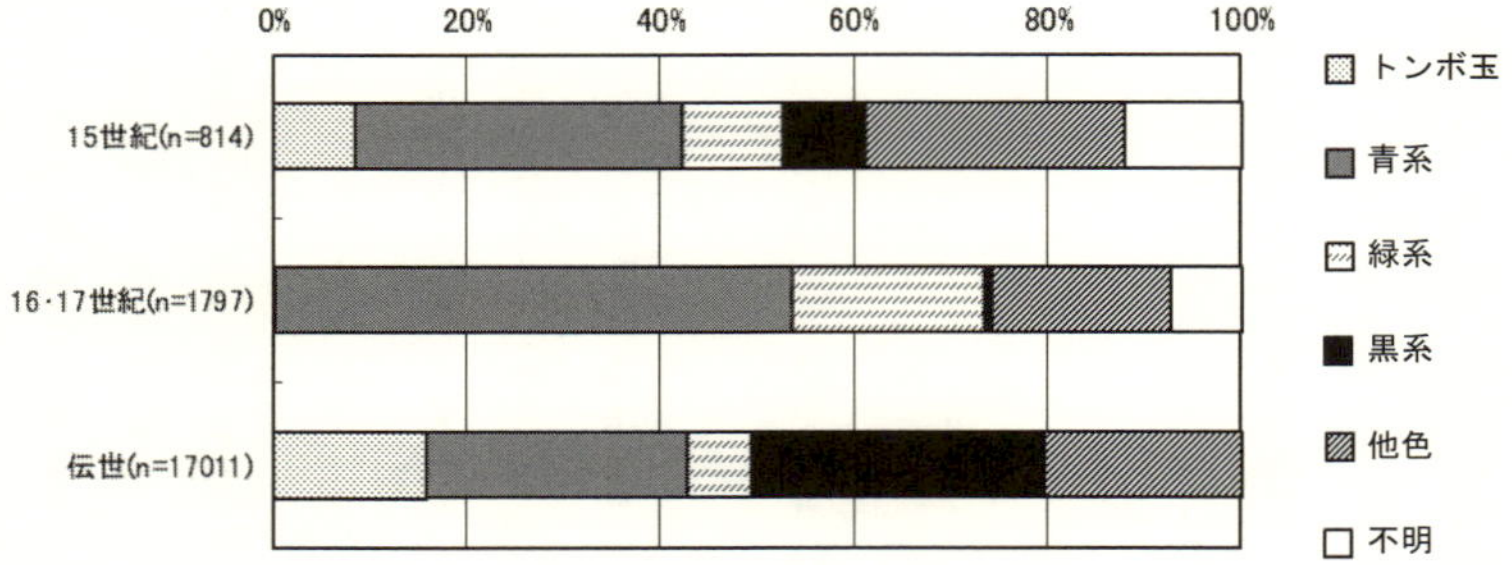

図25　タマサイに使われたガラス玉の色

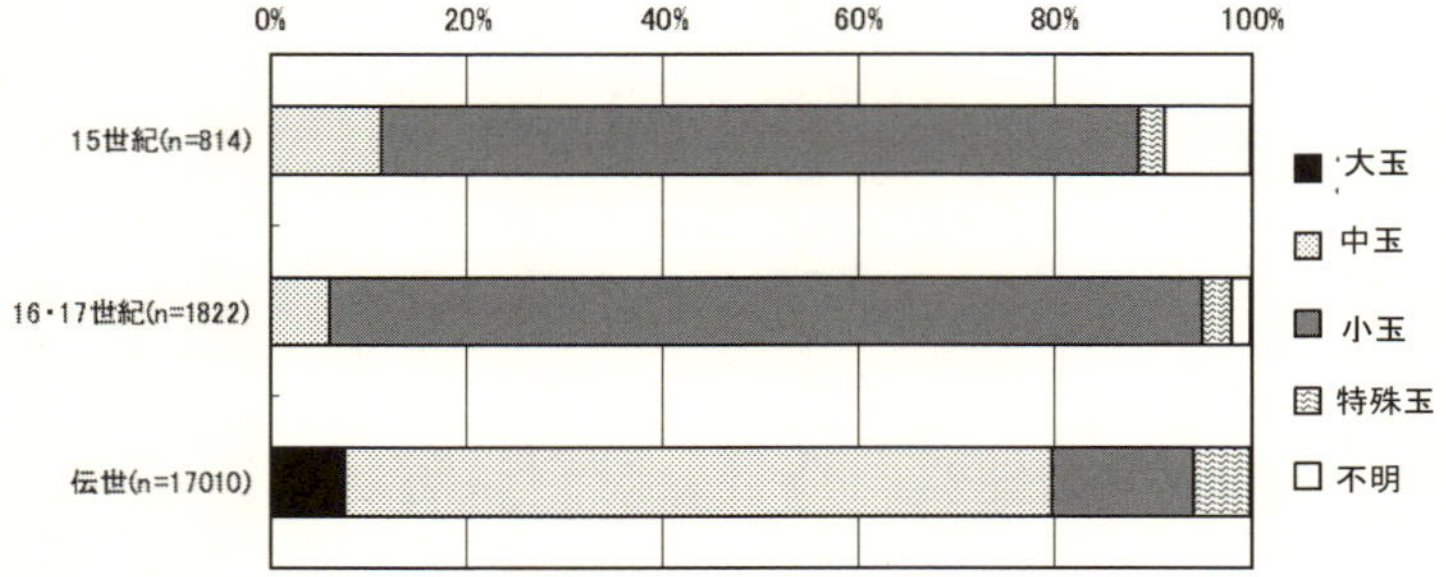

図26　タマサイに使われたガラス玉の大きさ
大玉：直径 2 cm 以上，中玉：直径 1 ～ 2 cm，小玉：直径 1 cm 未満

の抽出が行われていたため、航海の途中で燃料の薪《まき》や水を補給する必要があった。日本では江戸時代に西日本各地で鯨組と呼ばれる商業捕鯨の組織が誕生した。

いっぽう、アイヌの人々は浅瀬に迷い込むか海岸に打ち上げた寄り鯨を利用しただけでなく、太平洋側の噴火湾（内浦湾）周辺では、明治時代まで小型のクジラを対象として積極的な捕鯨を行っていたことが知られている。[88]対象となったのは平均体長七〜八メートル前後と小振りなクロミンククジラと考えられている。[89]クロミンククジラは、現在、日本が南極海で行っている調査捕鯨の主な対象でもある。

アイヌの人々がクジラやトド・アシカ・オットセイなどの海獣類を捕獲するさいに使ったのが、キテと呼ばれる銛である。銛頭（キテノク）は、鯨骨や鹿角で作られるが、先端に金属製の鏃を装着する場合もある（図27）。銛頭にはほぼ中央部に紐を通すための孔か紐を結びつけるための溝があり、基部には銛頭と柄を繋ぐ中柄を差し込むための孔か溝が見られる。獲物にめがけて銛を打ち込んだ後、紐を引っ張ることで、獲物の体内に残された銛頭は九〇度回転するため、紐を引いても獲物から銛頭が抜けない仕組みになっている（図28）。

出土した銛頭を比較したところ、金属製の鏃が装着された銛頭の普及は、道東に比べ、和人との接触の機会が多い道南・道央日本海沿岸のほうが早いことが分かった。また、一四・一五世紀代には本州北端の下北半島と道南・道央日本海側は非常に類似性が高く、一七世紀代にも他の地域に比べて共通性を保持しているが、いっぽうで下北独自の地域性も現われている。銛頭の地域性は、狩猟方法、狩猟対象物、文化的伝統、金属品の入手状況などの違いによって生じたと考えられるが、根本的には、アイヌの人々と和人との接触の頻度に関する地域的差異によるところが大きかった、換言すれば、和人がなにがしかの形で彼らの銛頭猟に大きな影響を与えていたということができるのではなかろうか。

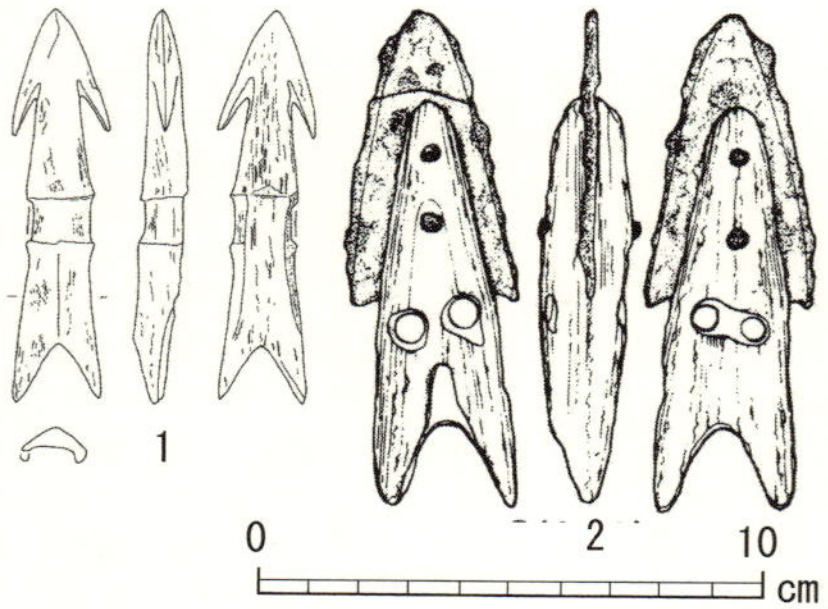

図27　銛頭（キテノク）

1（北海道余市町大川遺跡・14世紀）は先端の鏃部分まで鹿角で作られているのに対して，2（北海道せたな町瀬田内チャシ跡・17世紀）の先端には鉄鏃が嵌め込まれている．

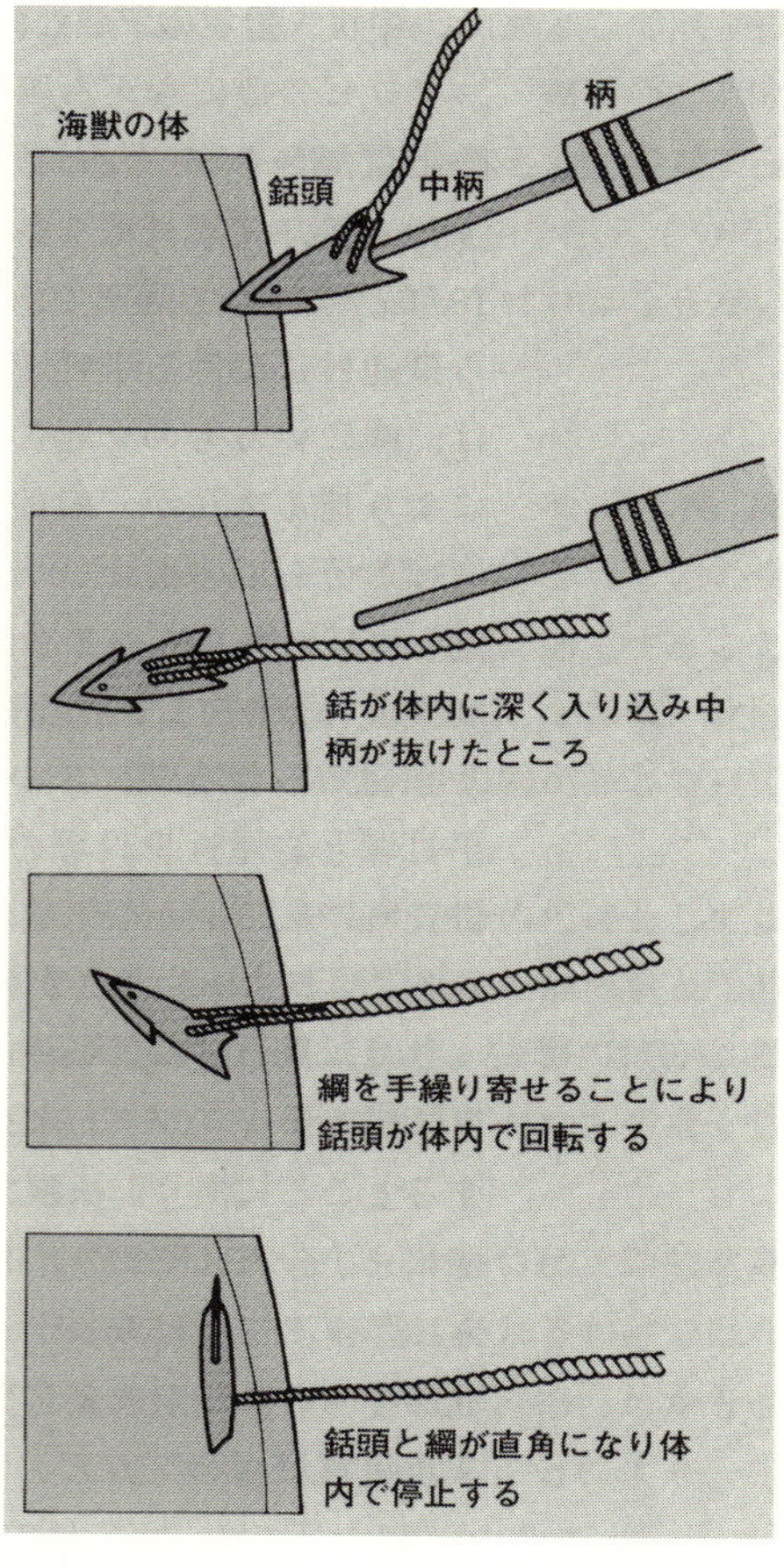

図28　銛（キテ）の使用復元図

（『青森県史資料編考古4』より引用）

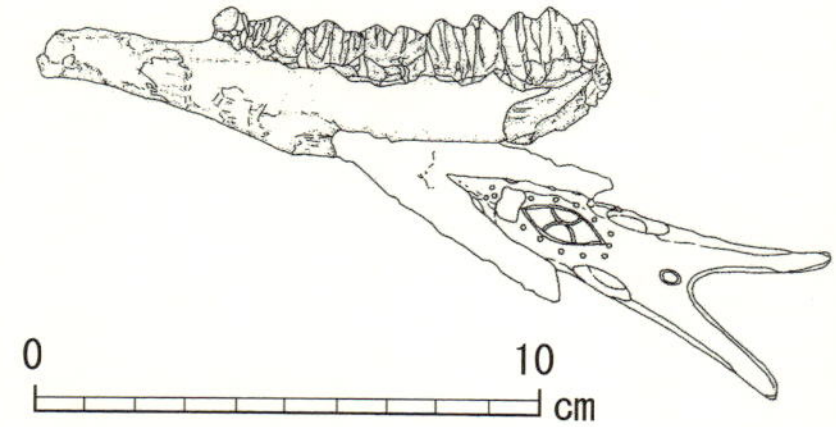

図29　銛頭が刺さったエゾジカの下顎骨

北海道斜里町クシュンコタン貝塚・19世紀

なお、オホーツク海に面する北海道斜里《しゃり》町のクシュンコタン遺跡からは、エゾジカの下顎骨に刺さった状態の銛頭が発見されている（図29）。銛頭による猟の対象がこれまで想定されてきた海獣類やメガジキ・サメなどの海洋動物に限られなかったことを示す資料として注目されよう。

毒矢をもって制す

元亨元年（一三二一）に製作された「紙本著色聖徳太子絵伝」（茨城県那珂市上宮寺蔵）は、中世アイヌの姿を伝える最古の史料として知られる。おそらく描いた絵師は実際にアイヌを目にしたことはなかったと思われるが、アイヌの伝統的衣装の一つで「ラプル」と呼ばれる鳥羽衣を身に纏《まと》った人が描かれていることから分かるように、アイヌに対する知識はある程度持っていたようだ。(90)

注目されるのは、蜂起を諌《いさ》める馬上の太子の前に跪く四名の蝦夷のうち三名が携えている半弓と呼ばれる短い弓と矢筒である。当時和人がアイヌに対して弓矢に長けた人々というイメージを強く持っていたからこそ、このような絵が描かれたと思われる。

平安時代後期に歌人として活躍した左京大夫藤原顕輔《あきすけ》が詠んだ「あさましや　ちしまのえぞの　つくるなるどくきのやこそ　ひまはもるなれ」という和歌（藤原長清撰『夫木《ふぼく》和歌抄』所収）は、蝦夷と毒矢との関係を示す最古の記録として知られる。

「聖徳太子絵伝」や藤原顕輔の和歌は、当時、和人がアイヌといえばすぐさま毒矢を連想していた可能性を示している。そうしたアイヌに対するイメージが形成された背景には、アイヌの人々が用いる毒矢に対する驚きと恐れがあるように思われる。

『古事記』や『日本書紀』には磐余彦尊《いわれびこのみこと》（後の神武天皇）による東征にさいして、大和地方で抵抗した豪族の長髄彦《ながすねひこ》が放った毒矢で磐余彦尊の兄の五瀬命《いつせのみこと》が落命したとの記述が見られるものの、マタギの狩猟に毒矢が使われることはあっても、和弓の文化のなかに毒矢の伝統はない。いっぽう、律令国家と東北地方のエミシとの戦いにおいてエミシは毒矢を使うことが記録されている。マタギやアイヌが使うトリカブトを原料とする毒矢は、エミシからの伝統を受け継ぐものとみられる。

江戸時代以前の和弓が全長七尺五寸（約二二七チセン）を標準とする世界最大級の弓であるのに対して、アイヌの弓は手に持つ弓も、「アマッポ」と呼ばれる仕掛け弓も全長一メートル前後の短弓である。和弓が鹿皮から作る膠《にかわ》を用いて竹を張り合わせているのに対して、アイヌの弓は丸木弓である。また、和弓の矢では矢柄の先端に直接鏃が装着されるのに対して、アイヌの一般的な矢はシチマザサを削って作った矢じりと矢柄の間に中柄がある。飛距離に優れた和弓に対して、アイヌの弓は近距離から発射することを想定しており、矢じりに塗られたトリカブトの毒と矢の重さが殺傷能力を高めている。

長髄彦の兄安日彦《あびひこ》を始祖とし、安倍貞任《さだとう》の後胤を自称する奥州三春《みはる》藩主秋田家には、先祖で十三湊から北海道に渡った安藤氏が蝦夷地の支配者であった名残とされる丸木の短弓が宝物として伝世している（東北大学附属図書館蔵秋田家資料）(91)。短弓と毒矢は、エミシとアイヌを繋ぐ象徴的なものといえよう。

2　アイヌの人々が大好きなモノ

切れなくてもいい刀

アイヌの人々にとって刀は単なる武器ではなく威信財でもあり、宗教的儀礼にも用いられた。アイヌの民具に見られる刀は、切ることができない鈍刀や木刀、真鍮《しんちゅう》刀といった武器としての機能を持たない刀がほとんどで、時には「ツクナイ」と呼ばれる賠償品や担保となった。アイヌの人々には刀を墓に納める風習があり、実際に北海道内から出土した刀の約九割は副葬品である。

蝦夷刀はアイヌの重要な武器の一つであるとともに威厳を装うために使用するもので、松前藩の権力確定後、刀は鈍刀《なまくら》のみとなり、単なる装飾品へと変化したという。(92) アイヌは古代の日本の太刀を模したものを「イコロ」(宝物)と呼んで信仰し、本州から入手した太刀に自分達の好みに合わせた改良を加えていたという。(93) また「イクパスイ」(捧酒箸)の一部は日本の刀を模したものであり、それが後にイクパスイの文様へと繋がるとの意見もある。(94)

アイヌの刀は、基本的に古代日本の太刀様式を模したものである。しかし厳物造《いかものづくり》太刀などは彼らが自製できなかったため、本州から渡ってきたものを、イコロとして大切に扱ってきた。(95) いっぽう、「エムシ」は和人から入手した刀身に、彫刻を施し樹皮を巻きつけた柄と鞘を装着し、それに金や銀の金具を取り付けて盛大に飾り立てた太刀である。このように蝦夷太刀にはアイヌが自製できないイコロ型の太刀と彼らの手になるエムシ型との二種類が存在している。またアイヌの刀の中には太刀だけではなく腰刀もみられる(図30～36参照)。

図30　28間星兜

図31　鎧の小札

図32　蝦夷太刀

図33　蝦夷太刀

図34　蝦夷太刀

30〜36　北海道深川市納内《おさむない》遺跡出土品
アイヌの人々にとって兜・鎧・刀などの武器・武具は自らの権威を示す重要な宝物で、賠償品にもなった。
(30〜36　深川市教育委員会蔵．筆者撮影)

図35　日本刀

図36　腰刀

蝦夷太刀は、刀身は鎬《しのぎ》がない平造りの弯刀で、刀身の幅は日本刀よりも広く、ほとんどが三㌢以上である。また蝦夷太刀の多くには、アイヌの人々が自ら拵えた装飾金具や魚皮や樹皮の痕跡が見られる。いっぽう、刀身が鞘から抜け落ちないよう日本刀に装着されている鎺《はばき》は蝦夷太刀にはほとんど見られない。

平造《ひらづくり》・角棟《かくむね》の弯刀である蝦夷刀と、樹皮巻の鞘や元々は別の金具を組み合わせた拵などを特徴とする蝦夷拵は一三世紀に出現する。蝦夷太刀には腰に吊るすための足金物が付いていないことから、「エムシアッ」と呼ばれ

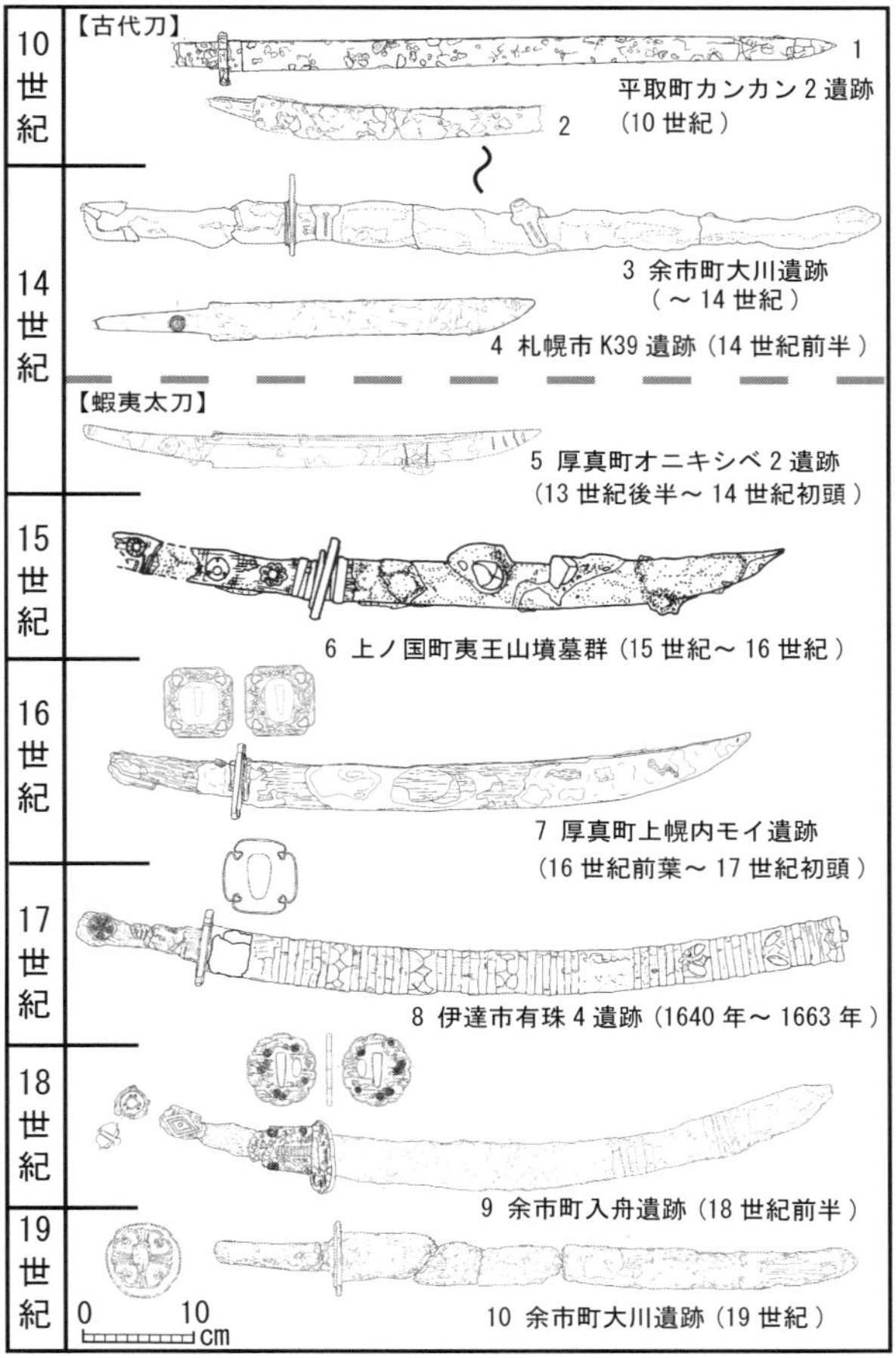

図37　蝦夷刀の成立と変遷

10世紀には蝦夷刀の祖形と思われる弯刀が出現し、古代刀である直刀と併存していた。14世紀には柄と鞘に樹皮を巻き、金属装飾を施す蝦夷拵が成立した。15～16世紀には蝦夷拵の装飾性が増し、刀身は弯刀のみとなり、蝦夷刀が確立する。

る布製の刀掛け帯が蝦夷太刀・蝦夷拵の成立当初から使われていた可能性が高い。いっぽうで、一四世紀までは古代刀の系譜を引く木柄の直刀も蝦夷刀と共存しており、過渡的な状況にあった（図37）。一五～一六世紀には蝦夷拵の装飾性が増すとともに彎刀のみとなり、蝦夷刀が確立する。

一四世紀代の蝦夷拵は装飾性が低く日本刀も多く見られることから、アイヌの人々にとって刀は武器であったと見られる。しかし一六世紀以降、蝦夷刀は銀製刀装具による加飾が進み、儀礼用の「切れない刀」へと変化する。また北海道島における刀の出土本数は一四・一五世紀に最も多く、それ以降減りつづける。とりわけ日本刀は一六世紀以降出土が激減している。長禄元年（一四五七）のコシャマインの戦い以後、アイヌの人々が日本刀を入手する機会は極端に減り、最終的には寛文九年（一六六九）のシャクシャインの戦いの戦後処理として行われたと推測される武装解除により、アイヌの人々は利器（武器）としての刀を完全に失ったと言えよう。

「銀の島」

世界遺産に登録された石見銀山が、一五六二年にポルトガル人のバルトロメウ・ヴェリュが作成した「世界図」に記されていることは比較的よく知られている。ヴェリュの「世界図」や一五八九年にフランドル人のアブラハム・オルテリウスが作成した「太平洋図」には、蝦夷地に「銀の島」を意味する「Isla de Plata」と書かれている(96)。また一六四三年、オランダ東インド会社に所属するマルチン・ゲルリッツエン・フリース司令官の記録によると、アイヌ民族は腰に銀装飾が施された刀をぶら下げ、身体には沢山の銀を帯びていていたという(97)。金銀を探し求める大航海時代のヨーロッパ人は、極東の島国日本のさらに北方に位置する未知の地域に「銀の島」が存在するという期待に胸を膨らませていたに違いない。

寛文九年（一六六九）のシャクシャインの戦の一因が、当時から松前藩の金山奉行蠣崎作左衛門と金堀り文四郎の行動にあったと認識されていた（「寛文拾年狄蜂起集書」）[98]ように、江戸時代には鉱山開発のため、多くの和人が蝦夷地に入り込むようになった。松前藩主松前邦広の五男松前広長によって天明元年（一七八一）に書かれた『松前志』のように、蝦夷地産出の金・銀で蝦夷刀の装飾品が製作されたという記録もある。少なくとも江戸時代には、アイヌの人々は金・銀を好み、刀の装飾品にもよく用いていたと多くの和人が認識していたようである。

果たして本当にアイヌの人々は金や銀を好み、蝦夷刀の装飾に使っていたのか。この疑問を解くために、北海道内から出土したアイヌ文化期の刀装具について、ハンドヘルド蛍光X線分析装置を使って非鉄金属製品の非破壊材質分析を行ってみた。その結果、蝦夷拵に使われている金属は、一四・一五世紀には銅の単体が多く、一六世紀以降は時代が下るにつれ銀の割合が高くなることが分かった。[99]一八世紀以降は、柄や鞘を銀製刀装具で飾り立てた太刀が増加する。蝦夷拵のなかでも、目貫《めぬき》・兜金《かぶとかね》・縁金《ふちかね》・足金物《あしかなもの》等の部品には銀が多く用いられ、金も見られる。

和人によって書き留められた古記録には、アイヌの人々が蝦夷刀やタマサイ・ニンカリなどの装身具に金や銀を使用していたとの記述がしばしば見られる。例えば、江戸時代後期の国学者、紀行家であった菅江真澄は蝦夷刀について「金、銀で飾りたてた剣太刀やタンネツフ（中略）貴い器具が数々あって、すべてこの世のものとも思われない」とした。[100]アイヌの人々は蝦夷刀を「宝物」とし、唯一手放すのは「罰金として支払うときや、娘の持参金として遣る」時だけであったという。[101]蝦夷地が「銀の島」と呼べるかどうかはともかく、一八世紀以降、蝦夷刀が「宝物化」するなかで、銀や金による加飾が進んだことだけは間違いない。

刀や鍔の使い方

アイヌの人々は刀類や刀装具を時に呪術的な力を持つ特別な道具と考えていた。「メッカ打ち」や、「ニウエン」と呼ばれる呪術的な舞踏行進では刀が重要な役割を果たしている。

メッカ打ちとは、死者の近親者の額（地方によっては頭または背）をエムシ（太刀）の背で血の出るまで打つ行事で、弔《とむら》い客も同様に打たれるという。(102)メッカは背（刀背）を意味するアイヌ語に由来し、その目的は、身体についた悪神を払うことだという。メッカ打ちは享保五年（一七二〇）完成の新井白石の『蝦夷志』に登場し、寛政一〇年（一八〇〇）成立とされる秦檍麿《はたのあわきまろ》筆「蝦夷島奇観」（東京国立博物館蔵）にはメッカウチの図が見られる。(103)松田傳十郎の『北夷談』には道東アツケシ（厚岸）の惣乙名イコトイがあちこちで「チヤアランケ」（公事喧嘩）を仕掛け、メッカ打ちをして負けた側から償いとして、刀・脇差・袴・塗ものの類などの宝物を差し出させたため、「東地一番の宝持」と称するとの記載が見られる。これについては久保寺逸彦氏が指摘するように、和人が太刀によるメッカ打ちとスッと呼ばれる棍棒による制裁を混同し、またスッ打ちが興行化されていたことを物語る。(104)

また、凶事における悪霊退散や遠くから帰ってくる舟を迎える場合などに行われる呪術的な舞踏行進（ニウエン）では、男たちが抜身の太刀を振りかざし力を込めて足を踏みしめながら行進する。また、舟上でも太刀や鎗を抜き放ち掛け声激しく舟を進める。ニウエンもまた、秦檍麿の「蝦夷島奇観」に図がみられ、(105)メッカ打ち同様、和人の眼には奇異に映る風習であった。「ウケウェホムシュ」とも呼ばれるニウエンの起源は古く、正平一一・延文元年（一三五六）成立の『諏訪大明神絵詞』には、蝦夷が千島の戦場に臨むさいに甲冑に身を固めウケウェホムシュを行う人々が住んでいたと記されている。

刀を宗教儀礼に用いていたアイヌの人々は、「その刀剣に付随した鍔一枚でさえこれを病者の枕元に置けば病魔を退け、又その苦痛を訴える処をこの鍔でなでれば、その苦痛は立ちどころに去ると云はれた位貴《とおと》ばれた為に、この鍔を護身用に婦人の玉飾のシトキと云う中心飾にこれを配し、又死者あるときはその冥福を祈る為にこの鍔を胸につけて送り、この実物の無きものは木型に写してまで死出の旅路につけてやる」[106]場合もあったようである。

アイヌの人々は、刀類や矢筒を、「イナウ」（削り房）と呼ばれるカムイへの供物（御幣《ごへい》）とともに家屋の後ろの壁に吊り下げていた。ニール・ゴードン・マンローの記録によれば、「トンペ」（光り輝くもの）と呼ばれる金属装飾の施されたイコロは何の霊力もない手で触ると魔除けの霊力が薄れると考えられ、わざわざくすんだまま、屋内に安置されていたという[107]。

アイヌの刀や刀装具は、こうした呪術具であると同時に、交換財や担保・賠償にもなりうる宝物であった。北海道の命名者として知られる松浦武四郎の『蝦夷訓蒙図彙《えぞくんもうずい》』[108]には「土人宝物をトミカモイと惣称し、内地の刀剣の具、また甲冑の類、是《これ》をとうとむこと甚《はなはだ》し。其に次て行器《ほかい》、貝桶《かいおけ》、耳盥《みみだらい》、其余《そのほか》漆器惣而《すべて》古きを貴《たっと》びて新しきは不悦《よろこばず》」とあり、漆器よりも武器・武具の価値が高いと考えられていることや、古いものほど価値が高いと見られていたことが分かる。

羽後八森《はちもり》（現在の秋田県八峰町）出身で、ノッケ（野付）・シベツ（標津）場所で通辞や支配人を務めた加賀伝蔵の遺した記録類（北海道別海《べっかい》町郷土資料館・加賀家文書館蔵「加賀家文書」）には、「安政四年　黒白正調書」には、ニシベツ[109]川留網並びに領境論争において、子モロ（根室）場所請負人の藤野家が河口に設置した張切網（留網）により川上に鮭が遡上しないことに難渋したクスリ（釧路）アイヌが、ニシベツ川は天明の頃先祖が宝を差し出して川口まで子モロアイヌから買い取ったとの主張とともに、クスリアイヌが子モロアイヌに渡した宝が列記されている。(110)それによれば、クスリアイヌはニシベツ川の漁業権を買い取るために子モロアイヌにタン子フ（太刀）・イムシホ（短刀）・イムシウンヘ＝ヱウンベ（刀の鞘）・イカヨフ（矢筒）各一五点を支払ったと主張している。この主張に対し、子モロアイヌは川売買の件はクスリ側の作り話であるとしてアツケシ役所に訴え出た。それに対して詰調役喜多野省吾が下した裁定は、川売買の件については証拠がないと退けたうえで、クスリ小使メンカクシの祖父ペケレニシが昔、銀細工太刀鞘一本と銀盃六個を子モロの四郎左衛門祖父イカシュンテに贈り、ニシベツ川筋通りの管理を頼んだ事実を認定し、川口の張切網漁を禁止するもので、事実上子モロ側（藤野家側）の敗訴が確定した。この一件は、宝物の中でも刀類や矢筒が、アイヌの生業の根幹をなす河川の漁業権と対価交換されうるものであったことを示している。

また、ニシベツ川留網並びに領境論争のなかで、文化一〇年（一八一三）～天保四年（一八三三）頃の話として、子モロアイヌのタミシナイが秋のうちにポンベツへ来て梁《やな》を仕掛けたところ、クスリアイヌのコリタ・メンカクシ・ムンケケら三人のほか多くの人が番人と一緒にやってきて、タミシナイがポンベツへ梁を設置したことに訴訟をもちかけ、ほかの場所へ梁をかけるとのことなので、仕方なく対価（アシンベ）として、ヱムシ（太刀）三本・銀覆輪《ふくりん》のセツバ（鍔）三枚・銀細工のヱムシニツ（刀の柄）三本を差し出したことや、それが必要以上に過分な宝物であったことなどが述べられている。

なお、同じく加賀家文書の「シベツ名主宅蔵申口」には、クナシリ島のセセキという村の村長トベブシがシベツの有力者の娘に求婚するさい、「金拵ひ網引形の太刀」という宝物を婚資として差し出したとの伝承が記録されている。(111)

アイヌの伝承には宝物がしばしば登場するが、「生きた刀」（「妊婦を切った刀」）で奪われた宝物を取り返す話や「人喰いの刀」で宝物を守ろうとする話など刀にまつわる話が伝わっている。(112) なかでも興味を引くのは、「トイチャシには釧路地方で一番の大将の乙名《おとな》がいて、春と秋に桂恋《かつらこい》・昆布森・遠矢《とおや》などのコタンにいる家来の乙名に熊皮や鷲の尾羽などを持ってこさせ、多く献上した者にはシャモ地（和人地）から渡ってきたタンネップ（飾太刀）やテコロパチ（角盥）などの宝物をやった」とする松浦武四郎の『東蝦夷日誌』にも記された釧路市トイチャシに関する伝承である。この伝承は、和製の太刀や漆器などの宝物を数多く入手しうる者が、対和人交易品集荷システムの要としてアイヌの首長層の頂点に立っていたことを物語っている。

刀は「ツクナイ」や「手印」と呼ばれるアイヌ社会独特の社会的機能も担っていた。ツクナイとは日本語の「償い」に由来し、アイヌが他のアイヌや和人に与えた損害や犯した罪に対し、宝物をもって賠償する行為と説明されることが多い。しかし差し出された宝物は必ずしも賠償品として相手側に没収されるのではなく、一定期間相手側に留め置かれた後、事態が解決・回復したと判断された段階で返されることを原則とする点が和人社会の「償い」と異なる。また、契約のさい、その証拠として相手に宝物を渡し、約束が果たされるまで預け置くことを「手印」という。ツクナイも手印も差し出される宝物は一種の「担保」に近い。(113)

「蝦夷蜂起」や「寛文拾年狄蜂起集書」によれば、松前藩は、シャクシャインの戦いの戦後処理として、東西蝦夷地のアイヌに、ツクナイを出さなければ商船を派遣しない旨通告したうえで、「自然ツクナイ出申間敷はふみつぶし可申候」と脅迫した。アイヌから提出されたツクナイの詳細は不明だが、高値になるものとして、「ヱモシポ二腰、こまき作り壹腰、壹腰はさやしたん、壹腰はしんちうにてけほりに魚類ほり候由。めぬき雉子《きぎす》、下地銀、上金ながし、見事に見得申候由」とあり、紫檀《したん》製の鞘に入った短刀や、魚の文様を毛彫りした真鍮製の鞘に入った短刀、銀地に金メッキした雉子形の目貫《めぬき》など和製の上手の刀類が含まれていたことが判明する。なお、こまき作りは小柾作《こまきづく》りであり、アイヌが製作する彫刻を施した木製の鞘に入った刀のことと思われる。

寛政元年（一七八九）五月、飛騨屋久兵衛の請負場所で起きたクナシリ・メナシの戦い鎮圧のため松前藩が派遣した新井田隊は、「攻戦」のみでなく「潔白の理談」による鎮定を方針とし、手印を取り交わしながら、道東・クナシリの乙名層の協力を取り付け、鎮圧後には彼ら松前藩に御味方したアイヌの乙名層に「徒党」アイヌが差し出した手印を預け、地域の平和秩序の回復を委ねたとされる。(114)

新井田隊が十勝川河口のオホツナイ（豊頃《とよころ》町大津）に到着したさい、メナシおよびトカチ地方のアイヌの首長層から、南部下北大畑湊村（現在の青森県むつ市大畑町）出身でアイヌの蜂起により負傷した大通丸水主《かこ》庄蔵を通して鎮圧隊に差し出された手印が、松前藩鎮圧隊番頭新井田孫三郎が著した「寛政蝦夷乱取調日記」に記載されている。(115)この時差し出された手印のうち、ちうるい（忠類）の首長で和人殺害の首謀者の一人とされたホロメキの息子セントキだけは負傷した庄蔵を助けた「印」として差し出したものだが、他のアイヌは松前藩に御味方することの証として手印を提出している。手印の内訳は、鍔《つば》四枚、ヱモシ（太刀）三振、ヱモシポ（短刀）一振、粕尾（矢羽根の素材であるオジロワシの当歳の尾羽根）一把（一把＝一〇尻＝一二〇枚）で、鍔がもっとも多い。銀《ぎん》覆輪《ふくりん》二枚鍔とあるのは、銀覆輪の銅製鍔と同じく銀覆輪の銅製大切羽のセットであろう。手印として差し出されたこれらの鍔は、金や銀の覆輪や文様・透かしが施されており、上手の和製品とみられる。これらの手印は鎮圧後に返還されている。

いっぽう、「寛政蝦夷乱取調日記」と加賀家文書の「安政四年　黒白正調書」には、クナシリ・メナシの戦い鎮圧後にお詫《わ》びのために手印を差し出したアッケシ（厚岸）七名・ノツカマブ（現在の根室市牧の内）六名・クナシリ六名、計一九名のアイヌの名前と差し出された品名が記されている。この時に差し出された手印はすべて刀類であり、乙名からはタン子フ（金物拵の太刀）、脇乙名からはエムシ（アイヌ自製の木製の拵に入った刀）、それ以外の人々からはエモシモ（短刀）が、それぞれ身分に応じて差し出されている。

注目すべきは、前述した鎮圧隊が現地入りする前にアイヌから御味方の証として提出された手印が鍔を主としていたのに対して、賠償の意味合いが強い鎮圧後の手印がすべて刀類となっている点である。差し出された一九振の刀類は松前藩に「永く御留」されたとあり、事実上没収されたとみられる。象徴的ではあるにせよ刀狩り（武装解除）的意味合いがあったと見てよいであろう。

以上は和人とアイヌの戦争を巡る賠償・担保に刀が用いられた例だが、戦争以外のトラブルを巡っても刀は賠償・担保になった。

寛政二年（一七九〇）の「蝦夷国風俗人情の沙汰」[116]のなかで、最上徳内は、ラッコ皮・鷹の羽・アシカ・アザラシ・熊皮・熊胆・ヱブリコ[117]等の課税役人（「上乗」）として松前藩からアツケシ（厚岸）に派遣されていた松井茂兵衛が、クナシリ産の偽の熊胆を巡って通詞の林右衛門に入牢を命じ、林右衛門救出のため、アツケシの惣乙名イコトイをはじめとする近郷近在の乙名達がツクナイとして差し出した「山中へ深く埋め或は古木の朽たる椌《こう》へ入れ秘蔵せし陣太刀、鞘巻の太刀、合口、短刀、其他宝物」など「此處の善き宝物」をすべて自分の物とし、松前に戻った後にそれらを売り払い大金を得たことを、批判的に記している。その中には一振三〇両にもなった陣太刀が含まれていた。

ヨイチ（余市）の場所請負人であった竹屋の「林家文書」にある天保一四年（一八四三）[118]の「詫《わぶ》一札《ひとふだ》之《の》事《こと》」と題する古文書は、運上屋以外の出稼《でかせぎ》和人と、自家用のニシン・ニシンの白子・数の子・笹目商取引をした下ヨイチアイヌが運上屋に出した詫び証文で、謝罪の証拠として差し出された具体的な品々がわかる貴重な史料である。[119]

史料によれば、科人《とがにん》の乙名ヲシトンコツから銀拵イカエフ（矢筒）一・銀拵イムシ（太刀）二・イムシ（大小取合）四の計七点、科人の母ケウシから銀フクリン（覆輪）の鍔、脇乙名イコンリキ・小使ホフイ・産取《みやげとり》で科人の弟レフン・産取イヌヌケ・産取ヌケクル・平夷人チ子ヘカの六名からは各々鍔一枚、小使カ子ヤからはイムシホ（短刀）一点、産取タサラからはイムシ（太刀）一点、産取ヒラトモからはイカイフ（矢筒）一点がツクナイとして問題解決までの間、運上屋に預け置かれている。(120)ツクナイが科人本人のみならず、所属する共同体全体の連帯責任として役夷人を中心に提出されていることや、家宝の中でも太刀・短刀・鍔・矢筒が選ばれていること、銀拵・銀装の刀が一定量認められることが注目される。

以上、アイヌから和人に対して差し出されるツクナイ・手印の大部分は刀類であり、鍔と矢筒がこれに次ぎ、同じ宝物でも漆器は皆無に近い。和人を相手に行われたツクナイや手印は、賠償・弁償から忠誠・服従の証明、さらには約束手形的なものまで多様だが、当事者に加え連帯責任としてその者が所属する共同体の指導者層が負担し、刀類を差しだすのが一般的であった。

蝦夷刀は、和人とアイヌあるいはアイヌ同士の社会的関係性を構築・修復する重要な役目を担っていたと言える。時代が下るにつれ武器としての機能を失い、宝物化する蝦夷刀を通して、社会のさまざまな問題の解決法が、刀を用いた戦から、宝物である刀による賠償・保証へと変わったことが確認できよう。

輸入タバコと喫煙具

ナス科に属する多年草のタバコ属は、南北アメリカやオーストラリアに広く自生する。新大陸の先住民は、宗教上の儀式・祭事・医療さらには快楽のために喫煙を行っていた。その喫煙方法は、西岸を除く南米の大部分からメキシコの東海岸では葉が広く味が柔らかなタバクム種の葉を乾燥させて巻いて吸う方式（シガー・シガレットの原形）がとられ、メキシコ以北から北米大陸東岸のセント・ローレンス河に到る地帯では、寒冷気候に適した葉が小さく辛い味のルスティカ種やさらに葉が小さく細いアテヌアク種をパイプに詰める方式であったようだ。[121]

日本へ一五七〇年代頃にポルトガル人によってタバコが伝えられた当初は、供給量も少なく巻いて吸う方式が採られていたが、一五九〇年代頃からはキセルが使われるようになり、キセルの普及とタバコ栽培が急速に広まることとなった。[122] 江戸時代には、タバコは本田畑への作付がしばしば規制されるほどの勢いで普及し、四木（茶・桑・漆・楮《こうぞ》）、三草（麻・綿花・藍）に次ぐ有用植物とされ、農家の換金作物として重要視されていた。[123]

喫煙の習慣は、一七世紀初頭には本州北端にまで到達した。一六世紀末から一七世紀初頭に営まれた下北半島太平洋沿岸の浜通遺跡では、金属製のキセルとともに、全国的にも珍しい素焼きの土製パイプが出土している。金属製のキセルがまだ十分に行き渡らない状況下にあって、その不足を補うべく、自家製のパイプが喫煙に使われたとみられる。

一六四三年に道東から千島・サハリンを訪れたオランダ東インド会社所属のカストリカム船隊司令官マルチン・ゲルリッツエン・フリースの航海記録から、[124] 一六四〇年代にはすでにアイヌの間に喫煙が定着していた様子がうかがえる。

六月一〇日　オランダ人にタバコを求め、酒とタバコでもてなされた【十勝川河口】

六月一三日　オットセイの毛皮数枚・熊皮一枚と煙草を交換【歯舞《はぼまい》諸島勇留《ゆり》島】

七月四日　テルナーテ産の煙草[125]を喜んで受け取る【国後《くなしり》島北東海岸】

七月一六日　フリースが日本製の銅製キセルでジャワ産のタバコを振舞う【サハリン島アニワ湾】

七月二七日　フリースがカラフトアイヌに贈ったタバコが喜ばれた【サハリン島北知床半島】
八月二九日　停泊中の松前藩の貨物運送船にはアイヌに対する交易品として米・衣服・酒・タバコが積まれている【アッケシ（厚岸）】

いっぽう、フリースに先立ち一六一八～二一年に北海道の地を訪れた最初のヨーロッパ人であるイエズス会神父のジェロニモ・デ・アンジェリウスとディオゴ・カルワーリュの報告[126]にはアイヌの喫煙に関する記述がまったく見られない。これら一七世紀前半に蝦夷地を訪れたヨーロッパ人の記録は、アイヌの人々が日本製のキセルを使って喫煙を始めた時期が、一六二〇—四〇年代であることを示唆している。

道南の太平洋側に位置する森町森川3遺跡で、寛永一七年（一六四〇）に降下した駒ヶ岳d火山灰の下から発見された金属製のキセルは、一六三〇年代までに道南のアイヌの人々に喫煙が広まっていたことを示す考古学的な証拠といえる[127]（図38）。また、道央の太平洋側に位置する伊達市有珠《うす》4遺跡では、駒ヶ岳d火山灰より下から検出された一〇基の墓にはキセルはまったく見られないが、駒ヶ岳d火山灰と寛文三年（一六六三）年に降下した有珠b火山灰の間から検出された墓では一〇基中四基にキセルが副葬されていた[128]（図39）。キセルが副葬された人は生前に喫煙していたと考えられるが、キセルが副葬されていないからといってタバコを吸わなかったことにはならない。一六四〇—五〇年代の有珠アイヌの喫煙率は少なくとも四〇パーセント、実際にはタバコを吸わない人のほうが少なかったと推測される。また、有珠4遺跡の事例は、道央では一六三〇年代までは日本製のキセルが十分供給されておらず、一六四〇—五〇年代に急速に普及したことを物語っている。

出土資料や民族資料によれば、アイヌの人々は喫煙するさい、金属製のキセルだけでなく、「スマキセリ」と呼ばれる石製のパイプ（図40）やサビタ（ノリウツギ）で作られた「ニキセリ」と呼ばれる木製のパイプ（図41）

も使用していた。金属製のキセルは北方地域に広く分布するのに対して、木製のパイプは北海道内に分布が偏り、石製のパイプは、それより北方の道北・道東からサハリン・沿海州・千島に遍在する。[129] ノリウツギはアジサイ科アジサイ属の落葉低木で、北海道から九州にかけて分布する。ノリウツギは中の白い芯が柔らかく簡単に抜ける上、乾燥すると非常に硬くなるため、格好のパイプの素材となったようだ。金属製のキセルが入手困難な場合、ノリウツギが生えている北海道内では主にノリウツギの枝で作ったニキセリが使われ、ノリウツギが手に入りにくいより寒冷地の道北・道東からサハリン・沿海州・千島では石製のパイプが用いられたと思われる。これらアイヌ自製の喫煙具は、彼らがいかに喫煙に執着していたかを物語っている。

日本製の金属キセルはサハリン島からも発見されている（七九頁の本章中扉の図参照）。分布状況から、サハリン南部に住むカラフトアイヌのみならず、サハリン中部以北に住むニブフやウイルタも喫煙に日本製のキセルを使っていたと見られる。サハリン出土の日本製キセルは、古いものは一七世紀後半に遡る。

アイヌ墓へキセルが副葬される割合は、一七世紀後半以降、東北地方にほぼ匹敵する四〇パーセント前後の高い比率を示す。[130] 前述の通り、アイヌは金属製のキセルと和人の用いない木製のパイプ（ニキセリ）も併用していたが、後者は土中で腐ってしまうことから、アイヌの喫煙率は和人のそれを上回っていた可能性が高い。

近世和人社会とアイヌとの関係性を考える上で、酒とタバコは非常に重要である。ウイマムやオムシャのさいにアイヌへ下賜された物品や蝦夷地場所での対アイヌ交易品の古記録では、米や木綿などの衣類とならんで酒やタバコが非常に目立つ。[131] 対アイヌ交易において、タバコとキセルは米・糀《こうじ》・酒とともに、蝦夷地産品の交換比率を示す際の基準品目でもあった。

蝦夷地関連の文献史料に記録されたタバコは、大きく地廻《じまわり》タバコ、産地名を明記した本州産のタバコ、山丹交

図38　北海道森町森川３遺跡で駒ヶ岳ｄ火山灰の下から出土したキセル（1640年以前）

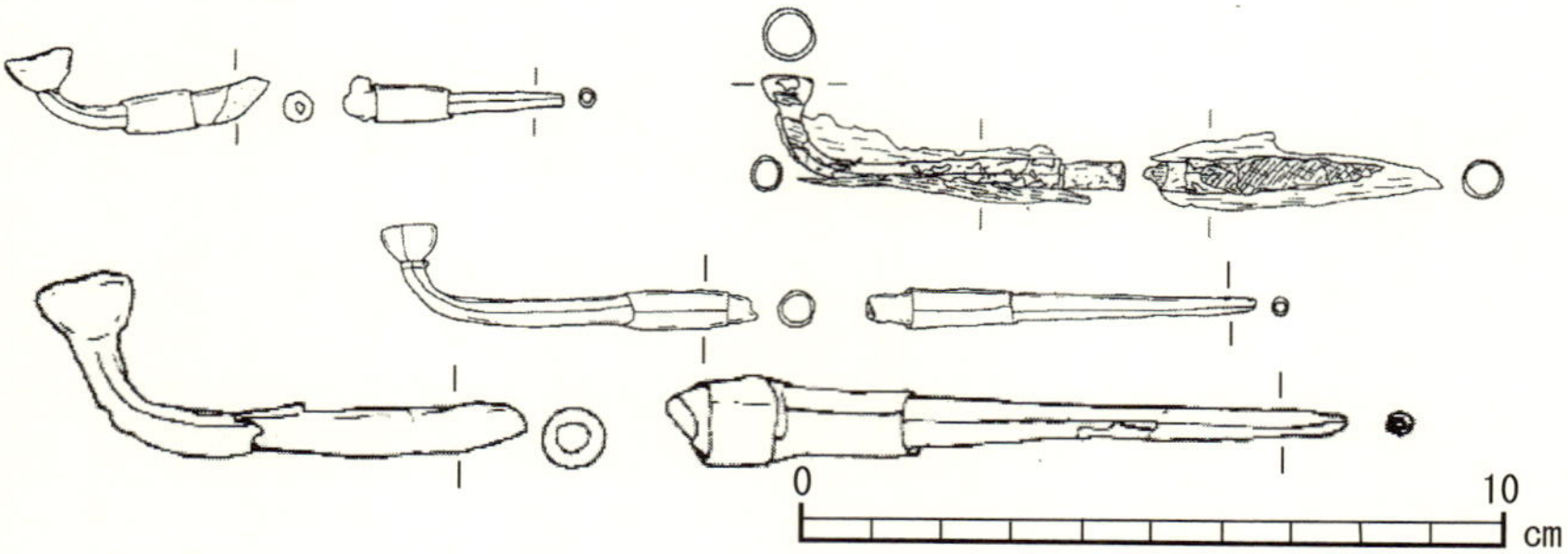

図39　北海道伊達市有珠４遺跡で駒ヶ岳ｄ火山灰降下以降，有珠ｂ火山灰降下以前のアイヌ墓から出土したキセル（1640〜1663年頃）

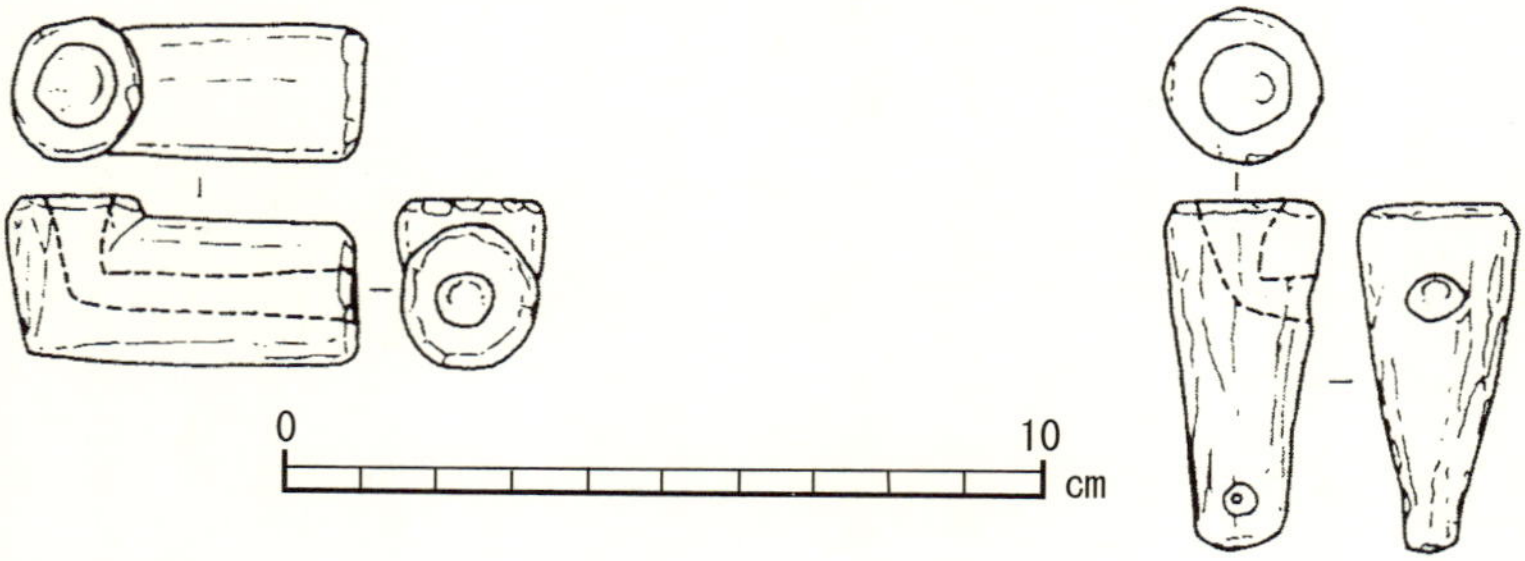

図40　北海道礼文町重兵衛沢２遺跡出土の泥岩製パイプ

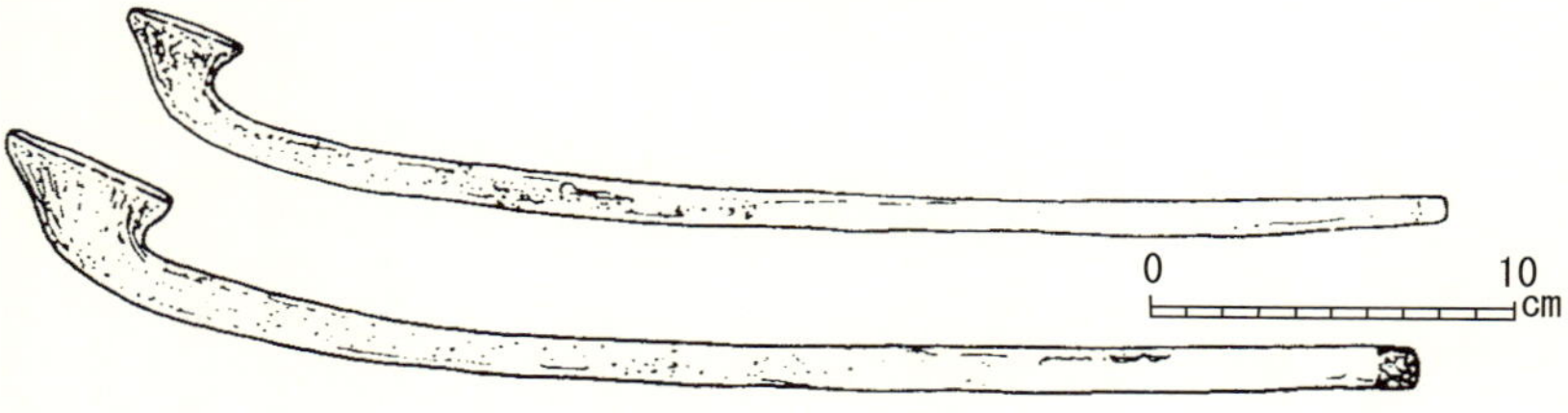

図41　アイヌ民族博物館所蔵のニキセリ

易により北から入ってくる中国北東部産のタバコに分かれる。江戸時代に蝦夷地でもタバコが栽培されていたことを示す史料が散見されることから、地廻タバコには、史料で確認できた南部産の野辺地縄芬《たばこ》や庄内加茂周辺産といった東北産のものに加えて蝦夷地で栽培されたタバコが含まれていたと思われる。[132]産地名が明記された本州産のタバコは、四国産の阿波粉、奥羽産の南部粉・仙北粉が多く、他に鹿児島産の国分タバコ・豊後粉・加賀粉、仙台タバコ・岐阜粉等がみられる。南部産のタバコは、南部粉のほかにさらに領内の地域名を冠した大はさま（現岩手県花巻市大迫地区産）・大櫃物（現大槌町大槌地区産）・小櫃物（現大槌町小鎚地区産）が確認される。仙北粉は、現在の秋田県大仙市仙北地区で生産されたタバコで、神宮寺の河湊から雄物川を下り、城下町久保田の外港であった土崎湊から蝦夷地に向け移出された。

タバコの値段は、阿波粉を基準に、国分産が約二・四〜一・三倍と最も高価で、仙北産や豊後産は国分産と阿波粉の中間に位置し、南部産や地廻品は約〇・九〜〇・八倍前後で、品質が劣るとされていたようである。

キセルもタバコや酒同様、ウイマムやヲムシャのさいに、アイヌへ下賜された物品や蝦夷地場所での対アイヌ交易品の古記録に多く認められる。加えて山丹交易により中国北東部で作られたキセルももたらされていることも確認される。

最上徳内の『蝦夷草紙 別録』に収められている天明六年（一七八六）のクナシリ・アツケシ・キイタツフ場所における交易の平均値段が記された「蝦夷地交易直段《ねだん》付帳」では、ラッコ皮は一枚あたり上品のものが、米六〇俵（一俵は八升入りで、一升につき六八文五歩）・糀《こうじ》六俵（一俵は八升入りで、一升につき五六文五歩）・酒二樽（五升入・一升につき一六〇文）・タバコ二把（一把につき四八文）・キセル二本（一本につき七五文）の合計三七貫二九四文、中品が米四五俵・糀四俵・酒二樽・タバコ四把・キセル二本の合計二七貫八一六文、下品が米三〇俵・糀三

図42　キセルで喫煙する北海道アイヌの絵葉書（筆者蔵）
外国郵便用の万国郵便連合絵葉書である.

俵・酒一樽・タバコ三把・キセル二本の合計八貫七四六文との交換比率が示されている。同様に、熊皮は一枚につき、上品のものがタバコ二把とキセル一本の計一六一文、中品がタバコ一把とキセル一本の計一二三文、下品がタバコ一把とマキリ一丁の計七三文と定められている。[133] 蝦夷地交易の交換比率を表すさいに、米・糀・酒と並ぶ基準品目とされたタバコやキセルは、アイヌの需要が高かったといえよう。

以上のように、北海道アイヌは一七世紀前半から交易やウイマムやオムシャを通して和人から金属製のキセルを入手していた。アイヌには広く「煙管受取り渡しの儀礼」[134]がみられるように、彼らにとって喫煙は、本来極めて儀礼的な習俗であった。しかし、和人によりタバコやキセルが大量に入手しうる環境が整えられたことから、喫煙は飲酒以上に早くから儀礼的意味合いが薄れ、日常生活習慣へと変容したとみられる。キセルでタバコを吸う姿は、ごく当たり前のものとしてアイヌの人々の日常生活の中に見られたのである（図42）。

3　本来とは違う使い方をされたモノ

破片や部品でもいいの

擦文文化後期にあたる一〇・一一世紀に、毛皮や鷲羽の見返りとして都の王臣家から贈られた「佐波理」と呼ばれる錫《すず》と銅の合金でできた鋺が、北海道の太平洋沿岸から青森県域で出土することはすでに述べた。ほぼ同じ頃、『枕草子』のなかで清少納言は鋺を取り上げ、「あて（貴）なるもの」として「削り氷に甘葛《あまがづら》入れて、あたらしきかなまりに入れたる」と書き、「清しと見ゆるもの」として「あたらしきかなまり」を挙げた。当時、鋺は、仏具であると同時に、都の貴族達の間で清浄かつ涼やかな器として人気の高級食膳具であった。

銅と錫の合金、いわゆる「青銅」は、錫の含有量により多様な色調をみせる。すなわち錫の古称「白銅」が示す通り、錫が三パーセント以下なら銅赤色だが、錫の含有量が増えるにつれ次第に黄色味が強まり、二七パーセント以上になると銀白色を呈するようになる[135]。錫を一五〜二〇パーセント程度含む「佐波理」の場合、赤味を帯びた黄色で、色調的にはかなり金色に近い。北日本から出土した擦文・平安時代の銅鋺の大半は、本来、金色に光り輝いていたと思われる。

ところでこれらの鍬は、完全な形のものは一点もなく、全て破片となっており、中には加工した痕跡や被熱痕が見られる破片もある。アイヌ文化が色濃く残る北海道平取町二風谷にあるカンカン2遺跡では、祭祀場から四個体分の鍬が五〇二点もの破片となった状態で、太刀・鉾《ほこ》をはじめとする宝物と一緒に出土しており、供献品と推測されている(136)。弥生時代後期から古墳時代前期には意図的に割られ加工された鏡（破鏡）が存在する。この時代、鏡は政治と祭祀を司る権力の象徴であり、第一級の宝物であった。破鏡に政治的・宗教的メッセージが込められていたように、擦文人にとって金色に光り輝く鍬は、破片であっても遥か彼方の都の王臣家と自らと繋がりを示す威信財であり、霊力を備えた宝物であったと考えられる。

和産物といわれる日本製品が、アイヌの人々によって日本文化で使用されていた本来の目的とは異なる使われ方をされたことは、これまでにもしばしば注目されてきた(137)。なかでも和人から手に入れた金・銀・銅など貴金属から作られた鏡・武器・武具やその部品は、そのものの機能に関係なく本来とは異なる用途（装飾）に使われた。

擦文末期に位置づけられている根室市穂香竪穴群一一号竪穴住居跡と一四世紀の伊達市有珠オヤコツ遺跡方形配石墓Ⅱ号(139)から出土したタマサイには、ガラス玉とともに、太刀に使われる足金物の部品(138)（七ツ金・革先）が使われていた（図43）。七ツ金は、太刀を佩用するための帯を通す帯執《おびとり》と称されるループ状の革具の足（足革・足緒）を固定する責金具で、足金物との接点には革先と呼ばれる爪形の金具が付く。足革は二本あり、鞘口側の一ノ足には三ツ、鞘尻側の二ノ足には四ツ、計七個の金具が装着されることから、七ツ金と呼ばれる。一般に、鎌倉末期以降、七ツ金の足緒は太鼓革に簡略化されるにともない七ツ金は廃れる傾向にあるとされる。

また、恵庭市カリンバ2遺跡第Ⅳ地点(140)では、アイヌ墓から一五世紀後半～一六世紀初頭頃の中国産白磁皿にともなって出土したタマサイの「シトキ」と呼ばれるペンダントトップに足金物が使われていた（図44）。

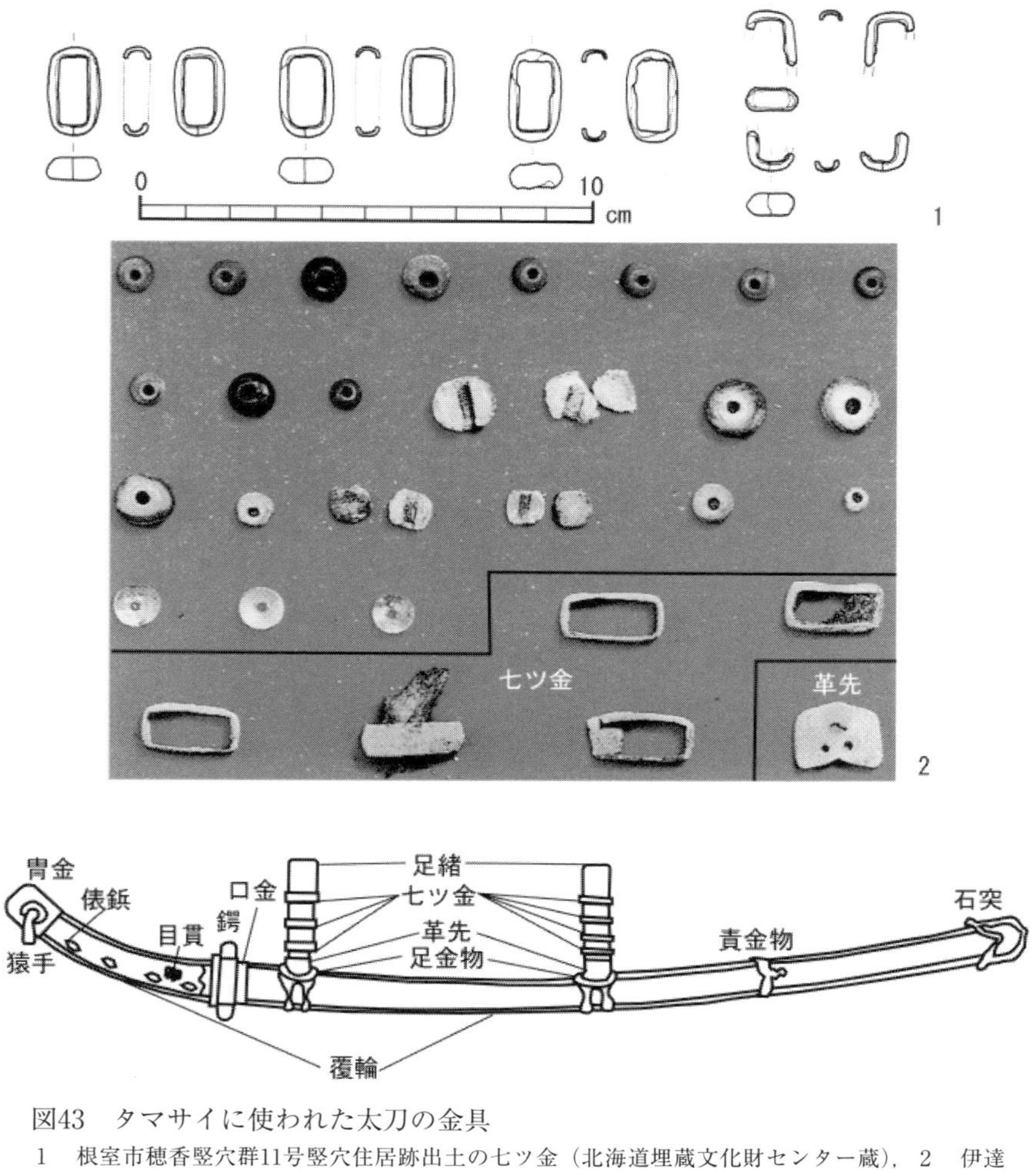

図43　タマサイに使われた太刀の金具

1　根室市穂香竪穴群11号竪穴住居跡出土の七ツ金（北海道埋蔵文化財センター蔵），2　伊達市有珠オヤコツ遺跡方形配石墓Ⅱ号出土品（伊達市教育委員会『有珠オヤコツ・ポンマ遺跡』，1993年より転載・伊達市噴火湾文化研究所蔵）

アイヌの人々は、和人から入手した太刀にオヒョウ・シナの木の内皮やツルウメモドキの繊維を編んで作る「エムシアッ」と呼ばれる刀掛帯（太刀緒）を取り付け、それを右肩から左腰へたすき掛けにして刀を下げる。その場合、太刀に本来装着されていた足金物は不要となるため、取り外された金具が転用されたものと考えられる。

サハリン南部の西海岸に位置するクズネーツォーヴォ（宗仁《そうに》）遺跡からは、一七世紀前半頃のものとみられる二重圏線内に葉文を散らせた小型の和鏡に中茎櫃《なかごひつ》を穿《あ》け、鍔に転用したものが出土している（図45）。

カラフトアイヌは、「カニクッ」と呼ばれる沢山の飾金具が付いた革製のベルトを好んだ。飾金具付革帯には、金属製のキセルの雁首から火皿の部分を取り外して紐に通し何個も重ねてぶら下げた例がある（図46）。おそらく歩く度にそれらの金具が揺れ、ぶつかり合う効果音を期待したのであろう。

兜の鍬形が魔法の道具に

アイヌの宝物には、役に立つがゆえに価値あるもの（イヨクペ）と豪華で素晴らしいもの（イコロ）がある。美しい金属で飾られた刀や矢筒など多くのイコロを所持する者がニシパ（ニシは「空」、パは「上の・長」を表す）と呼ばれるように、イコロは威信財であった。

アイヌの宝物のなかでも、先が二又に分かれる兜の前立を模した「鍬形」は、「ベラシトミカムイ」（「篦《へら》のついた宝器」の意）や「キロウウシトミカムイ」（キロウは「角」の意）と呼ばれ、とりわけ大切に扱われた。鍬形には、病人の枕元において災いを払うなどの霊力があり、家に置いておくと祟《たた》りをなすため、普段は「地室に蔵し」（新井白石『蝦夷志』）あるいは「深山巌窟《しんざんがんくつ》に秘蔵し安ずる」（松前広長『松前志』）という。

図44　恵庭市カリンバ2遺跡第Ⅳ地点AP-5号墓から出土したシトキに足金物が使われたタマサイ（恵庭市郷土資料館蔵．筆者撮影）

図45　サハリン州クズネーツォーヴォ（宗仁）遺跡出土の和鏡を転用した鍔（サハリン大学考古学・民族誌研究所蔵．筆者撮影）

図46　キセルの火皿を飾金具に転用しているカラフトアイヌの飾金具付革帯（部分）（サハリン州立郷土誌博物館蔵．筆者撮影）

釧路地方に伝わるアイヌの伝承には、カツラコイ（釧路市桂恋）の酋長キリボイエカシの家に代々伝わる白金黄金を鏤めた鎧、ウライケチャシ（釧路市春採《はるとり》チャシ）や布伏内《ふしない》チャシ（阿寒町ポンタッコブチャシ）の宝物、金の角をつけた甲を持ったトオヤ（釧路市遠矢）の酋長カネキラウコロエカシなど甲冑を宝物とする伝承が多くみられる(141)。

「松前応挙」の異名を持つ松前藩の家老にして蝦夷地随一の絵師、蠣崎波響《はきょう》の傑作「異酋《いしゅう》列像」では、クナシリ・メナシの戦いのさい、東部ウラヤスベツ（斜里町）の乙名（首長）で、麻烏太蝋潔（マウタラケ）とともに三百人余のアイヌを率いて騒動参加者が西北部から逃亡するのを防ぎ松前藩に御味方した超殺麻（チョウサマ）が蝦夷錦を羽織り、「鍬形」を手にしたポーズで描かれている(142)。同じく波響が天明三年（一七八三）に紋別の酋長東武の求めに応じて描いた「東武画像」では、蝦夷錦を羽織った東武は朱塗唐草蒔絵《まきえ》の行器《ほかい》に腰かけ、右手に「鍬形」を抱えた姿で描かれている(143)。いずれの肖像画でも「鍬形」は取ってつけたかのように描かれており、見る者に不自然な印象を与える。絵の中で蝦夷錦も鍬形も行器も、彼らアイヌの指導者層の権威を高める演出道具のようである。

北海道内ではアイヌの人々が密かに隠して置いたと思われる「鍬形」が岩陰や地中から発見されることがある(144)。このうち、道央部の夕張市の西側に隣接する栗山町桜山からは七点もの鍬形が一括出土している(145)。

現在、札幌テレビ放送本社ビルがある札幌市北一条西八丁目付近からは、明治二〇年（一八八七）、平安時代後期から末期に製作された一二間星兜の鉢や大鎧の脇冠板の残欠とともに、二点の「鍬形」が掘り出された（図47）。

1の体部は木胎の上に鉄の薄板を貼り、飾金具・角の先端を覆う金具・覆輪は銀である。胴の中央には直径約一〇㌢のやや縦長の銀製円板を鋲留《びょうど》めし、その上の左右に直径二・五㌢の銀製の小円板を象嵌する。左右とも角の付け根には直径三・五㌢の銀製円板が象嵌され、その先には幅〇・九㌢前後の帯状の銀板二条と直径二・五㌢の銀製小円板を交互に四組配置する。角の先端の金具は、表は全面を覆うが裏側は縁の部分のみ覆っている。二股に分かれた角の先端には小さな孔があり、角にソケット状に差し込んだ先端の金具を鋲留めしていたことが分かる。

2は1とは違って厚みのある鉄を本体とし、銀製の覆輪がかけられている。表面には中央を鋲留めした直径二・五㌢と一・五㌢の銀製の小円板が残っている。

北海道内から出土する「鍬形」は、製作された時期により材質や形態に違いは見られるものの、基本的なスタイルは共通し、表面には大小の円形金属板が象嵌されている。もちろん、これらの「鍬形」は宝器として本州からもたらされた大鎧にともなう星兜の前立をモデルとしているが、前立に使われる鍬形とは似て非なるものである。また、「鍬形」に見られる金属板象嵌は、本書の第Ⅱ章で述べたように、大陸的な装飾技法といえる。アイヌ文化が成立した頃には本州から本物の前立が付いた星兜がもたらされたであろう。太刀拵から足金物が取り外されタマサイの部品に転用されたように、星兜からは前立が外され、宝器として特別視されたと思われる。宝器となった「鍬形」は次第に前立としての機能を失い、独自の様式化が進んだのであろう。北海道内から出土する「鍬形」の多くは、和人との交易で入手した鉄・銀・真鍮等の金属板を加工することによってアイヌの人々が製作したと考えられよう。

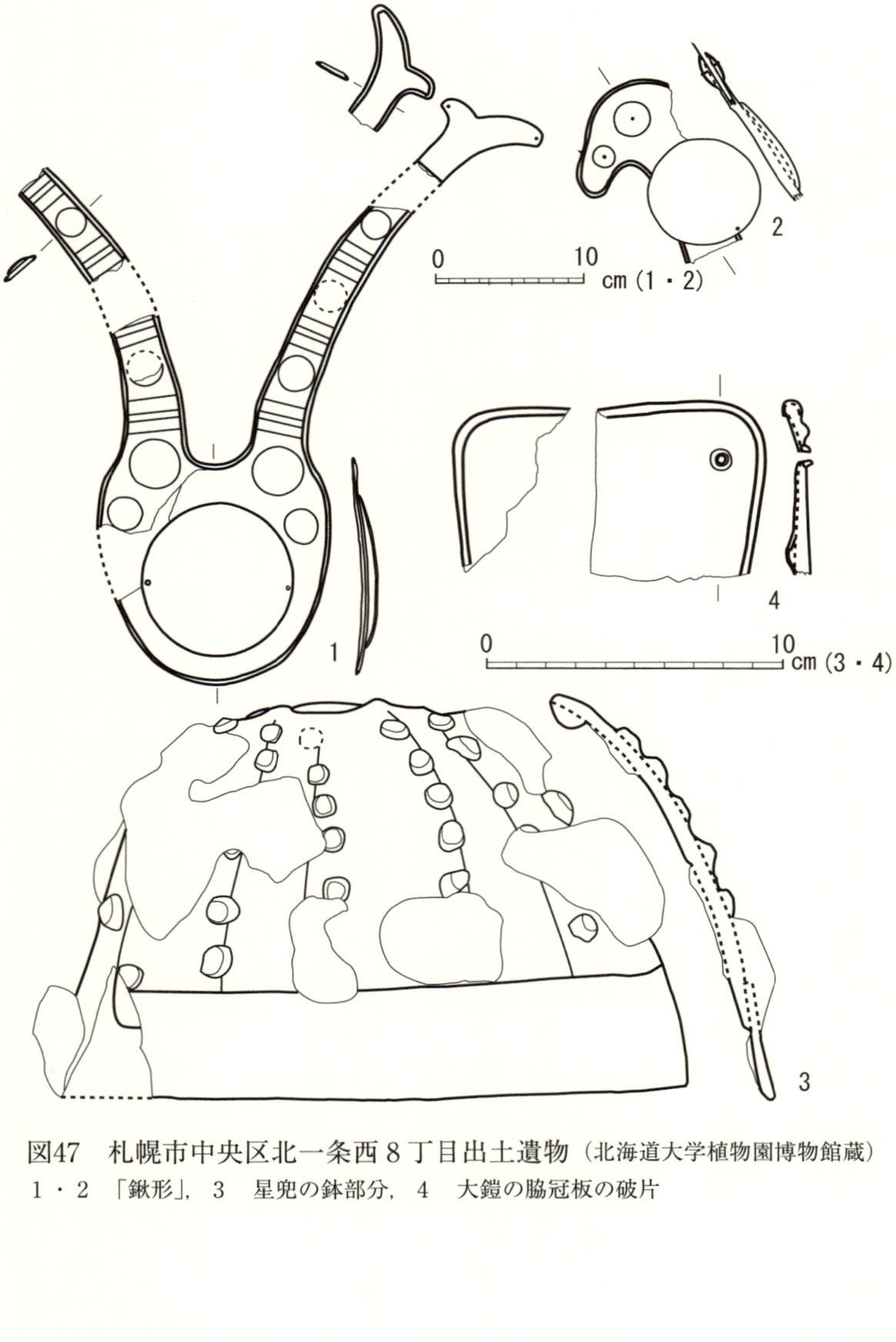

図47　札幌市中央区北一条西８丁目出土遺物（北海道大学植物園博物館蔵）
1・2 「鍬形」，3　星兜の鉢部分，4　大鎧の脇冠板の破片

鏡やお金を首からぶら下げる

鏡の本場中国では前漢時代の終わり頃から道教の神仙讖緯《しんい》思想の影響で、鏡に神霊性や呪術性が付加されるようになったといわれる。古代日本では、鏡は玉・刀剣とならぶ宝器であり祭器であった。古代日本の価値観を要所要所に引き継ぐアイヌ文化においても、本州から渡ってくる和鏡は特別視されていた。

アイヌの民具には、桃山時代以降に盛行する柄鏡の柄の部分を切断し、鏡の縁に吊るすための孔を穿けてペンダントトップとしたシトキタマサイが多く残されている（図48）。

アイヌ墓から出土する鏡のなかには、タマサイのシトキとして使われたものが含まれる。北海道から出土した最も古い和鏡は、厚真町上幌内2遺跡のアイヌ墓に副葬されていた一二世紀中頃のものと見られる秋草双鳥鏡だが、縁に穿孔があり、出土状態からガラス玉・ワイヤー製装飾品・銅製の管と連ねて首飾りとしていた可能性がある。同じ厚真町内のオニキシベ2遺跡のアイヌ墓からは一二世紀後葉から一三世紀前葉に製作された山吹双鳥鏡をわざわざ鍔形に加工し、二個一対の孔を穿けたものが発見されている（図49）。円形の鏡を鍔形に変えるため、地鏡の中央にある鈕《ちゅう》と呼ばれる紐を通すための孔がある高まりを削って中茎櫃をあけ、縁が鍔の形になるよう周りを切断し、縁辺を磨いている。鍔形の金属板に二個一対の孔を穿けたシトキにガラス玉がともなう事例は、伊達市オヤコツ遺跡方形配石墓Ⅰ号（図50）・恵庭市ユカンボシE４遺跡・北見市ライトコロ川口遺跡の土坑墓など一四世紀代に遡るアイヌ文化期でも古い時期に集中して見られる[146]。その当時アイヌは、シトキは鍔形であるべきと考え、そのためには貴重な和鏡を鍔形に加工することさえ厭わなかったと考えられよう。鍔には鏡以上により強い霊力が宿ると信じられていたに違いない。

アイヌと和人との交易はその時々のレートにもとづき物々交換で行われたため、基本的に貨幣が使われること

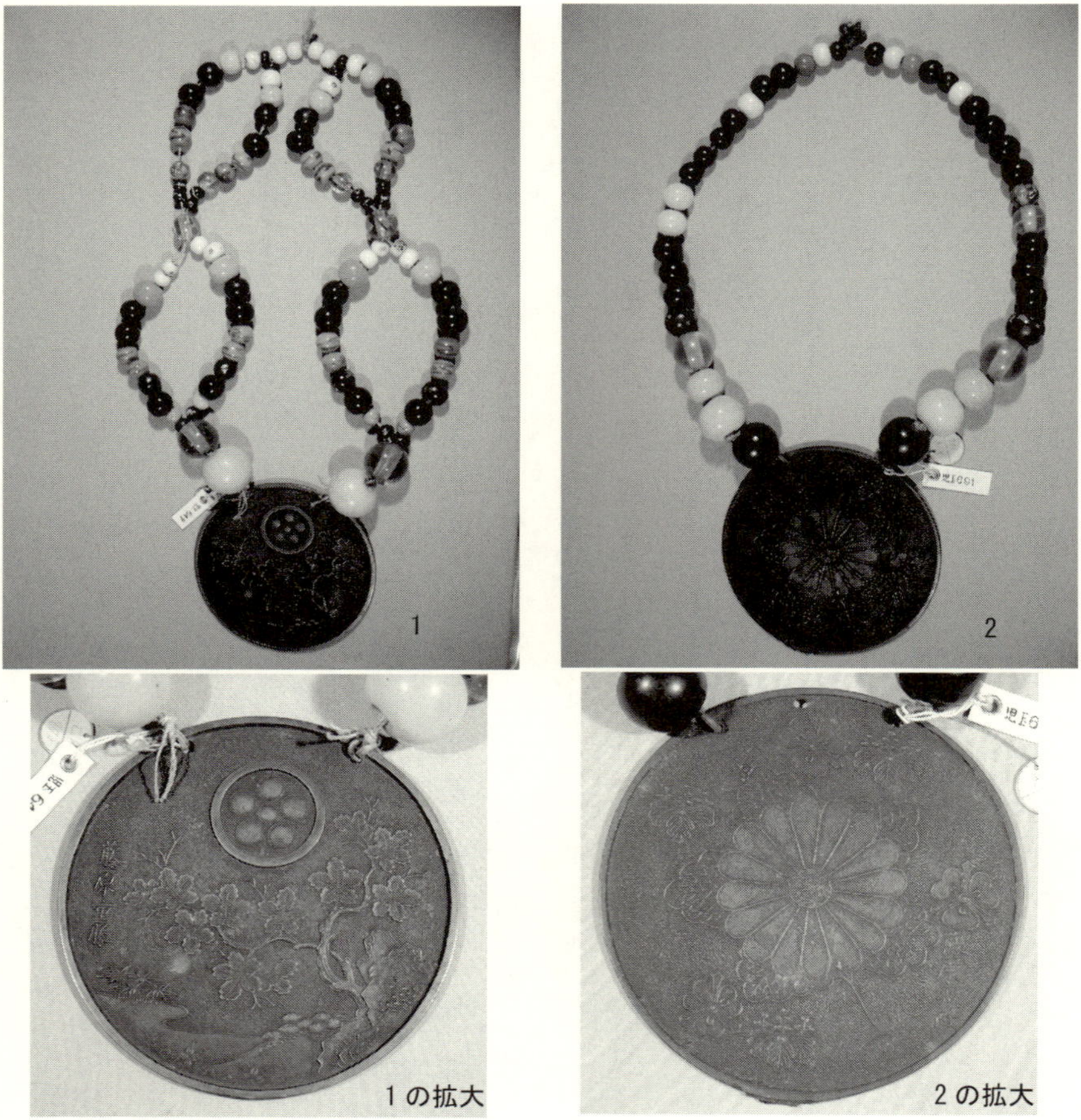

図48　柄鏡をシトキに転用したタマサイ（市立函館博物館蔵．筆者撮影）
1の鏡の銘は「藤原重勝」（児玉コレクション649），2の鏡の銘は「藤原光政」（児玉コレクション691）

はなかった。しかし、アイヌの遺跡を発掘すると、決して数は多くないが、不要であったはずの銭貨が出土する。またアイヌの民具には、中国銭やその模鋳銭、寛永通寳などの穴あき銭を連ねたタマサイや、銭を錘とした「チシポ」と呼ばれる針刺しが多く残されている（図51）。

銭が使われたタマサイが副葬された墓は、余市町大川遺跡[147]・根室市コタンケシ遺跡[148]・釧路市幣舞《ぬさまい》遺跡[149]などで発見されている。このうち大川遺跡GP608から出土したタマサイには、洪武通寳（一三六八年初鋳）を最新銭とする二七枚の中国銭が使われていた。根室市コタンケシ遺跡1号竪穴上層墓から出土したタマサイには永楽通寳（一四〇八年初鋳）を最新銭とする一六枚の中国銭が使われていた。釧路市幣舞遺跡四三号墓から出土したタマサイには永楽通寳を最新銭とする五四枚が使われていた。銭を連ねたタマサイは一五世紀には出現していたこ

図49　厚真町オニキシベ2遺跡のアイヌ墓から出土した和鏡を鍔形に加工したシトキ（厚真町教育委員会蔵．筆者撮影）

図50　伊達市オヤコツ遺跡方形配石墓Ⅰ号から出土した鍔形のシトキ（伊達市教育委員会『有珠オヤコツ・ポンマ遺跡』，1993年から転載）

1

2

図51　銭を連ねたタマサイ（市立函館博物館蔵．筆者撮影）
1　児玉コレクション628，2　同667，3　同689

3

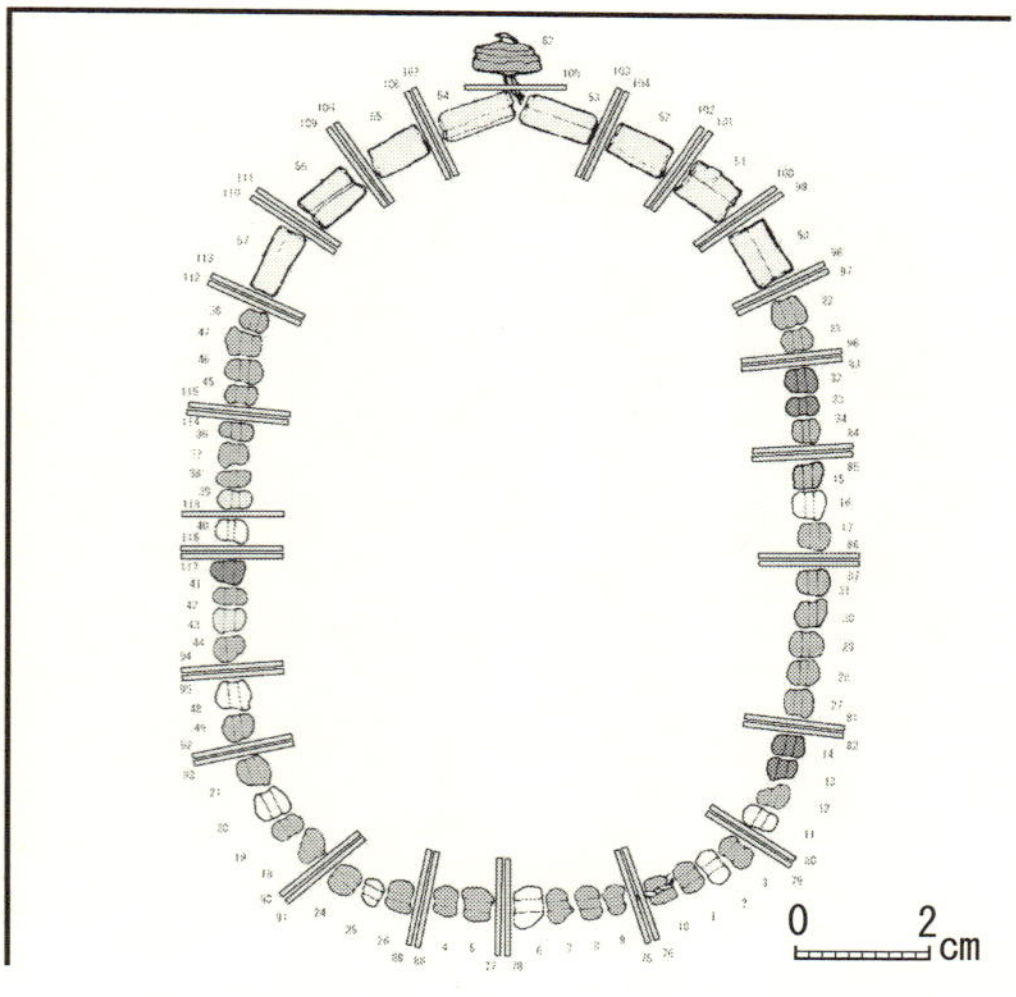

図52　釧路市幣舞遺跡第43号墓出土の
タマサイ復元図

とになる。

幣舞遺跡四三号墓から出土したタマサイは、非常に良く原形を留めており、調査時の記録を基に、玉類の連なり方を復元することができた（図52）。復元できたタマサイは、滑車形の木製品を頂点として左右に竹製の管玉《くだたま》と二枚一組の銭を交互に四組配置し、それより先は青緑色を主体に水色、透明、白、茶色のガラス玉一〜五個と二枚一組の銭を交互に並べている。全体の長さは五五〜五六センチ前後で、シトキに相当するものは見当たらない。

タマサイに銭を用いる場合、銭の中央にある四角い穴（方孔）に紐を通すのが一般的である。しかし、アイヌの遺跡からは元々あいている方孔とは別に縁付近に小さな孔が穿けられた銭が出土することがある（図53）。わざわざ孔を穿けずとも、方孔に紐を通せば、連ねることも何か別の物に結びつけることも可能なのだが。中央にある方孔とは別に縁に小孔を穿ける理由としては、小孔に糸を通して銭を衣服やベルトに縫い付けた場合、それを身に着けて歩いたさいに、銭がひらひら揺れて光を反射する効果や音が鳴る効果を狙ったのではなかろうか。

長禄元年（一四五七）に起きたコシャマインの戦いの後に築かれ、東部アイヌが武装蜂起した永正九年（一五一二）頃に落城した北斗市の矢不来《やふらい》館跡からは、全国的にも出土例がない銭を転用した鐶座《かんざ》金具が出土している。[150]鐶座金具とは、箪笥《たんす》や机の引き出しに付ける金具で、棺の装飾に用いられることもある。金具の中では比較的装飾性に富み、花形に作られることも多い。矢不来館跡から出土した鐶座金具は、洪武通寳を座金とし、方孔に鋲を嵌めている（図54）。銘のある面を内側にしているため、金具として取り付けたさいには、銭銘は見えない。銭を貨幣としてみなさず、貨幣の価値を保証する文字（銭銘）も否定しているように思える。矢不来館が使われていた一五世紀後半、道南では次第に和人が増えつつあったが、周辺にはアイヌの人々が多く暮らしていたと考えられる。和人館である矢不来館跡からも小さな青色のガラス玉が出土している。矢不来館跡から出土した鐶座

図53　北海道千歳市美々８遺跡から出土した小孔の穿けられた銭（北海道埋蔵文化財センター蔵）

1　元豊通寳（1078年初鋳），2　寛永通寳（新寛永），（アイヌ文化振興・研究推進機構編『よみがえる北の中・近世―掘り出されたアイヌ文化―』，2001年から転載）

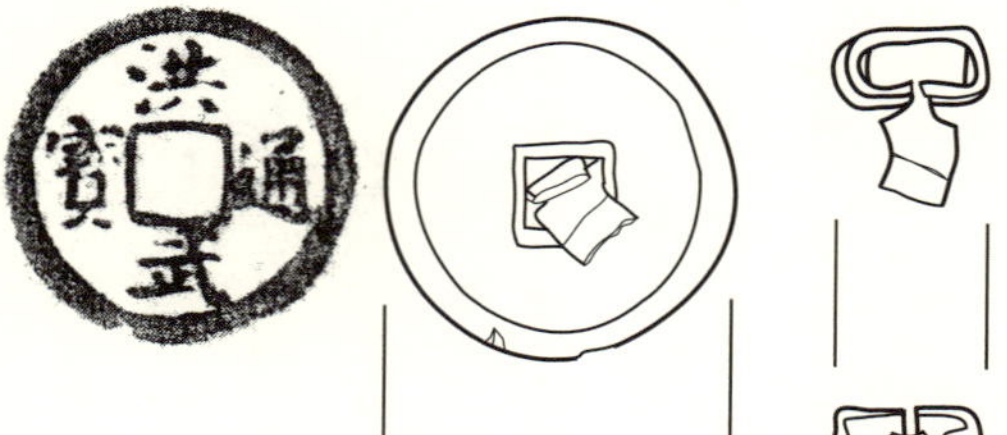

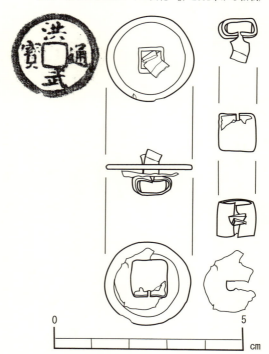

図54　北海道北斗市矢不来館跡から出土した洪武通寶を座金に転用した鐶座金具

金具にも、銭を銭と見做さないアイヌの伝統的な慣習が反映されているように思えてならない。

貝塚から出土した米国製金ボタン

北海道苫小牧市の弁天貝塚は、勇払《ゆうふつ》場所の漁場労働者として強制移住させられたアイヌの人々によって幕末から明治初期にかけて営まれた。貝塚からは多くの陶磁器をはじめ骨角製品・鉄製漁撈具・動物遺存体に交じってアルファベットが刻まれた金ボタンが一点出土した。[151] 金ボタンは直径二センチ弱、重さ三・二グラムの銅製で表面は金メッキされている（図55）。表面には羽を広げたワシと盾が浮き彫りされ、裏面には「SCOBILE MF'G CO.・WATERBURY」と刻まれている。米海軍歴史センター海軍図書館関係者からの情報で、この金ボタンは、一八五四～一八七五年までの間に、米国コネチカット州ウォーターベリーにあるスコビル社が製造した陸軍将校用の軍服ボタンであることが判明した。[152]「幕末のアイヌの貝塚からアメリカ陸軍の将校用の金ボタンが出土」のニュースは大きな話題となり、北海道出身で直木賞作家の佐々木譲氏の冒険小説『五稜郭残党伝』でも紹介された。[153]

製造元であるスコビル社は、一八五〇年にラムソン・スコービルとウィリアム・ヘンリー・スコービル兄弟によって創業されたボタン・メーカーで、南北戦争当時は最も有力なメーカーであった。ボタン裏面の社名の表記は、創業当初の一八五〇年代前半には「SCOBILE Mg」であったが、一八五〇年代半ばからは「SCOBILE MF'G」に変更された。[154]

なぜアイヌの貝塚からアメリカ陸軍の軍服用の金ボタンが出土するのか。金ボタンを見た瞬間、「これはきっとタマサイか蝦夷刀の装飾に転用されたものに違いない」と私は確信した。そして博物館や美術館に所蔵されているアイヌ民族資料を調査する機会があるたびに金ボタンが使われたタマサイやアイヌ刀はないか注意してきた。その結果、ついに市立函館博物館の所蔵品のなかに弁天貝塚で出土した金ボタンとまったく同一のものが使われたタマサイを発見したのである（図56）。

金ボタンが日本に渡ってきた時期は、米・英・仏・蘭・露との修好通商を定めた安政の五ヵ国条約にもとづく安政六年（一八五九）の箱館開港以降、場所請負人である山田文右衛門の願出によって勇払場所が廃止され、弁天貝塚の形成が終わる明治八年（一八七五）までの間に限定できよう。開港以降、箱館（函館）には米国人も寄

図55　北海道苫小牧市弁天貝塚出土の金ボタン（苫小牧市埋蔵文化財調査センター蔵・苫小牧市美術博物館写真提供）

全体

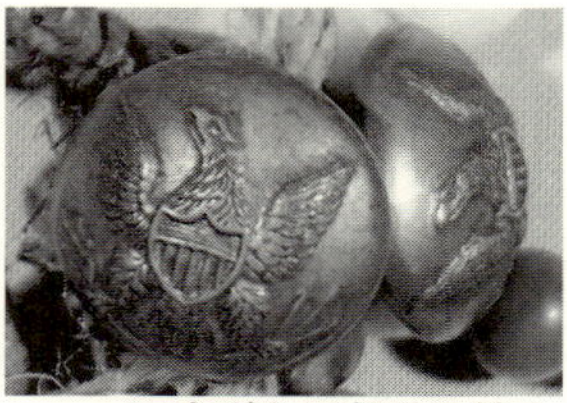

金ボタン部分の拡大

図56　市立函館博物館所蔵の金ボタンが使われたタマサイ（児玉コレクション689）

港するようになり、古着として米国の軍服が移入される機会が生まれた。

金ボタンの裏面の小突起には服に縫い付けるための穴が開いており、紐を通すのに都合がよい。アイヌの人々の目には光り輝く金ボタンが格好の装飾品に見えたに違いない。日本民芸館にはシトキの中心に金ボタンをはめ込んだタマサイが所蔵されている。(155)

スコビル社では実に多種多様な金ボタンが製造されていた。弁天貝塚の金ボタンと市立函館博物館所蔵のタマサイに使われた金ボタンは同一規格品であり、もともと同じ軍服に使われていたものかもしれない。事実は小説よりも奇なり。これこそまさに「歴史のロマン」といえよう。

Ⅳ　アイヌ文化の変容

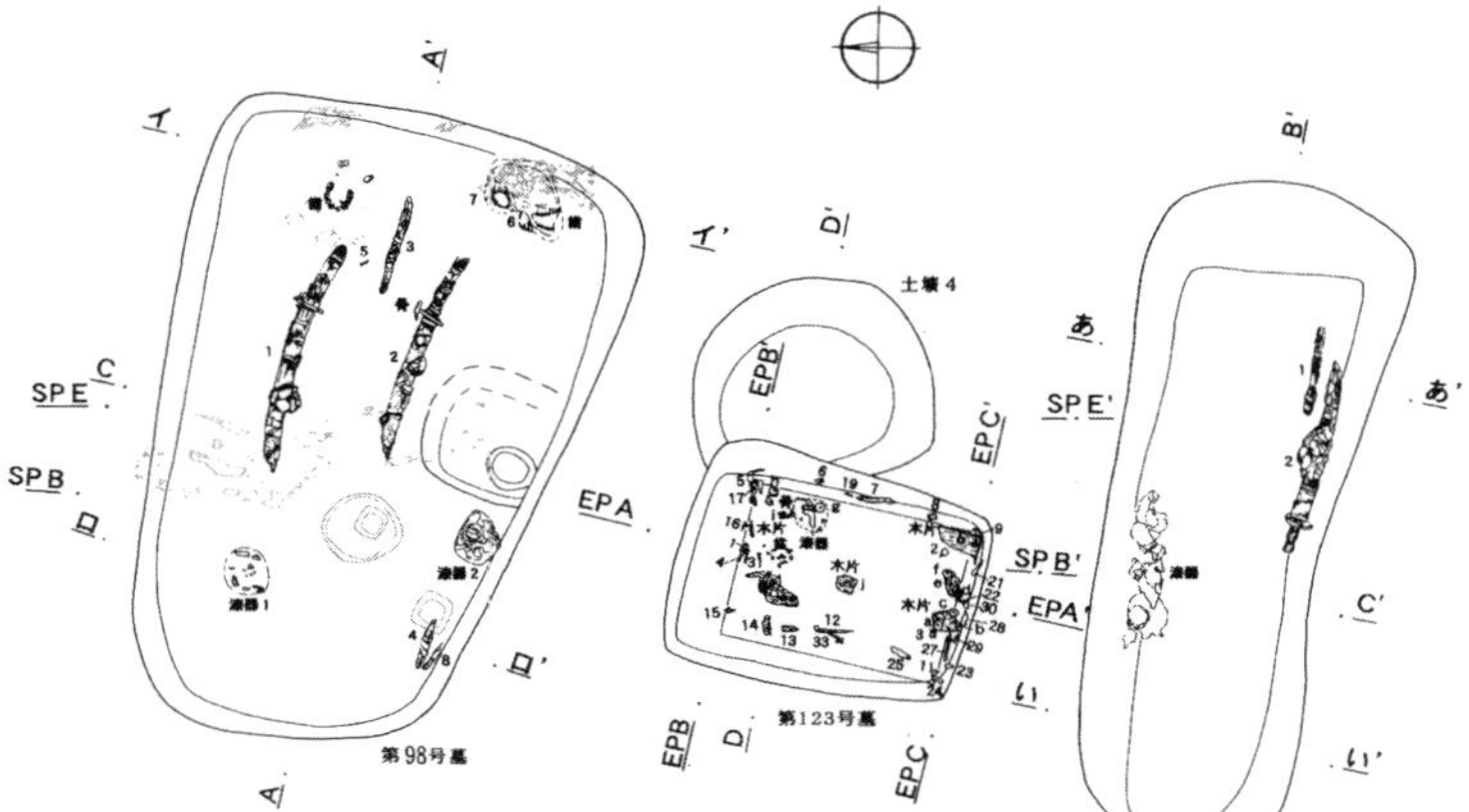

北海道上ノ国町夷王山墳墓群のアイヌ墓（左右）と和人墓（中央）

1　コシャマインの戦いとそれ以後

「志濃里殺人事件」

戦国時代の幕開けとなった応仁の乱から遡ること一〇年前の康正三年（一四五七）、北海道西南部の渡島半島ではアイヌと和人の大規模な武力衝突であるコシャマインの戦いが起きた。コシャマインの戦いはその後、天文五年（一五三六）まで約八〇年間に渡り繰り返される和人とアイヌの抗争の始まりであった。

正保三年（一六四六）に松前景広《かげひろ》によって編纂された『新羅之記録《しんらのきろく》』によれば、コシャマインの戦いの遠因は、前年に函館近郊の志濃里《しのり》で起きた殺人事件に求められる。この事件は、ある一人のアイヌの男性が和人の営む志濃里の鍛冶屋に「マキリ」（小刀）を注文し、出来上がったものの良し悪しを巡って口論となり、鍛冶屋にそのマキリで刺殺されたというものである。事件の翌年、渡島半島東部のアイヌの首長コシャマインが渡島半島にあった和人館を攻撃したが、最終的には松前藩主松前家の始祖である武田信広の活躍により鎮圧されたとされる。コシャマインの戦いに始まる和人とアイヌとの抗争について書かれた『新羅之記録』等の松前藩の編纂記録は、先祖の偉業を称えることにより自己の権力の正統性を主張する意図が明白であり、どこまでが事実なのか慎重に見極める必要がある。(156) しかし、和人とアイヌの抗争の遠因を志濃里の鍛冶屋が作ったマキリとする点は、和人とアイヌの歴史的関係性を象徴している。

はじめに「殺人事件」の現場となった志濃里について考えてみたい。

志濃里は志海苔とも書き、現在の函館空港がある函館市街地東方の津軽海峡に面する地区を指す。志海苔とその西に位置する大森浜一帯は宇賀《うが》之浦と呼ばれ、室町前期の『庭訓往来《ていきんおうらい》』にみえる「宇賀昆布」の名産地であった。宇賀昆布は、日本海航路で敦賀・小浜に運ばれ、近江を経由して京に運ばれた。

宇賀昆布はコンブの中でももっとも高価なマコンブであり、その生息域は、函館周辺を中心に、西は北海道最南端の松前町白神岬まで、東は噴火湾東側の室蘭市地球岬沿岸までとされる。一八世紀中頃までの松前昆布の生産地は、ほぼこのマコンブの生息域と重なっており、東蝦夷地の三ツ石など日高地方に拡大するのは一八世紀後半の安永末期〜天明初年とされる。(157) マコンブが、幅広で、下端は円みを帯びた形で茎に移行するのに対して、日高地方沿岸でとれる日高コンブ（ミツイシコンブ）は幅が狭く、下に向かって次第に細まって茎に移行する。また、マコンブが湾入部や沖合いの深みを好むのに対して、日高コンブは、地形が岬の様に張り出した場所や岸に近い浅い所に群落を作る。北海道沿岸で採れるコンブのうち、中世以前から利用されていたのは主に志海苔周辺で採れるマコンブと考えられる。(158)

志海苔の海岸段丘上に立地する志苔館跡は、『新羅之記録』にある道南十二館の一つに数えられ、永正九年（一五一二）のアイヌの攻撃により廃絶したとされる。館跡は土塁と壕に囲まれた方形居館で、発掘調査の結果、一四世紀末から一五世紀前半を主体とする遺構・遺物が発見された。(159)

昭和四三年に志苔館跡前の海岸沿いの道路拡幅工事のさいに発見された志海苔古銭（重要文化財）は、推定枚数四五万枚（残存数三七万四四三五枚）で、国内最大の中世埋蔵銭として知られる。最新銭が洪武通寳（一三六八年初鋳）であることや、銭が入っていた越前焼・珠洲焼の甕から、埋められたのは一四世紀後半と考えられており、志苔館よりやや年代的に先行する。(160) 国内最大級の埋蔵銭が、埋められた当時の日本国の北端に存在することについてはさまざまな意見が出されてきた。(161) この地域が古代から近世に至るまで宇賀昆布の名産地であることや、アイヌの人々が銭を使わないこと、銭を埋めるのに使われた甕の生産地、方形居館の系譜など総合的に勘案すると、志海苔古銭は日本海交易による宇賀昆布移出のために北海道に進出した和人が、交易で得た富を備蓄していたものと考えるのが最も妥当と思われる。

『新羅之記録』にある「宇須岸《うすけし》全盛の時、毎年三回宛若州より商船来たり、此所の問屋家々を渚汀に掛造りと為して住む」との記述は、一四世紀後半から一五世紀前半の函館周辺が若狭との交易で栄えていたことを物語っている。

函館の称名寺境内にある安山岩製の板碑「貞治《じようじ》の碑」をはじめ、旧戸井町館町の戸井館跡の板碑、石崎八幡宮に伝来する永享一一年（一四三九）に平氏盛阿弥により夷嶋脇澤山神社に奉納された鰐口《わにぐち》など、北海道内で中世の金石文が確認されているのは函館周辺に限られる。このうち「貞治の碑」は、宝暦二年（一七五二）に箱館大町の榊氏（角屋）が敷地内に井戸を掘ろうとしたところ、山際から頭骨・鎧金具・鍔・太刀とともに掘り出されたという[162]。板碑には阿弥陀如来礼拝図・阿弥陀如来来迎図とともに、「貞治六年丁未二月日　旦那道阿《だんなどうあ》　慈父悲母同尼公」の銘が刻まれており、北朝の貞治六年（一三六七）の年号から『新羅之記録』にある若狭出身の嘉峯《かほう》和尚が宇須岸に建立したと伝えられる随岸寺に関連すると見られる。

北海道内から出土する一四世紀代の陶磁器は、函館を含む亀田半島の津軽海峡に面する地域と日本海側の余市に集中している。

以上のことから、函館周辺には一四世紀頃から和人が本格的に進出し始めたと見られる。コシャマインの戦いが発生した一五世紀中頃、函館湾に面する宇須岸（箱館）には北陸方面からの商船が入津し、宇賀之浦の中心であった志海苔は本州向けの宇賀昆布生産により活況を呈していた。コンブなど北の産物が生み出す富が蓄積し、和人とアイヌが交錯する地で事件は起きたのである。

次に「志濃里殺人事件」の「凶器」となったマキリについて考えてみたい。マキリは万能の小刀で、時に動物を解体する包丁であり、布を裁断する鋏ともなり、鑿《のみ》であり鏨《たがね》にもなった生活必需品であった(163)(図57)。特に和人交易で重要な毛皮や干鮭の生産や、アイヌの人々が得意とする木材加工にマキリは不可欠な道具である。

マキリ(刀子)はアイヌ墓に最も普遍的に見られる副葬品であり、副葬率は六割に達し、男女間で大きな差は見られない(第Ⅱ章図9参照)。一〇歳未満の小児の墓を除くとマキリの副葬率は七割近くに達することから、ほとんどの成人が必携していた可能性が高い。一基あたりの出土数は一点の墓がほとんどだが、二~四点出土する例も散見され、平取町額平川《ぬかびらがわ》2遺跡では一基の墓に最大一四点ものマキリが副葬される例も見られた。マキリの副葬率は、近代に入ると急速に低下する。マキリの副葬率が急速に下がる背景には、伝統的な生業の解体や生活スタイルの変化によりマキリを使用する機会が激減したという事情があろう。

「志濃里殺人事件」では「凶器」のマキリは、「被害者」のアイヌが「容疑者」の和人の鍛冶屋に製作を依頼している。アイヌはなぜ自分でマキリを作らなかったのだろうか。ここで問題になるのが、アイヌの鉄器生産の実態である。

北海道内各地で発掘調査が進むにつれ、アイヌ文化にともなう鍛冶炉やフイゴに風を送るための羽口《はぐち》・鉄滓《てっさい》・鍛錬の副生産物である酸化鉄(鍛打滓)を方形に固めた鉄塊などが発見され、アイヌの鍛冶について考古学的な検討が行われるようになった(164)。道央部の石狩低地帯や沙流川流域の遺跡では、寛文七年(一六六七)に降下した樽前b火山灰の下からは鍛冶痕跡が発見されるのに対して、上層ではほとんど見つかっていない。これは、道央部のアイヌは和人から入手した古釘や屑鉄を使って野鍛冶でマキリなどの道具を作り出していたが、寛文九年

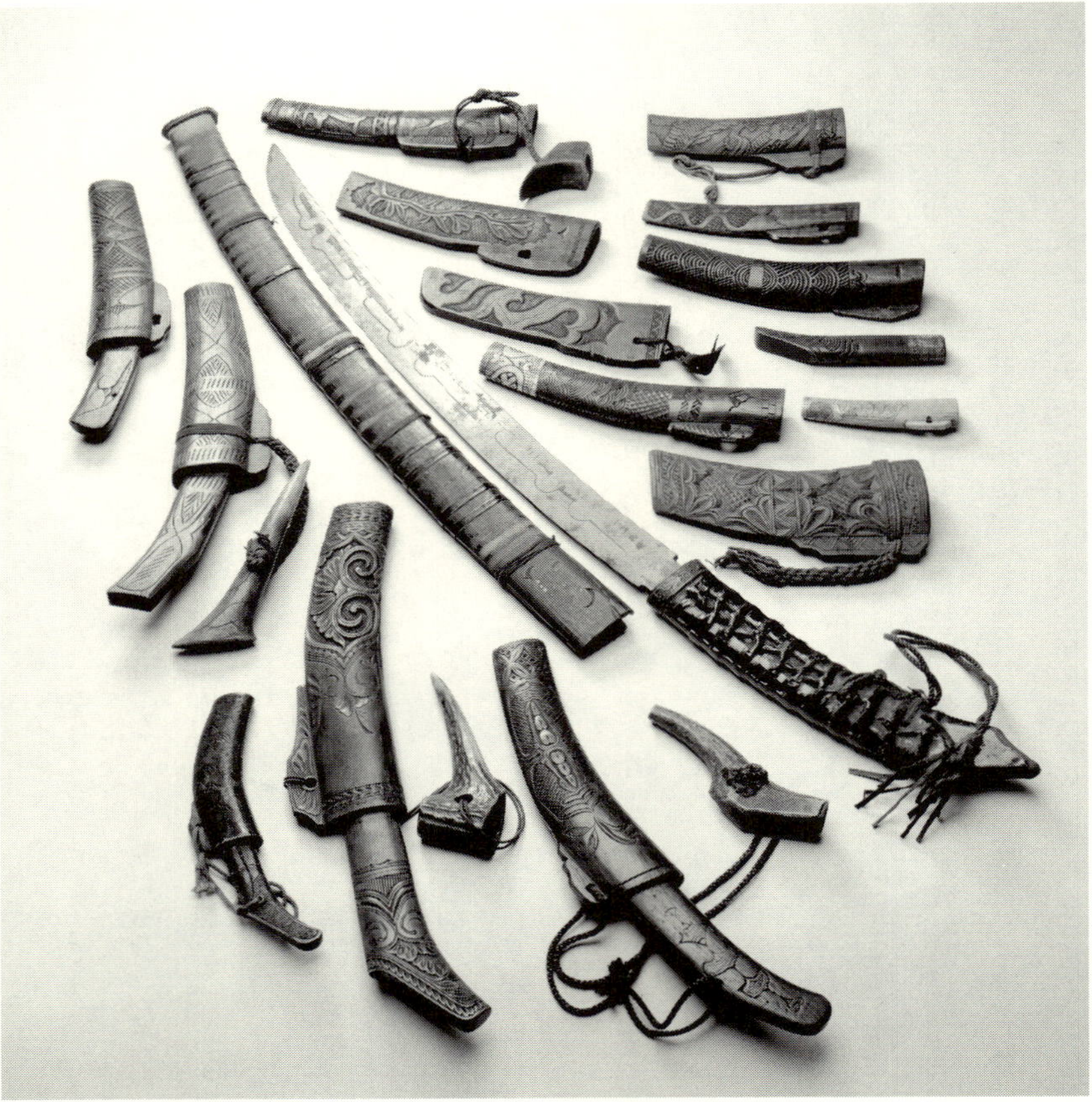

図57　マキリとエムシ（弘前大学蔵・小川忠博撮影）
写真中央の太刀がエムシ．アイヌの人々が木・鹿角・骨で作ったマキリの鞘や柄には，美しい文様が見られるものが多い．

（一六六九）のシャクシャインの戦い以降は、自ら鉄器を製作することを止め、もっぱら和人からの交易品に頼るようになったと解釈できよう。

間宮林蔵が文化五・六年に行った樺太探検にもとづき書かれた『北夷分界余話《ほくいぶんかいよわ》』などから、一九世紀初頭のカラフトアイヌは野鍛冶を行っていたことが確認できる。本州や道南の松前地（和人地）から遠く離れたカラフトは、道央部に比べ日本産の鉄器の流通量が乏しいため、一九世紀になっても鍛冶技術が失われなかったと思われる。反対に、志海苔をはじめ本州に近い道南では、一四・一五世紀の段階で既に本州産の鉄器や、本州から渡ってきた和人の鍛冶屋が作る鉄器が流通するようになったため、道南のアイヌは早くから鍛冶技術を失ったのではなかろうか。

十三湊・ヨイチ・セタナイ

奥州藤原氏に替わる北方世界の統括者となった安東（安藤）氏は、津軽十三湊を拠点に、日本海側ではヨイチ、太平洋側では箱館に交易の拠点を置いたと考えられる。北海道から出土する中世陶磁器は、一四世紀中葉・後葉から一五世紀中葉にかけ分布域を拡大し、コシャマインの戦い以前の段階で噴火湾の東岸や石狩低地帯に及んでいた（図58）。

永享四年（一四三二）、南部氏との戦いに敗れ、拠点としていた津軽十三湊を失い、北海道島へ逃れることとなった。室町幕府による調停もあり、安東氏はいったん十三湊に復帰するものの、嘉吉三年（一四四三）には完全に十三湊を放棄し北海道島へと敗走する。その後、安東氏の総領家は、康季、その子義季と津軽に渡って南部氏と戦い失地回復を試みたが、享徳二年（一四五三）、南部氏の総攻撃をうけ義季が自害するにおよび断絶する

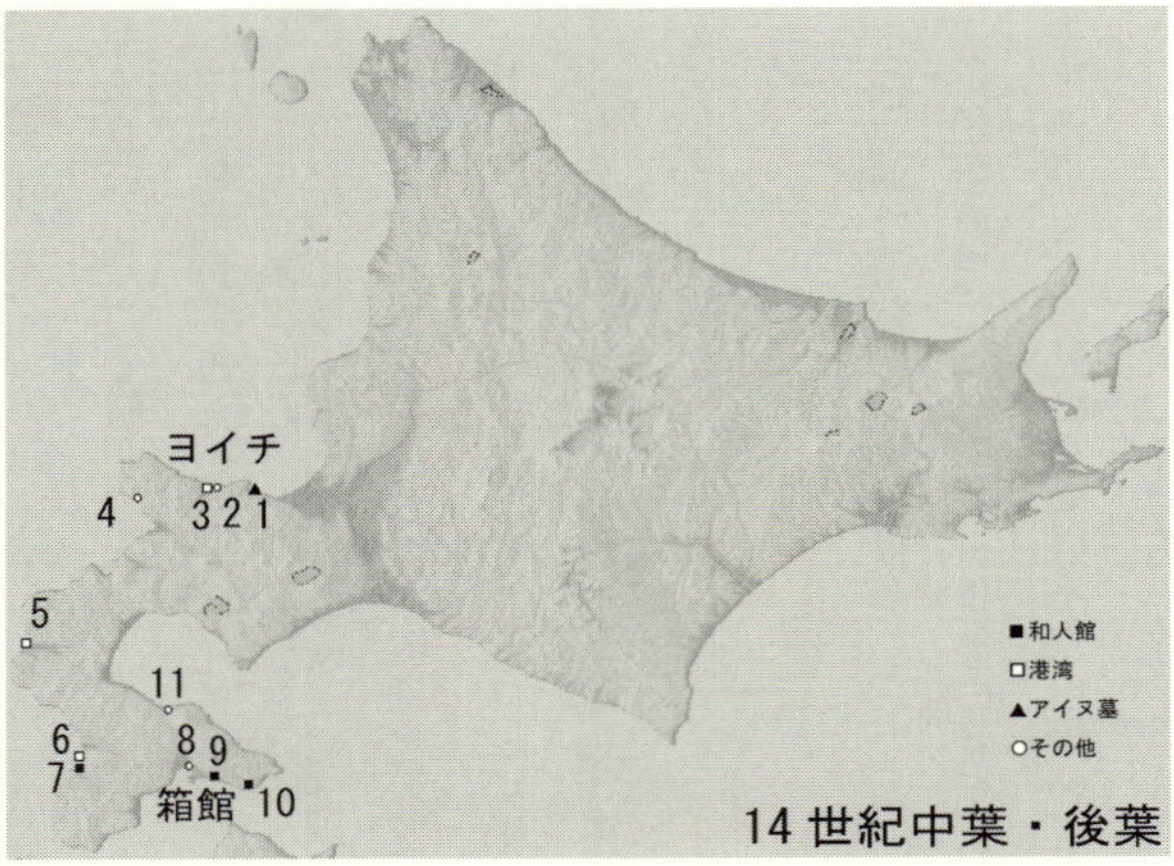

1 船浜遺跡
2 栄町 1 遺跡
3 大川遺跡
4 神恵内洞窟
5 利別川口遺跡
6 江差漁港
7 洲崎館跡
8 七重浜
9 志海苔・志苔館跡
10 戸井館跡
11 森川貝塚

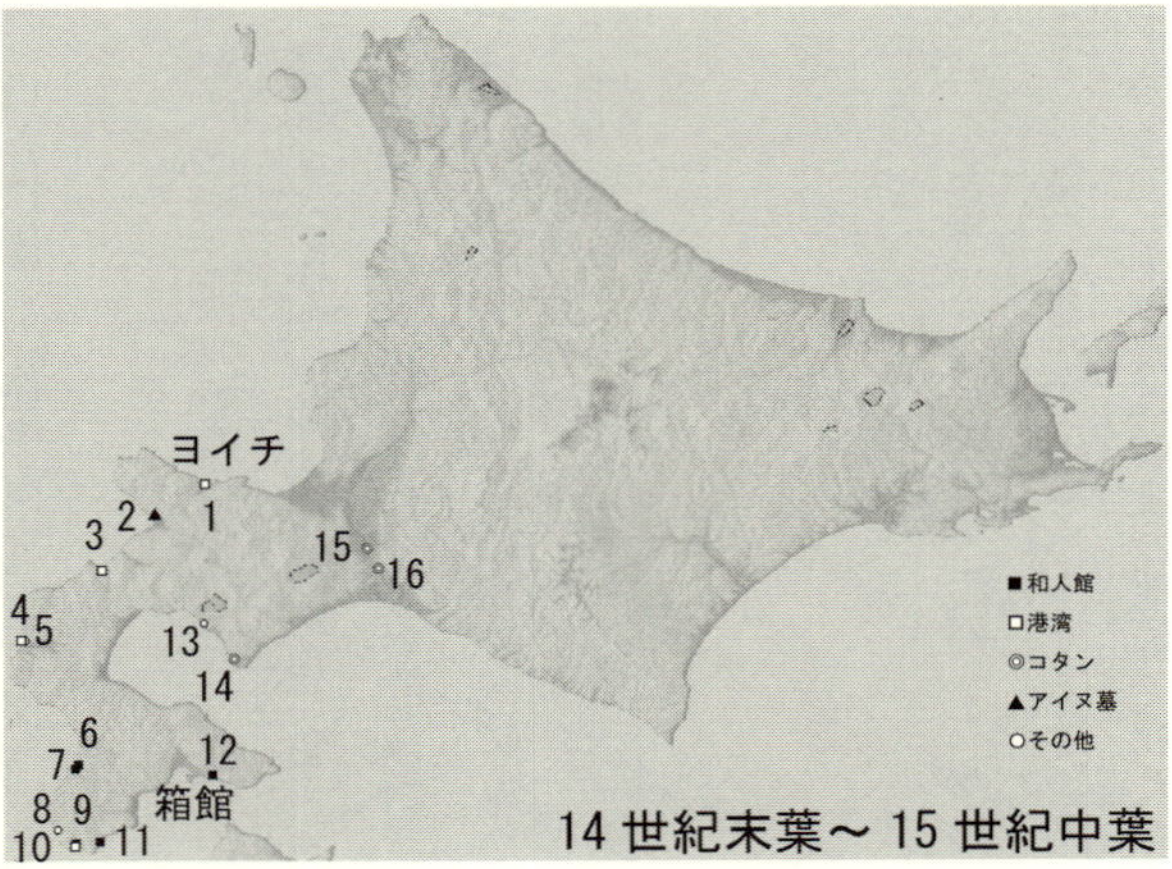

1 大川遺跡
2 堀株 1 遺跡
3 樽岸（朱太川右岸）
4 利別川口遺跡
5 南川 2 遺跡
6 洲崎館跡
7 花沢館跡
8 茂草 B 遺跡
9 松前大館跡
10 福山城跡
11 穏内館跡
12 志苔館跡
13 ポンマ遺跡
14 絵鞆遺跡
15 ユカンボシ C15 遺跡
16 美々 8 遺跡

図58　コシャマインの戦いの前の中世陶磁器の分布

に至った。南部氏は外浜を拠点とする潮潟《うしおがた》安藤氏の師季《もろすえ》（政季《まさすえ》）に安東氏の総領家を継がせるとともに、南部氏が水軍の基地としていた下北田名部《たなぶ》を与え、師季（政季）を傀儡化することで、安東総領家主導のもとに行われてきた対アイヌ交易の利権獲得と津軽海峡域の政治的安定化を図ろうとした。

しかし南部氏の意図に反して、享徳三年（一四五三）、安東政季は南部氏の支配から遁れるべく田名部を捨て、武田信広《のぶひろ》・相原政胤《まさたね》・河野政通《まさみち》といった後に、道南の和人館の館主となる人々をしたがえ津軽海峡に面する大畑から北海道島へと渡海してしまった。康正二年（一四五六）、政季は秋田土崎湊に本拠を置く湊安藤氏と連携し南部氏に対抗するため男鹿半島へ渡り、その後、政季の子忠季は能代檜山《のしろひやま》に本拠を置くこととなる。政季は北海道島を離れるさい、道南の地域を東から下之国、松前、上之国に分け、それぞれ守護職を置くことで館主層を再編し、この地域の間接支配を図ろうとしたという。

こうした対アイヌ交易の利権と北奥の支配権を巡る和人間の抗争の結果、一五世紀の中頃を境に、本州と北海道を結ぶ北方交易の拠点となる湊が交替する。そのさい、箱館と異なり余市は十三湊と運命を共にしたと考えられる。本州側では十三湊に替わり、陸奥湾に面する田名部・油川、日本海沿岸の能代・脇本《わきもと》・船越《ふなこし》・秋田土崎、北海道側では余市に替わり、セタナイ・上ノ国・松前が北方交易の要として浮上する。

セタナイは北海道の西端、日本海に注ぐ後志利別川《しりべしとしべつがわ》の河口部に位置する。後志利別川は古くからサケ・マスの漁場として知られ、江戸時代には東西蝦夷地を結ぶ交通路として利用された。『新羅之記録』や『福山秘府』等、松前藩の編纂史料には、松前氏の先祖である蠣崎氏が道南の和人の頂点にたった一六世紀前半には、タナサカシやタリコナといったセタナイを本拠とする渡島半島西部の首長層が蠣崎氏の拠点である松前大館や上ノ国勝山館を相次いで攻撃したことが記録されている。

イエズス会の宣教師ジェロニモ・デ・アンジェリスの「第一次蝦夷報告」（一六二一年）にある地図に「(この地図上で) 蝦夷の内部に描かれているような大きな（幾つかの）河が韃靼《だったん》にもあるかもしれません。蝦夷人達はその河を船に乗り、メナシから瀬田内へ商《あきない》に行くわけでございます」(165)と書き込まれているように、一七世紀初めには北海道東部からもアイヌがやってくるような交易拠点であった。アンジェリスが初めて北海道に渡ったさいも、松前に入港できなかった船のなかには瀬田内川（後志利別川）に入港した船があった。(166)寛永二〇年（一六四三）には松前藩成立後初めてアイヌの大規模な蜂起が記録されているが、その中心となったヘナウケもまたセタナイからその北側のシマコマキ一帯の首長であった。

後志利別川の河口近くの右岸砂丘上に位置する瀬田内チャシ跡では、発掘調査により、一六～一八世紀代の陶磁器をはじめ、鉄鍋、キセル、マキリ、鉄鎌、鉄製釣針・マレク（鉤銛《かぎもり》）・鉄製ヤス・骨角製キテ（銛頭）・中柄などの遺物が多量に出土している。(167)陶磁器の出土量は、道南の和人館跡を除けば、北海道内ではヨイチとセタナイが群を抜いて多く、ヨイチ同様、交易のために古くから和人がセタナイに拠点を構えていたことを物語る。豊富な鉄製漁撈具やアワビの貝塚は、セタナイが和人向けの海産物の移出場であったことを示している。

一六・一七世紀のセタナイは、渡島半島最大級のアイヌの集落であり、交易のため本州や道南の和人地から来る和人と北海道東部から訪れるアイヌが交差する場所として繁栄していたと考えられる。そうだとすれば、一六世紀前半に集中する蠣崎氏とセタナイを中心とする渡島半島西部のアイヌとの抗争の背景には、日本海交易の主導権を巡る両者の対立があり、それは交易場という視点からみればセタナイ対上ノ国・松前の構図であったのではなかろうか。天文二〇年（一五五一）の「夷狄《いてき》之《の》商船往還《しょうせんおうかん》之《の》法度《はっと》」(168)は、アイヌと蠣崎氏双方の妥協の産物であったが、結果的に交易の主導権は蠣崎氏が握ることになり、蠣崎氏の経済的基盤の安定に繋がるのである。

道南の戦国的様相

一五世紀には道南の渡島半島で陶磁器を出土する遺跡数・出土量が急増する。それらの遺跡の多くは、北奥から道南へと移り住んだ武士が築いた館跡である。道南の館主層の出自は、若狭から直接下北田名部へ来住したとみられる武田信広を除いて、その大部分が鎌倉時代に津軽・糠部地方の北条氏所領の代官であった侍たちか、北奥に居住していた侍の系譜に繋がるという。[169]

『新羅之記録』によれば、コシャマインの戦いが起きた康正三年（一四五七）時点で、道南には、志濃里館（小林太郎左衛門尉良景）・箱館（河野加賀守政通）、茂別《もべつ》館（茂別八郎式部太輔家政）・中野館（佐藤三郎左衛門尉季則）・脇本館（南条治部少季継）・穏内《おんない》館（蒋土甲斐守季直）・覃部《およべ》館（今泉刑部少季友）・松前大館（下国山城守定季・相原周防守政胤）・禰保田《ねぼた》館（近藤四郎右衛門尉季常）・原口館（岡部六郎左衛門尉季澄）・比石《ひいし》館（畠山の末孫厚谷右近将監重政）・花沢館（蠣崎修理大夫季繁・武田信広）、以上一二の和人館があったという。このなかで館跡の正確な位置が確定しているのは、志濃里館（函館市）、茂別館（北斗市）、穏内館（福島町）、松前大館（松前町）、比石館・花沢館（上ノ国町）で、他の館については所在地を含めて実態が不明である。また、道南の中世城館跡は、これら道南十二館に限らず、ほかにも洲崎館跡・勝山館跡（上ノ国町）、矢不来館跡（北斗市）など、東は亀田半島の函館市戸井館跡から西は松前半島の江差町泊館跡まで、二〇ヵ所前後の中世城館跡が知られている（図59）。

『新羅之記録』によれば、道南の和人館主は檜山安東氏を頂点として、「下之国」（東側の津軽海峡に面した地域）・「松前」・「上之国」（西側の日本海に面した地域）に置かれた「守護職」の下に編成されていたという。[170]

『新羅之記録』によれば、コシャマインの戦いのさい、館主蠣崎季繁《すえしげ》・副将武田信広が守る花沢館と、下之国守護の茂別家政《いえまさ》が館主の茂別館だけが堅固に城を守り通したと伝えられる。コシャマインの戦の後、道南の館主

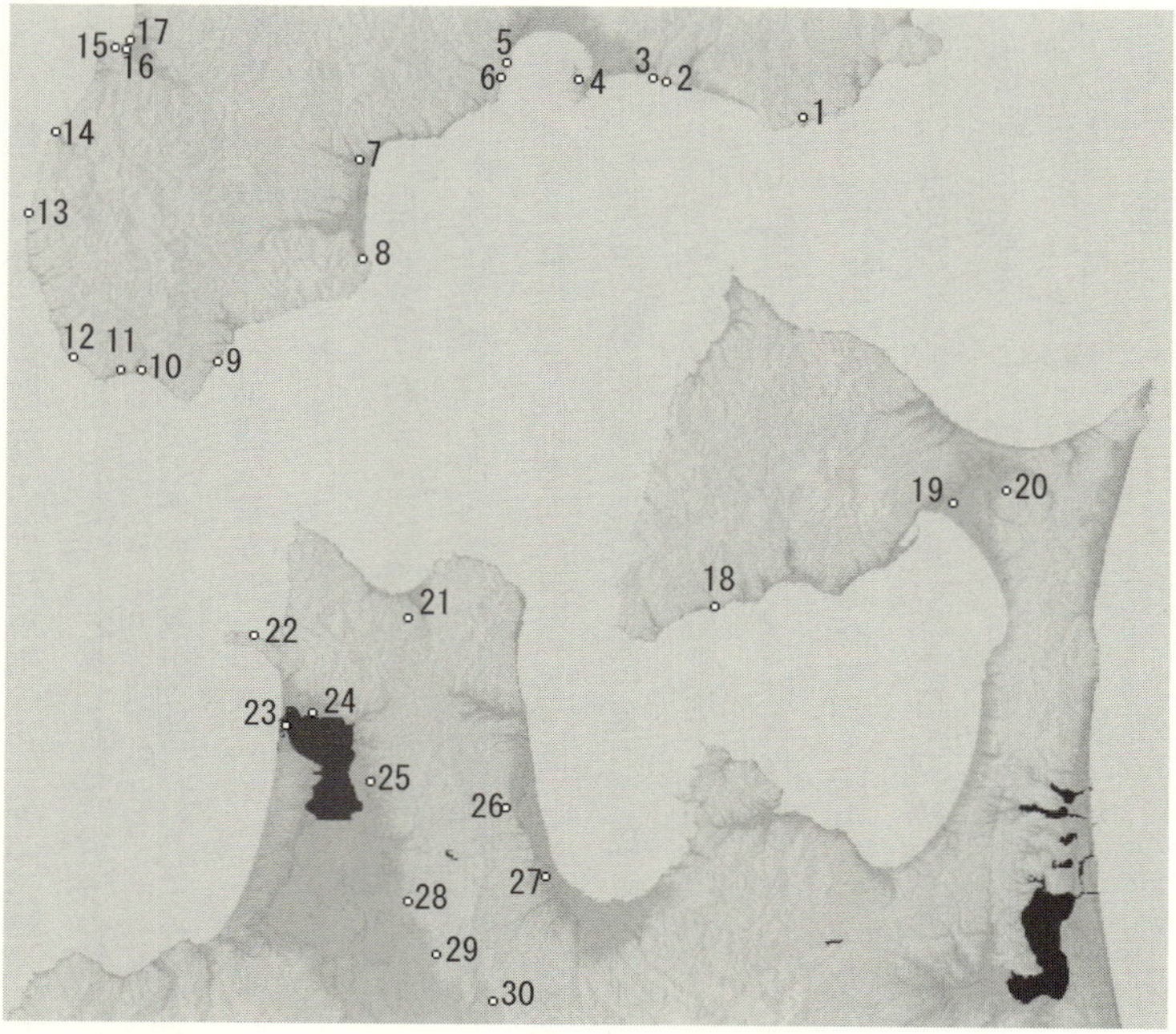

No.	城館跡名	所在地	No.	城館跡名	所在地
1	戸井館跡	北海道函館市(旧戸井町)舘町	16	花沢館跡	北海道上ノ国町勝山
2	志苔館跡	北海道函館市志海苔町赤坂	17	洲崎館跡	北海道上ノ国町北村
3	与倉前館跡	北海道函館市高松町	18	蠣崎館跡	青森県むつ市川内町蛎崎合野
4	箱館(宇須岸館跡)	北海道函館市弥生町	19	田名部館跡	青森県むつ市小川町
5	矢不来館跡	北海道北斗市矢不来	20	目名部館跡	青森県東通村名高坂
6	茂別館跡	北海道北斗市矢不来	21	大開城跡	青森県今別町大川平
7	中野館跡	北海道木古内町中野	22	柴崎城跡	青森県中泊町嗽沢
8	脇本館跡	北海道知内町脇本	23	十三湊遺跡	青森県五所川原市十三
9	穏内館跡	北海道福島町館崎	24	福島城跡	青森県五所川原市相内実取
10	覃部館跡	北海道松前町本山	25	中里城跡	青森県中泊町中里亀山
11	松前大館跡	北海道松前町神明・福山	26	尻八城跡	青森県青森市後潟・六枚橋
12	禰保田館跡	北海道松前町舘浜	27	油川城跡	青森県青森市西田沢浜田
13	原口館跡	北海道松前町原口	28	飯詰城跡	青森県五所川原市飯詰福泉
14	比石館跡	北海道上ノ国町石崎	29	原子城跡	青森県五所川原市原子山本
15	勝山館跡	北海道上ノ国町勝山	30	浪岡城跡	青森県青森市浪岡・五本松

図59　津軽海峡周辺の主要中世城館跡

層のなかで上之国に本拠を置く蠣崎氏は急速に勢力を拡大させた。蠣崎季繁の家督を継いだ武田信広は花沢館から天の川の対岸の河口近くに洲崎館を築き、季繁が死亡した後、天の川の河口部を一望する高台に築いた勝山館へ移ったとされる。明応三年（一四九四）に信広が死去すると、その子光広が蠣崎家の家督を相続する。

いっぽう、松前でもほぼ同時期に松前守護の下国定季が死亡し、その子恒季《つなすえ》が家督を継いだが、恒季の行状が悪いとの「諸士」（館主層）からの訴えを受け、檜山安東忠季は松前大館に討手を派遣し恒季を自害させ、新たに相原季胤《すえたね》が松前の守護職に、村上政儀が補佐役に任じられたと伝えられる。ここに松前の下国安東（安藤）氏は滅亡してしまう。

永正九年（一五一二）には東部のアイヌが蜂起して箱館・志苔館・与倉前館を攻撃した。この攻撃により下之国守護である下国安東氏の勢力は後退を余儀なくされたとみられている。同じく『新羅之記録』によれば、さらに翌年には松前大館がアイヌ民族の攻撃を受けて落城し、松前守護職の相原季胤と補佐役の村上政儀《まさよし》が揃って自害に追い込まれたという。翌年の永正一一年三月には蠣崎光広は嫡男義広とともに家臣を引き連れて上之国から松前大館に入り、そのことを檜山安東氏に注進したと伝えられる。

『新羅之記録』に書かれていることが事実ならば、アイヌ民族の攻撃により松前と下之国の両方の下国安東氏など蠣崎氏のライバルである有力な館主層が次々と没落し、極めて短期間のうちに労せずして上之国の蠣崎氏の手中に道南の支配権が転がり込んできたことになる。松前家の歴史書として、その正当性を主張する目的で編まれた『新羅之記録』が、始祖である武田信広や彼を女婿とした蠣崎季繁など蠣崎氏の都合に合わせ上之国側に有利に書かれている点は、多くの研究者が認めるところである。この間の下之国・松前に対するアイヌ民族の攻撃に蠣崎光広が関与していたのではないかとする説（蠣崎氏による陰謀説）も古くから存在する。

道南の中世史は、これまで『新羅之記録』など松前藩に伝わる歴史書や蠣崎氏に関連する勝山館跡・花沢館跡・洲崎館跡の発掘調査により語られてきた。そうした「蠣崎（松前）家」の歴史は、蠣崎氏以外の和人館主やアイヌの人々の実態解明を通して、相対的に評価し直すべきである、そうした考えにもとづき、筆者は、二〇一〇・一一年に、下国安東（安藤）氏の拠点の一つとみられるが『新羅之記録』には記載のない北斗市矢不来館跡の発掘調査を行った。(171)

道南の中世城館跡のなかでは、松前大館跡・茂別《もべつ》館跡・勝山館跡・矢不来館跡の規模が抜きんでている。このうち松前大館跡と茂別館跡は、主曲輪《しゅぐるわ》である「大館」に「小館」などの曲輪を加えた複数の曲輪から構成されており、副郭《ふくかく》を持たない勝山館跡や矢不来館跡よりは格上である（図60）。主曲輪の規模は松前大館跡、茂別館跡、矢不来館跡は約一万八〇〇〇平方《メートル》前後で大差なく、勝山館跡は約一万平方《メートル》と狭い。勝山館跡は搦手《からめて》の外側に夷王山《いおうざん》墳墓群があり、矢不来館跡でも搦手の外、三重壕を挟んでその奥に墓域が確認されている。松前大館跡は発掘調査が行われていないため墓域は未発見であるが、北側に位置する勝軍山の裾には大館時代の寺跡と伝えられる場所があることから、勝山館や矢不来館と同じく館に接して搦手の奥に墓域が存在していた可能性がある。

これらの四城館は、主殿が置かれた主曲輪を中軸道路が貫き、その両側に家臣団の屋敷が並ぶ構造であったと考えられる。さらに矢不来館と勝山館は、両側を深い沢に守られた海岸段丘上に築かれ、大手側が広く搦手側が狭い琵琶形の主曲輪に主要な機能が集中する、主曲輪の最奥部、最も標高の高い場所に宗教施設（勝山館跡では「館神」が相当する）を配し、さらに空壕を挟んでその先に墓域を形成する点で、基本構造上の類似性がより高い。

立地・曲輪構造・出土陶磁器から、矢不来館と勝山館はほぼ同時期に同じような築城理念のもとに構築された

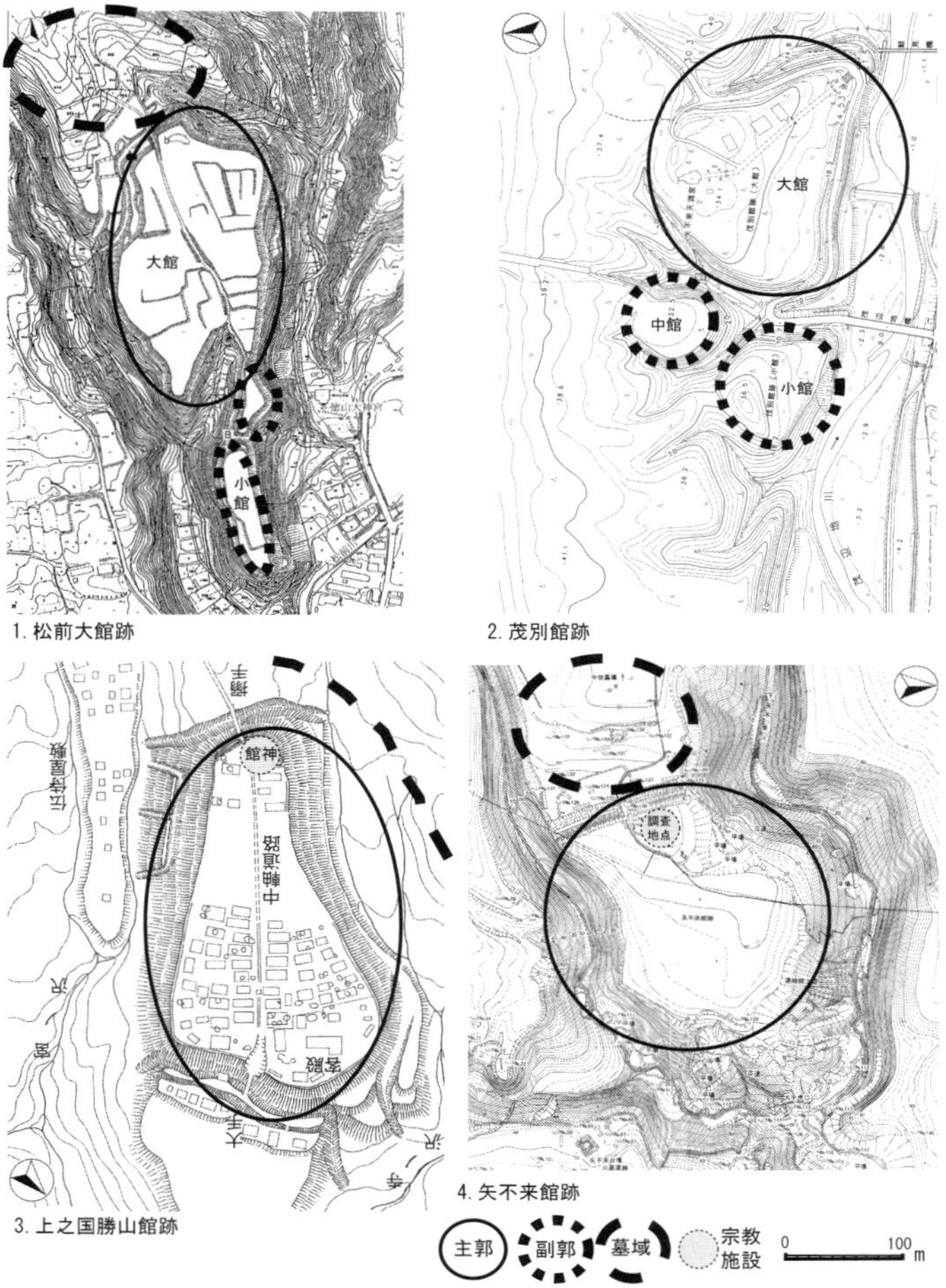

図60　上之国蠣崎氏系城館跡と下之国安東（安藤）氏系城館跡

可能性が高い。築城のきっかけはどちらも長禄元年（一四五七）に起きたアイヌ民族による最大の武装蜂起であるコシャマインの戦いと推測される。この蜂起をかろうじて乗り越えた花沢館の蠣崎氏と茂別館の下国安東氏は、アイヌからの次なる攻撃に備えて高地により防御性の高い城館を構築する必要性に迫られ、蠣崎氏は勝山館を、下国安東氏は矢不来館を築いたと推測される。

出土遺物から矢不来館には唐物《からもの》を中心とした座敷飾りを持つ本格的な書院が存在し、唐物茶器による茶の湯と、三具足を用いた立て花が催されていた可能性が高いことが分かった（図61）。矢不来館の館主下国安東氏は、将軍足利義政やその側近たる同朋衆《どうぼうしゅう》の好みを反映した書院会所の唐物数寄《すき》を理解し、政治的・経済的・文化的にそれを受容する立場にあったと考えられる。近年、室町幕府の守護体制論―大名取次制の視点から、松前と下之国の関係について、下国定季―畠山義就《よしなり》というラインとともに、それと対立する形で下国政季・家政―畠山政長―細川勝元という政治的つながりが存在したとの仮説を提示されている(172)。こうした在地の勢力バランスと有力守護大名の勢力バランスが相互に影響しあう状況は、まさに戦国的と呼ぶにふさわしい。

下国安東氏は、コシャマインの戦いをへた一五世紀後半の段階でなお、政治的・経済的に、上之国を本拠とする蠣崎氏を上回る勢力を保持していたと推測される。コシャマインの戦いの後、松前の地位は相対的に下がり、勝山館に拠る蠣崎氏と茂別・矢不来を本拠とする下国安東氏の勢力がせめぎ合う、上之国対下之国の構図が鮮明になったと考えられる。

矢不来館の焼失・廃絶は、時期的にみて、東部アイヌが武装蜂起し、宇須岸《うすけし》（箱館）・志苔・与倉前《よくらまえ》の三館が陥落し、館主の河野季通・小林良定・小林季景が自害したとされる永正九年（一五一二）の事件と関連する可能性が高い。上之国対下之国構図はこの事件により崩れる。すなわち、この事件をきっかけに、下国安東氏の勢力

図61　北海道北斗市矢不来館跡出土遺物（北斗市教育委員会蔵．小川忠博撮影）

1　陶磁器

中国産茶入・天目茶碗，古瀬戸天目茶碗・越前焼茶壷などの茶道具や中国産染付瓢《ひさご》形水注などが注目される．

2　金属製品

香炉・花瓶・厨子《ずし》の蝶番《ちょうつがい》などの仏前荘厳具や目貫《めぬき》・鎺《はばき》などの刀装具，馬具（鞖《しおで》）などが出土している．

は大幅に低下し、一六世紀第2四半期には蠣崎氏（二世蠣崎光広）が道南の和人勢力の頂点に立つことになったと推測される。

こうした道南の和人館主層の盛衰は、陶磁器の分布状況にも顕著に表れている（図62）。一五世紀後半から一六世紀初頭、すなわちコシャマインの戦いから永正九年の事件以前には、上之国・松前以上に、知内川より東側から函館までの津軽海峡に面した地域、すなわち下之国に陶磁器が出土する遺跡が多く分布し、上之国・松前・下之国の勢力が拮抗する状態が読み取れる。ところが、永正九年の事件後の一六世紀前葉～後葉の陶磁器は、道南では松前以西に限られ、津軽海峡に面した下之国には見られない。下国安東氏の没落により、下之国のエリアは、陶磁器を使用する伝統を持たないアイヌの居住地に戻ったのではなかろうか。

一五世紀後半以降、渡島半島は、上之国・松前・下之国の三つ巴の状況の上に各地のアイヌの集団関係が加わることで、本州に勝るとも劣らない戦国的様相を呈していたといえよう。道南の和人館主は、北方交易を基盤として室町将軍家や有力守護大名と政治的・経済的・文化的パイプを構築していたのである。

和人地のアイヌ

天文二〇年（一五五一）、「夷狄《いてき》之商船往還之法度」により蠣崎季広とアイヌとの間で合意がなされた結果、対アイヌ交易を蠣崎氏が独占するとともに、渡島半島西部の松前半島のうち西は上ノ国と東は知内に挟まれたエリアに、近世松前藩領の原形となる「初期和人地」が創出された。これまで述べてきたように、それ以前にも北海道に移住した和人はいたが、彼らが「入植」したのは主に交易に適した湊のあるアイヌ集落の隣接地に限られ、それは点でしかなかった。広大な北海道島の南西端のほんの一部とはいえ、面としての和人地が設定されたこと

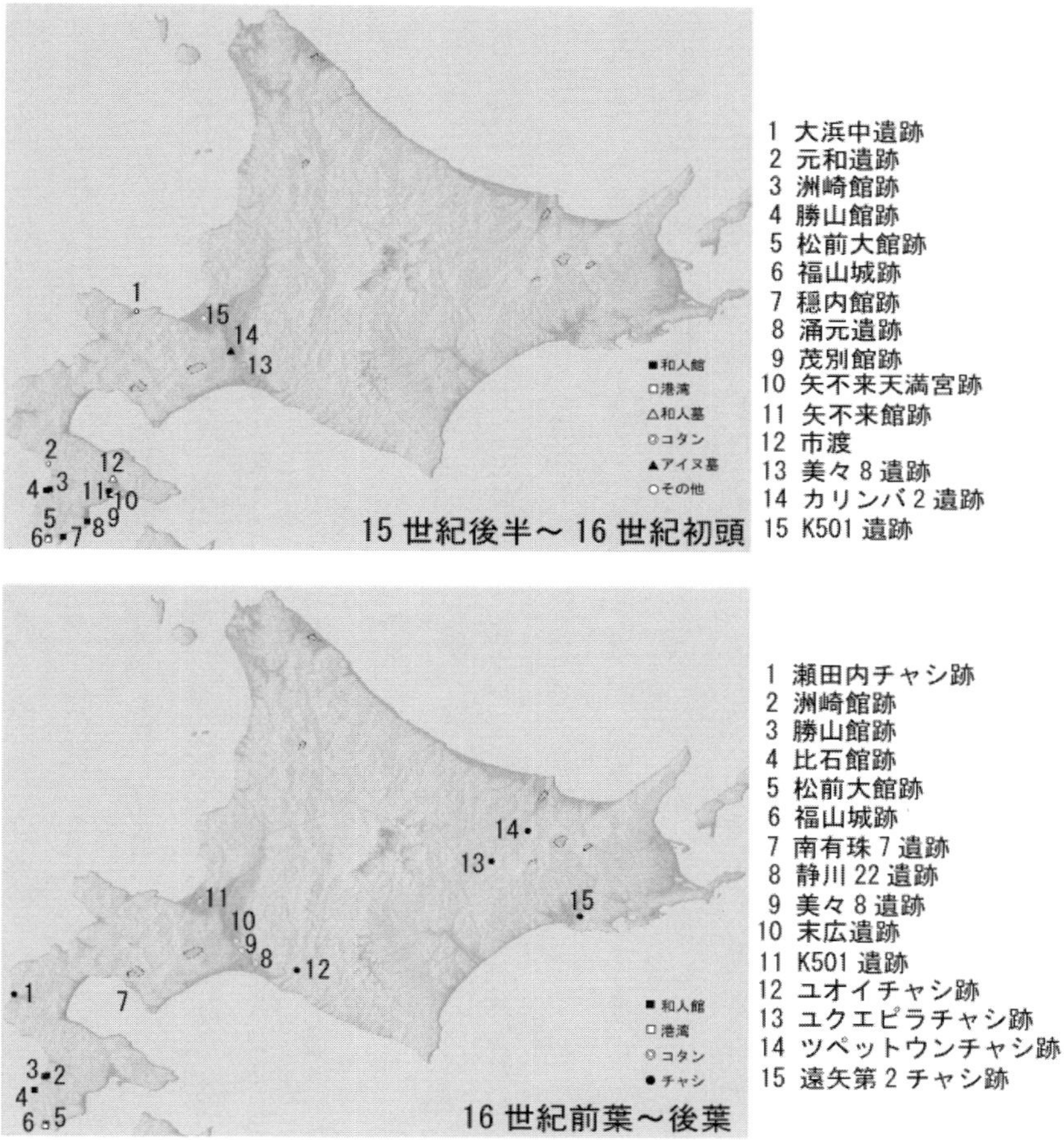

図62　15世紀後半～16世紀の中世陶磁器の分布

上段が康正 3 年（1457）のコシャマインの戦いの後から永正 9 年（1512）の東部アイヌの蜂起まで，下段が東部アイヌの蜂起後に相当する．

は、蝦夷地の政治的内国化、すなわち蝦夷地がアイヌ民族の土地から国家の領土へと編入される第一歩となった。「初期和人地」内ではその後、和人の増加・アイヌの減少が進み、シャクシャインの戦いが起きた寛文九年（一六六九）の頃には、東端の知内と西端の上ノ国を除いて、アイヌの集落は姿を消すこととなる。

「初期和人地」の西端に位置し、蠣崎氏が拠点を構えていた上ノ国勝山館周辺からは、和人に交じって暮らすアイヌの人々の考古学的痕跡が発見されている（図63）。このなかで特に注目されるのが、勝山館北東側の虎口と二重の壕とに挟まれた第一平坦面から一括出土した「シロシ」のある白磁皿と、勝山館への登り口に近い宮ノ沢右岸地区から発見されたイクパスイである。

シロシとは、アイヌの人々がマキリなど先の尖った道具を使って漆器などの器物に付ける刻印の一種である。シロシは「所有印」と訳されることが多く、イナウやイクパスイなどに刻まれた「イトクパ」（祖印）と区別されることもあるが、その違いは必ずしも明確ではない。[173] 漆器の場合、シロシは主に底面に刻まれており、一つの漆器に複数の種類のシロシが認められる場合も多い。威信財など価値あるものが集団内で交換され、次々と所有者が入れ替わる例は、世界の民族誌に散見される。シロシが「所有印」なのか「祖印」なのかの議論はさておき、複数のシロシを持つ器物は、シロシの数以上に人から人へとアイヌの間に伝世した可能性が高い。

勝山館跡のシロシをもつ白磁皿は一ヵ所から六枚がまとまって出土した[174]（図63―1～6）。すべて口の部分が外側に反る小皿で、一六世紀に中国で生産されたものである。六枚とも底に同じシロシを持ち、本来は一〇枚単位でセットとなる組食器であったと考えられる。繰り返し述べてきたようにアイヌの人々は基本的に食膳具に陶磁器を使わない。また、和人が陶磁器や漆器の底に所有印を記す場合、墨ないし朱漆で書くのであって、刻むことはしない。勝山館跡からは他にも同じく底にシロシのある一六世紀代の中国産染付小皿（同8・9）や瀬戸・美

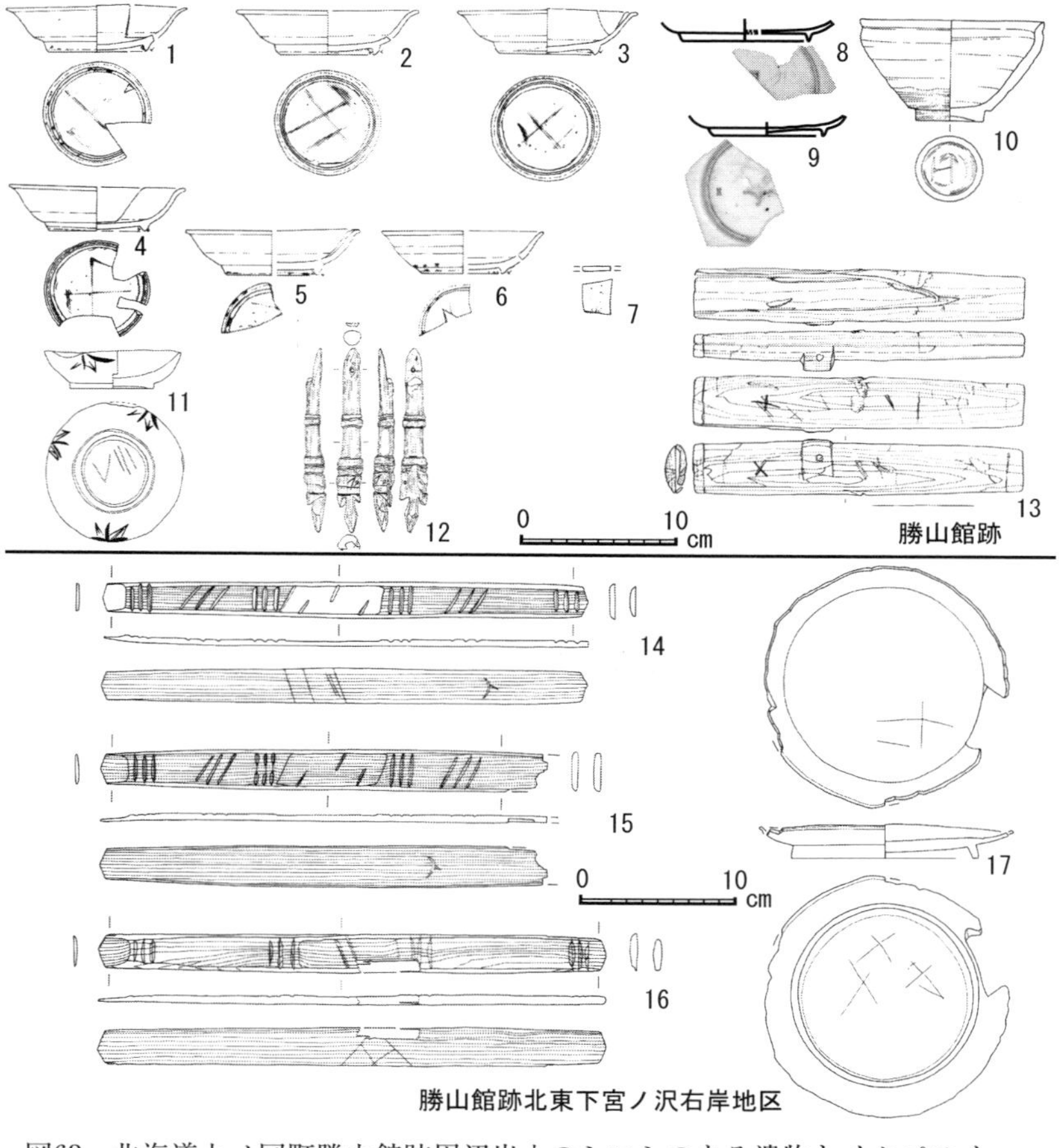

図63　北海道上ノ国町勝山館跡周辺出土のシロシのある遺物とイクパスイ

１～７　中国産白磁皿，８・９　中国産染付皿，10　瀬戸・美濃産天目茶碗，11　漆椀，12　海獣骨製銛頭，13　鞘，14～16　イクパスイ，17　漆盆

濃産の天目茶碗（同10）が出土している。これら勝山館跡から出土したシロシを持つ一六世紀代の陶磁器は、勝山館の館主である蠣崎氏によって「初期和人地」が創設される前後の段階から、すでに上ノ国のアイヌが日常生活面で和人の影響を受けていたことを物語る。

宮ノ沢右岸地区からは慶長期、すなわち一六世紀末から一七世紀初頭の陶磁器類とともに、イクパスイ（同14～16）、桜の樹皮が巻かれた丸木弓・太刀柄、骨角製中柄、シロシの刻まれた漆盆（同17）などアイヌの人々が使った遺物が出土している。[175] これらの遺物は、上ノ国のアイヌが和人地内に住んでいながら、一六世紀末・一七世紀初頭の段階では、伝統的な祭祀や生業を保持していたことを物語る。

上ノ国のアイヌと蠣崎氏の関係を考えるうえで、勝山館に隣接する夷王山墳墓群で発見されたアイヌ墓は極めて重要だ。夷王山は勝山館の搦手《からめて》側、南西に位置する標高一五九メートルの小高い山で、山頂からは眼下に勝山館や湊のあった大澗《おおま》、遠方には江差《えさし》、その先に日本海に浮かぶ奥尻《おくしり》島まで見渡せる。夷王山の北東麓、夷王山と勝山館跡に挟まれた地区は、勝山館に付属する墓地で、マウンド状に封土が残るものだけでも六〇〇基を超す墓が確認されている。

夷王山墳墓群には木棺土葬墓と火葬墓があり、土葬墓では遺体は屈んだ状態で棺に入れ埋葬される。[176] 木棺土葬墓や火葬墓にともなう副葬品は、本州の中世墓に一般的にみられる六道銭と数珠玉くらいで、そのほとんどが和人墓と考えられている。二基のアイヌ墓は、和人が葬られた通常の木棺土葬墓を間に挟み、並んだ状態で発見された（一二三頁の本章扉絵参照）。どちらも棺を用いない土葬で、片方（116号墓）は一人、もう片方（98号墓）には二人が合葬されていた。遺体はいずれも手足を伸ばした状態で埋葬されている。116号墓には蝦夷太刀・拵に金属象嵌が施された小刀・漆器、98号墓のうちの一体には蝦夷太刀・拵に金属象嵌が施された小刀・漆椀、赤玉とワイヤー製垂飾りのあるニンカリを耳に付けたもう一体には蝦夷太刀・鉄鏃と骨製の中柄を組み合わせた矢・針がそれぞれ副葬されていた。

夷王山墳墓群に営まれたアイヌ墓は、和人の拠点に和人とアイヌが共生していたことを示す証拠であり、両者の対立を前提としていた従来の北方史を大きく塗り替えるきっかけとなった。勝山館跡では、出土した人骨の形態人類学的検討が行われているが、これまでのところ、典型的なアイヌの人骨は発見されていない。夷王山墳墓群98号墓から出土した二体についても歯の特徴は和人的と判断された(177)。いっぽうで勝山館跡から出土した人骨についてコラーゲンに含まれる炭素・窒素同位体比分析を行ったところ、形態人類学的には和人と判断された女性のなかに、通常の和人に比べ海産物を多く摂取していた、即ちアイヌ的な食生活を営んでいた人が含まれていることが分かった(178)。

一六世紀の上ノ国に住むアイヌは、和人との混血が進んだ結果、形質的には和人化がかなり進み、陶磁器をつかうなど生活様式にも和風化の傾向が現れていた。そのいっぽうで、祭祀や葬法といったアイデンティティーに深くかかわる面や、食生活ではアイヌ民族的伝統を色濃く残していたと結論付けられよう。

2　シャクシャインの戦いとそれ以後

和人がアイヌに求めた毛皮

寛文九年（一六六九）に起きたシャクシャインの戦いは、近世最大のアイヌ民族の蜂起として知られる。当初は、現在の日高・胆振《いぶり》地方のアイヌ民族内部の抗争であったが、最終的には東西蝦夷地におよぶアイヌ民族と松前藩との大規模な対立に発展した。事態の深刻さを認識した幕府は、松前藩単独での事態の収拾を危ぶみ、松前氏の親戚で旗本の松前泰広に出陣を命じ、北東北の弘前藩には出兵、盛岡・秋田両藩にも松前藩からの要請があり次第出兵するよう待機を指示した。幕府は島原の乱以来最大の軍事作戦になることも覚悟していた。

最終的には松前藩によるアイヌ民族の分断作戦と松前軍指揮官による和睦を偽った謀略でのシャクシャイン殺害により、この大規模なアイヌ民族の蜂起は鎮圧される。松前藩は降伏したアイヌにツクナイを要求するとともに、七ヵ条からなる起請文により松前藩への服従を誓わせた。ここで注目したいのは、起請文のうち、次に掲げる交易に関する第五条と六条である。

一、殿様より向後《きょうこう》仰せ出され候通り、商船へ我が侭《まま》申し懸けず、互いに首尾好商《あきな》い仕るべく候、余所の国と荷物買い取り申す間敷候《まじきそうろう》、我国にて調申す荷物も脇の国へ持参致す間敷候、人々国にて取り申す皮・干鮭《ほしざけ》、我国へ持参致す者、跡々より仕付候通り致すべく候事。

一、向後、米壱俵に付皮五枚・干魚五束商売仕るべく候、新物・たばこ・金道具に至る迄米に応、諸方より高値に商い仕るべく候、荷物等沢山にこれ在る年は、米壱俵に皮類も干魚も下直に商売致すべき事。

第五条の主眼は、交易船への妨害および松前藩以外の藩との交易の禁止にある。第六条では交易値段が定められている。いずれの条文でもアイヌからの交易品として「皮」と干鮭（干魚）の名前が挙げられており、「皮」が干鮭（干魚）より前に書かれている。この条文から、一七世紀の段階で松前藩が対アイヌ交易で最も必要としていた物品は「皮」であり、次に干鮭であったことが分かる。松前藩が他の藩に売却することを固く禁じた「皮」とは何であろうか。

アイヌの人々が狩猟対象とした動物のなかで、皮が利用価値のありそうな動物は、海獣類ではトド・ニホンアシカ・アザラシ・ラッコ・オットセイ、陸獣ではクマ・キツネ・テン・シカなど、さらには水陸両生のカワウソと多種類におよぶ。条文にある「皮」がこれらの動物全般を指す可能性も否定できないが、第六条で「米壱俵に付皮五枚・干魚五束」と交換比率が定められているからには、ある特定の動物の皮が想定されていると考えた方が合理的であろう。

ここで思い出すべきは、この起請文がシャクシャインの戦いで降伏したアイヌの人々に対して松前藩への服従を誓わせることを目的としている点である。シャクシャインの戦いで和人が襲撃された場所は、太平洋側では東はシラヌカ（白糠町）・オンベツ（釧路市音別町）から西は和人地東端の石崎（函館市石崎町）まで、日本海側では北はマシケ（増毛町）から南はヲタスツ（寿都町歌棄町）までと広範囲だが、中心となったのは、道央部太平洋側の日高・胆振地方である。この地域に多く生息し、アイヌの人々の狩猟対象であり、なおかつ皮の利用価値が高い動物といえば、エゾシカをおいて他にないであろう。

エゾシカはニホンジカの亜種のなかでは最も大きい部類に属する。数が増えた現在は北海道のほぼ全域に生息域が拡大しているが、比較的雪の少ない太平洋側に多い。現在、エゾジカはジビエ（野生動物の肉）として再び注目されているが、一頭から平均二〇キログラムの食肉がとれるという。エゾジカの皮はアイヌの人々にとって防寒服の材料として不可欠であり、和人との重要な交易品でもあった。

アイヌ語でエゾジカは「ユク」と呼ばれるが、「ユク」は食料となる陸の狩猟動物を指す言葉でもある。地域によっては、エゾジカを性別や年齢で呼び分けていた。アイヌの人々にとって、エゾジカは身近に住む最も利用価値の高い陸獣であった。

安政四年（一八五七）、箱館奉行堀利熙《としひろ》に随行し、東西蝦夷地・北蝦夷地（カラフト）を巡見した仙台藩士玉虫《たまむし》左太夫《さだゆう》が記した見聞録『入北記《にゅほっき》』(179)によれば、シカ皮の生産地は十勝以西の日高・胆振《いぶり》地方に偏っており、一枚当たりの値段は、大が六〇〇～四〇〇文、中が五〇〇～三〇〇文、小は四〇〇～一〇〇文と交易品としての価値も高かった(180)。日高・胆振地方のアイヌの生活はエゾジカによって支えられていたといっても過言ではない。

道央部では、平取町ユオイチャシ・オパウシナイ1遺跡・亜別遺跡、厚真町厚幌1遺跡・ニタップナイ遺跡、苫小牧市静川22遺跡などでエゾジカの骨がまとまって発見される事例が増えてきた（図64）。一六世紀以前の遺跡からエゾジカの骨が大量に出土することは稀だが、一七世紀には確実に急増する。中世以前にエゾジカがどれほど本州に移出されていたか、現時点ではわからない。考古学的に言えるのは、一七世紀、道央部でアイヌによるエゾジカの大漁捕獲が本格化したということである。その背景には和人からのエゾジカに対する需要の増大があろう。

シャクシャインの戦いの直前の寛文七年（一六六七）、道央支笏《しこつ》湖の南側に位置する樽前山が大規模なマグマ噴火を起こし、山の東方、十勝平野までの広域に大量の火山灰が降り積もった。降灰域がシャクシャインの戦いの舞台と重なることからこれまでにも噴火と蜂起との間には関連性が推測されてきた。噴火がエゾジカの生息にどれほどの影響を与えたか知りたいところである。

奇しくもシャクシャインの戦いが起きた一六六九年の翌年、イギリスはビーバーなどの毛皮交易のため、北米大陸最古の会社、ハドソン湾商会を設立した。同社には、チャールズ二世からの勅許状《ちょっきょじょう》により、カナダ北東部のハドソン湾に流れ込むすべての河川流域で毛皮独占取引権が認められていた。シャクシャインの戦いは、まさに国家が毛皮の価値に目覚めた時代に起きたのである。

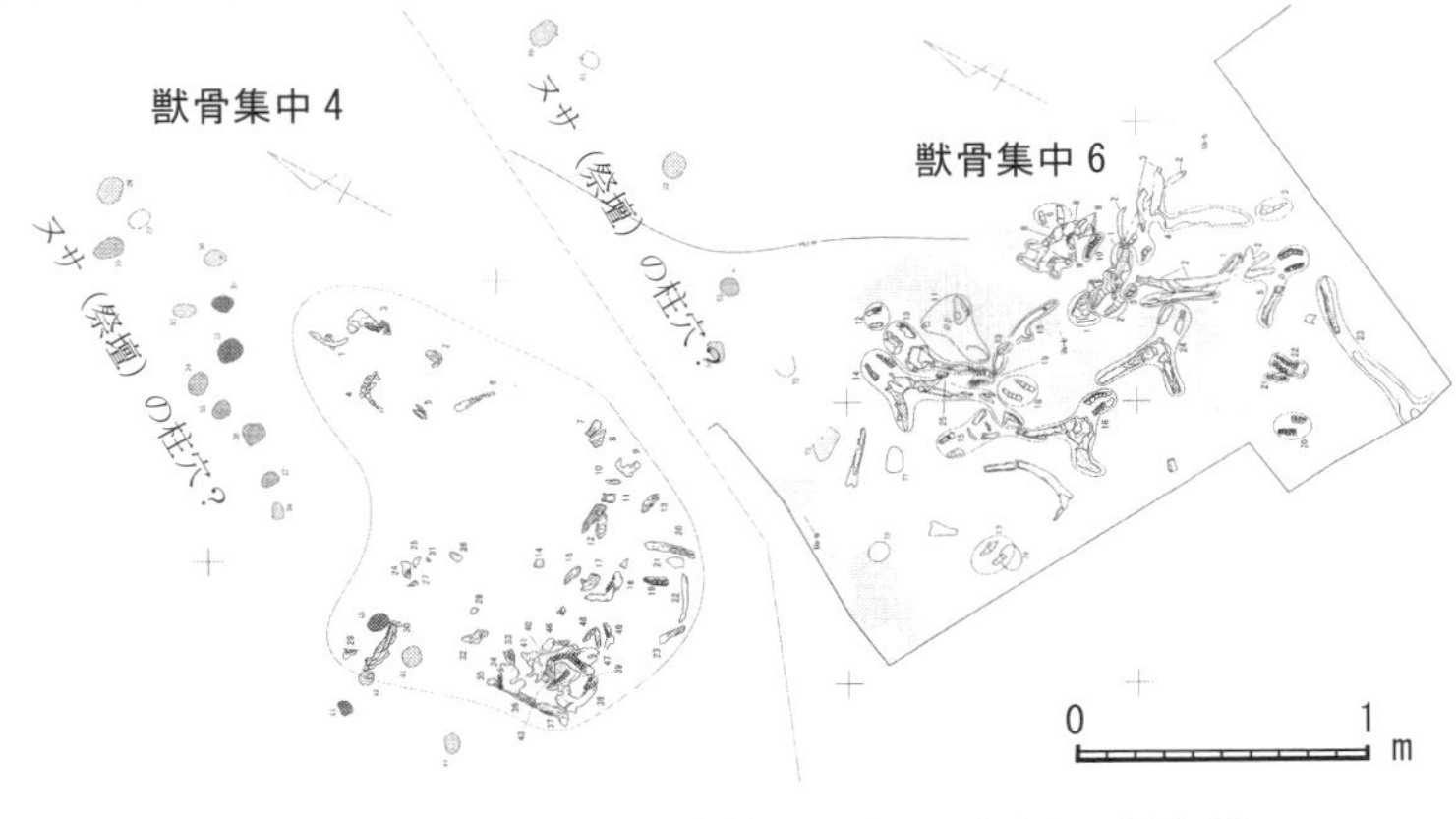

図64　北海道厚真町ニタップナイ遺跡で発見されたエゾジカの送り場

ニタップナイ遺跡では寛文７年（1667）に降下した樽前山の火山灰の直下から，エゾジカの骨が集中して発見された．近くではヌサ（祭壇）の跡と思われる柱穴列が発見されている．獣骨集中６では３メートル四方の範囲から３歳前後の19個体分の頭骨が発見されたが，全て下顎骨が外されており，オスとメスが区別され積み重ねられていた．（上写真は筆者撮影）（下図は厚真町教育委員会『ニタップナイ遺跡(1)』，2009年掲載図に加筆）

シャクシャインの本拠地を掘る

慶安元年（一六四八）、東蝦夷地シベチャリ（新ひだか町静内《しずない》）の脇乙名シャクシャインとハエの乙名オニビシとの間で表面化したアイヌ民族の集団間抗争は、約二〇年後の寛文九年（一六六九）には、幕藩体制固有の軍役体系により奥羽諸藩に松前藩支援が命ぜられるほどの大規模な反和人抗争へと発展した。「シャクシャインの戦い」あるいは「寛文蝦夷蜂起」などと呼ばれるこの事件は、蝦夷地における和人の優位性を決定づけたと評価され、一五世紀中葉の「コシャマインの戦い」や一八世紀末の「クナシリ・メナシの戦い」とともに北方史上特筆すべき出来事とされる。しかし、事件そのものの記録が、基本的には『津軽一統誌』など和人側の史料に限られるため、事件当時、すなわち一七世紀中葉のアイヌの共同体に対する理解や蜂起の計画性・組織化に対する評価については意見が分かれる(181)。

事件の首謀者とされたシャクシャインは、寛文九年一〇月二三日、松前軍指揮官佐藤権左衛門の和議を偽った謀略により、ピポク（新冠町《にいかっぷ》）の松前軍陣所にて殺害され、翌二四日には松前軍によりシャクシャインの本拠地であるシベチャリのチャシが焼き払われた。

シベチャリは、日高山脈に源を発する静内川が太平洋に注ぐ河口に位置する。シベチャリには、静内川左岸の丘陵上に、河口部から上流に向かって、ホイナシリ（不動坂）・シベチャリ（入舟）・シンプツナイのチャシ跡が並んでいる。このうち、シベチャリのチャシは静内川からの比高差八〇〜九〇㍍《メートル》の真歌《まうた》丘陵突端に位置し、内部にはシャクシャインの像や記念館がある（図65）。平成九年にはシベチャリチャシ跡とホイナシリチャシ跡に、同じく静内川流域のメナチャシ跡・オチリシチャシ跡・ルイオピラチャシ跡、厚別川上流の門別町アッペツチャシ跡を加え、「シベチャリ川流域チャシ跡群及びアッペツチャシ跡」として国史跡に指定された。

図65　北海道新ひだか町静内にあるシベチャリのチャシ跡とチャシ跡に建つシャクシャインの像（筆者撮影）

昭和三八年には学術目的でシベチャリのチャシ跡とホイナシリチャシ跡、昭和六二年には展望台設置の事前調査としてシベチャリのチャシ跡の発掘調査が行われている[182]。発掘調査では、伊万里焼・キセル・骨鏃や中柄などの骨角器・槍・蝦夷太刀・永楽通寳・マレク（鉤銛）・斧（鉞《まさかり》）・手斧・鉈・鋤先など多くの遺物が出土した（図66）。なかでも伊万里焼と豊富な鉄製品は注目される。

伊万里焼はすべて、シベチャリが陥落する前の一六三〇―五〇年代の染付で、碗と小皿がある。この時期の伊万里焼としては、最北の出土事例である。松前軍によりチャシが焼き払われたことを物語るかのように、伊万里焼の破片には二次的被熱が認められる。

鉄製品は、蝦夷太刀と斧（鉞）が目立つ。伊万里焼も鉄製品もすべて、和人との交易によって入手されたものである。当時非常に貴重だった伊万里焼や多量の鉄製品を入手し得たシャクシャインの経済力がうかがえる。これらの遺物は、蜂起以前、シャクシャインが積極的に和人と交易していたことを物語る。

ところで呉須で「壽」の字を描いた伊万里焼碗の割れ口には、漆が付着している。これは「漆継ぎ」と呼ばれるもので、割れた破片を漆で接合したものである。アイヌの人々は漆器を好んだが、すべて交易により和人から入手しており、自ら漆を扱うことはなかったといわれる。初めから漆継ぎされた中古の碗が交易品として入ってきた可能性も排除できないが、シベチャリアイヌの豊かな経済力からして、新品を入手したが、使っているうちに割ってしまい、和人に修理に出したと考えたい。その場合、漆職人がいる松前まで修理に出すのと、漆を扱う和人の流れ職人がシベチャリまでやって来る二つの可能性が考えられる。

ここで思いだされるのが、松前軍がシベチャリのシャクシャインのチャシを攻めて焼き払ったさいにシベチャリにいた四人の和人である[183]。この四名は鷹待あるいは金掘と伝えられる。将軍家をはじめ諸大名が鷹狩に使う鷹

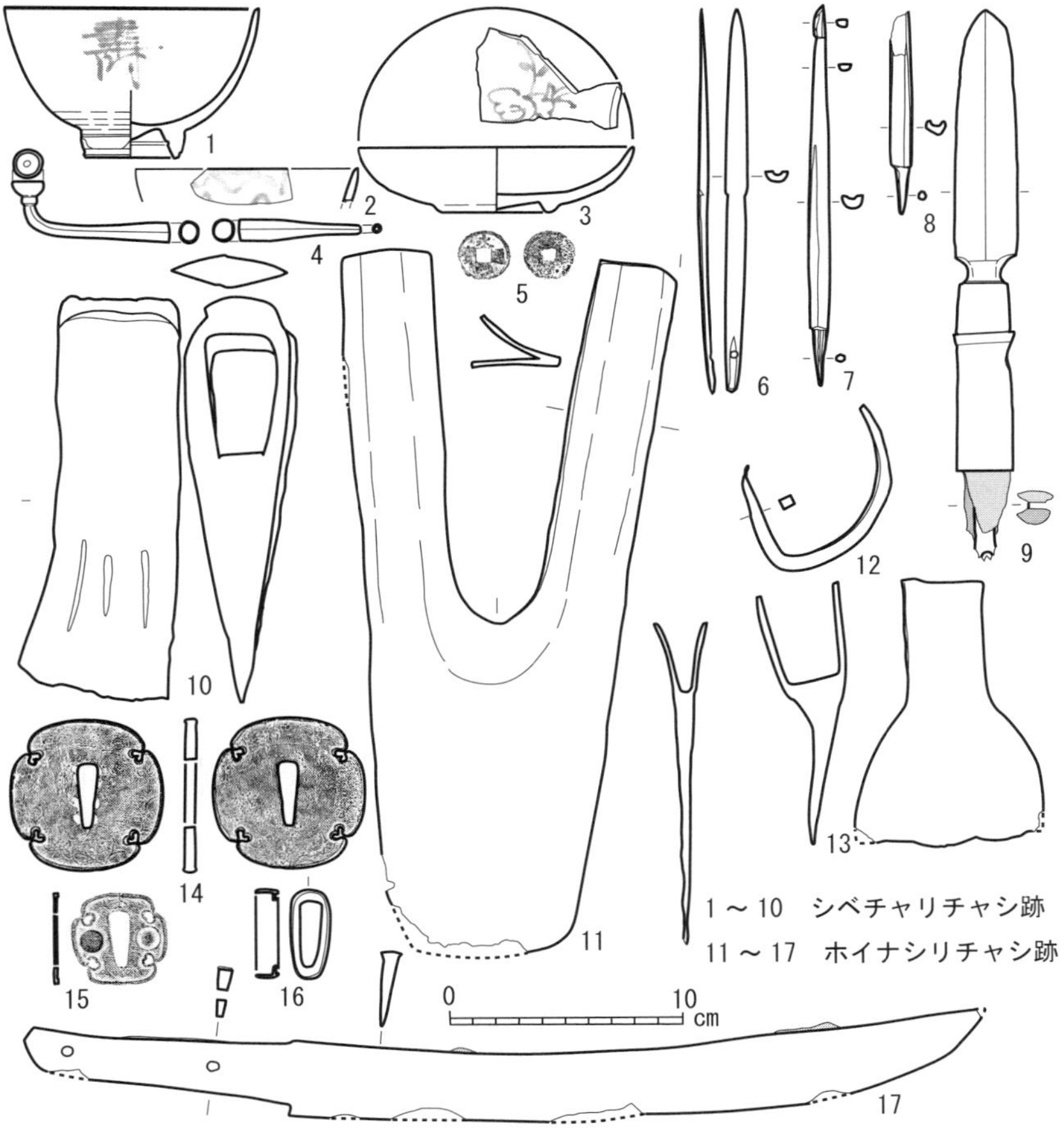

図66　北海道新ひだか町シベチャリチャシ跡・ホイナシリチャシ跡出土遺物
1～3　伊万里焼，4　キセル，5　永楽通寶，6・7　骨鏃，8　中柄，9　槍，10　鉄斧（鉞），11　鋤先，12　マレク（鉤銛），13　手斧，14　鍔，15　大切羽，16　柄縁金具，17　蝦夷太刀

と砂金は、一七世紀の松前藩の重要な収入源であり、それらを求めて蝦夷地の奥深くまで多くの和人が入り込んでいた。アイヌが漆器を好むことは彼ら蝦夷地に渡った和人が広く知るところであり、アイヌが作るイクパスイなどの木製品に漆を塗ったり、塗りが剝げた漆器の塗り直しをする渡職人は当然いたものと思われる。鷹待や金掘にまじって、そうした渡職人がシベチャリに来ていたとしても何ら不自然ではないように思えるのだが。

3　クナシリ・メナシの戦いとそれ以後

納沙布岬の寛政蜂起和人供養碑

北海道の最東端、納沙布《のさっぷ》岬を訪れる観光客は多いが、そこに立つ江戸時代の石碑に気づき足を止める人は稀である。この石碑こそ、徳川幕府を驚愕させ、蝦夷地の政治的内国化への転換点となったクナシリ・メナシの戦いに関する唯一の記念碑である。

フランス革命が勃発した一七八九年、国後島とその対岸の道東のキイタップ場所（メナシ）一帯では、後に幕府が北方政策を見直すきっかけとなり、それによってアイヌ民族・松前藩・東北諸藩の運命をも変えることになる一大事件が起きていた。クナシリ・メナシの戦いと呼ばれるこの事件は、クナシリ・メナシの場所請負人である飛驒屋久兵衛の雇人（本州や松前など道南の和人地からの出稼ぎ和人）によるアイヌの人々に対する横暴に端を発する(184)。これに耐えかねたクナシリ・メナシのアイヌが次々と飛驒屋の関係者を襲撃した。この事件で死亡した和人は、国後島二二名、メナシ四九名の計七一名で、飛驒屋の使用人の他にクナシリ島南端のトマリの運上屋に目付として派遣されていた松前藩の足軽一名が犠牲となった。

松前藩は直ちに新井田孫三郎を最高責任者とする鎮圧軍を現地に派遣し、納沙布岬の手前約一三キロ、当時松前藩の運上屋があったノッカマフ（根室市牧の内のノッカマップ崎周辺）に進駐した。松前軍は、そこで蜂起に関連したアイヌの関係者から事情を聴取した上で、蜂起の首謀者と和人襲撃に関わった者の計三七人のアイヌを処刑し、その首級と事件の鎮圧に功績のあったアイヌの主導者の子供ら四三名のアイヌを伴って松前に凱旋した。

納沙布岬にある寛政蜂起和人供養碑は、明治四五年（一九一二）に納沙布岬から二キロほど西側の珸瑤瑁《ごようまい》海岸で発見された。石碑は高さ一一六センチ・幅六三センチ・厚さ三〇センチの花崗岩製である（図67）。碑文から、この石碑は、クナシリ・メナシの戦いで犠牲となった和人七一名の合葬墓の上に、二三回忌に当たる文化九年（一八一二）に建てられた、あるいは建てようとしたものだということが分かる。碑文には死亡した和人の名前やこの石碑を建てた人物の名前などは記されていないが、碑文の中に「姓名記録別在官舎」とある上、石碑が建てられた文化九年には東蝦夷地は幕府の直轄地であったことから、造立には松前奉行所など幕府関係者が関与していると推察される。

図67　納沙布岬に建つ寛政蜂起和人供養碑（筆者撮影）

石碑は，正面に「（梵字ア）横死七十一人之墓」，右側面に「文化九年歳在壬申四月建」とあり，背面には建立の経緯が次のように記されている．

寛政元年己酉夏五月此地凶悪
蝦夷結黨為賊事追手不意士庶
遇害者死七十一人也姓名記録
別在官舎于茲合葬建石

この供養碑は、ロシア軍艦ディアナ号打ち払いとゴロヴニン艦長の捕縛やその報復としてなされた高田屋嘉兵衛の身柄拘束というクナシリ島周辺での日本とロシアの緊張関係が高まる最中に作られており、背景には幕府によるクナシリ・メナシの支配が確固たるものであることをこの地域のアイヌやロシア側にアピールする政治的意図があったと考えられる。

なぜ、この石碑が納沙布岬近くの海岸から発見されたのか、建てられていたものが後年何らかの理由で海に流されたのか、それとも建立するため船で運ぶ途中で海に沈んだのか、詳細は分からない。どのような政治的意図があるにせよ、三七名もの同胞が惨殺されたノツカマフに程近い場所に、和人だけの供養碑が当てられ、しかもその碑に「凶悪蝦夷結黨為賊事」と刻まれることを思い浮かべるとき、アイヌの人々の底知れぬ悲しみを連想せずにはいられない。

石造物が語る和人の北方進出

古文書が豊富な江戸時代といえども、内地に比べ蝦夷地に関する史料は圧倒的に少なく、そのほとんどが一九世紀代のものである。一般に近世石造物の多くは年号が刻まれており、時間的位置づけが行いやすい。また、年号以外にも人名や地名などの文字情報が含まれているケースが多く、非文字資料に比べ歴史的位置づけが行いやすい。さらに文字以外の属性、例えば石材からは物流、形態・装飾などの型式的特徴からは情報伝達を復元することが期待できる。

江戸時代、アイヌの人々は文字を使わず、石造物を一切建てなかった。蝦夷地の近世石造物は、墓標にせよ奉納物にせよ和人が抱いていた宗教的観念の発露であり、和人が蝦夷地に遺した足跡、いいかえれば、和人の蝦夷地への経済的・政治的・宗教的進出をたどることができる。

蝦夷地で確認した近世石造物は、墓標を除き、西蝦夷地が四二カ所六七基、東蝦夷地が二九カ所四八基の合計一一五基である。石灯籠が三六基と最も多く、以下、手水鉢《ちょうずばち》二三基、鳥居一六基、狛犬《こまいぬ》一一基とつづき、そのほか地蔵菩薩像七基、石祠二基、阿弥陀如来像・不動明王像・弁財天碑・馬頭観音碑・金刀比羅山碑・水神碑・一石一字塔・三界萬霊供養塔・名号供養塔・題目供養塔・寛政蜂起和人供養碑・仏牙舎利塔・置香炉・華瓶・句碑・歌碑などがある。鳥居と狛犬は西蝦夷地に多く、手水鉢は東蝦夷地に多い傾向がみられる。

西蝦夷地で最も古い近世石造物は、小平町《おびらちょう》臼谷稲荷神社にある享保二一年（一七三六）の年号を有する凝灰岩製の弁財天碑で、松前城下きっての豪商初代阿部屋《あぶや》村山傳兵衛によって奉納されたものである（図68）。東蝦夷地では、文化元年（一八〇四）に蝦夷三官寺[185]の一つ様似町《さまにちょう》等澍院《とうじゅいん》に建てられた開祖秀暁《しゅうぎょう》の開山塔が最も古い（図69）。

西蝦夷地ではイシカリ周辺が比較的古く一七七〇年代から石造物が建てられ始める（図70）。一八二〇年代には道北のアツタ～テシオとソウヤ・リイシリ・レブンで石造物の造立が開始されるいっぽう、もっとも和人地に近い神威《かむい》岬以西の地域では一八三〇年代以降、その東側に隣接するシャコタン～オタルナイではさらに遅れ一八

図68　西蝦夷地最古の近世石造物（北海道小平町臼谷稲荷神社の弁財天碑．筆者撮影）

図69　東蝦夷地最古の近世石造物
（北海道様似町等澍院の開祖秀暁の開山塔．筆者撮影）

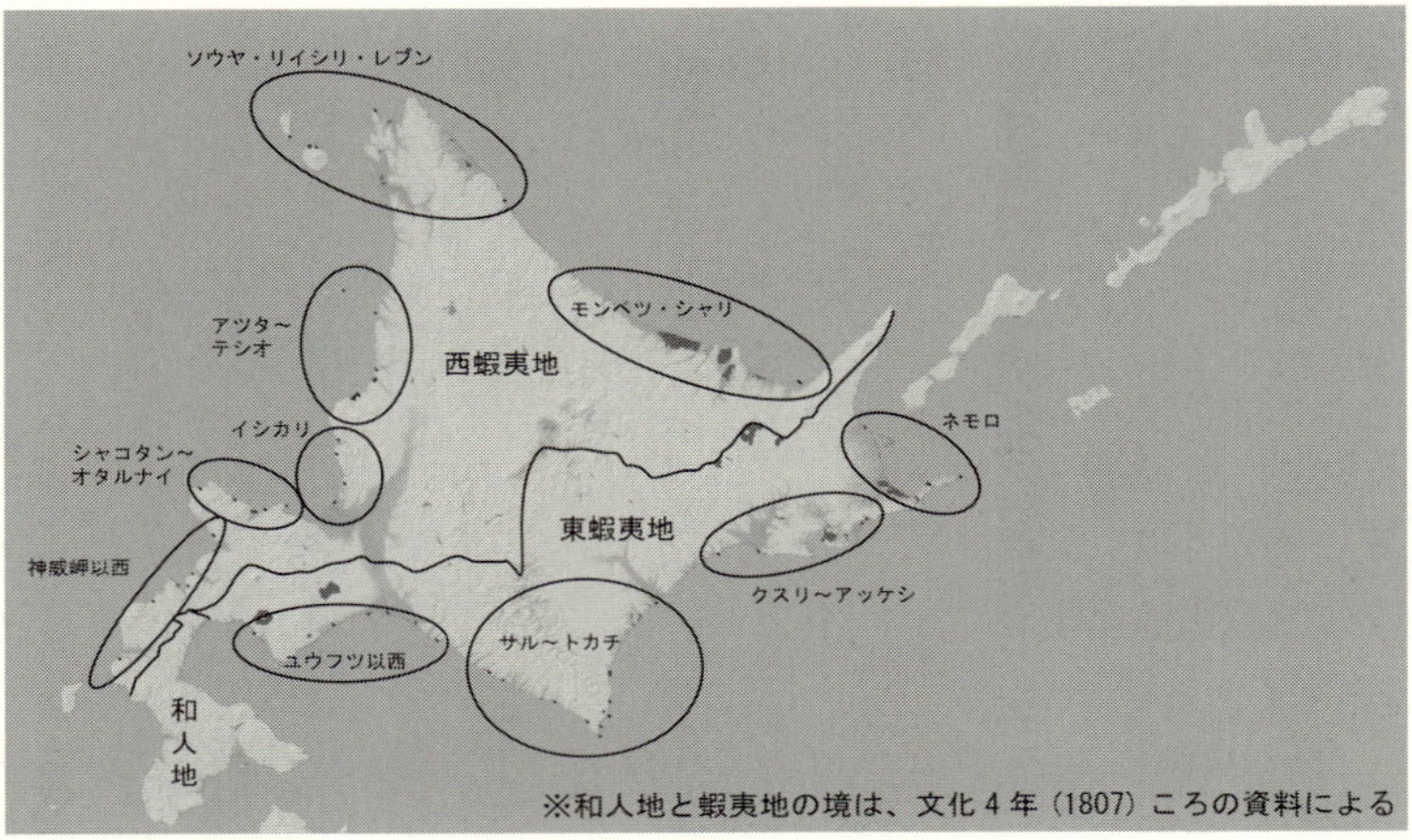

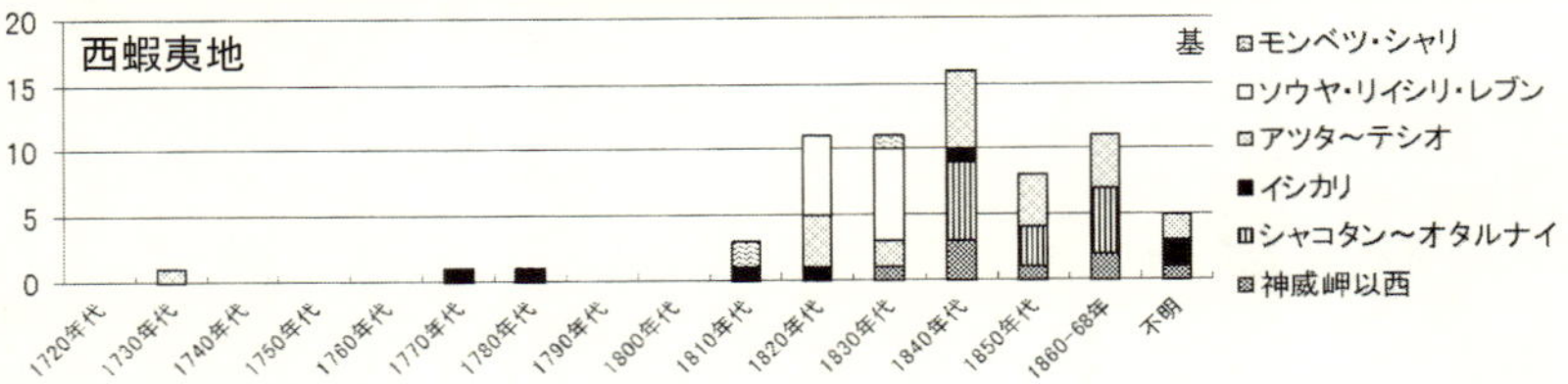

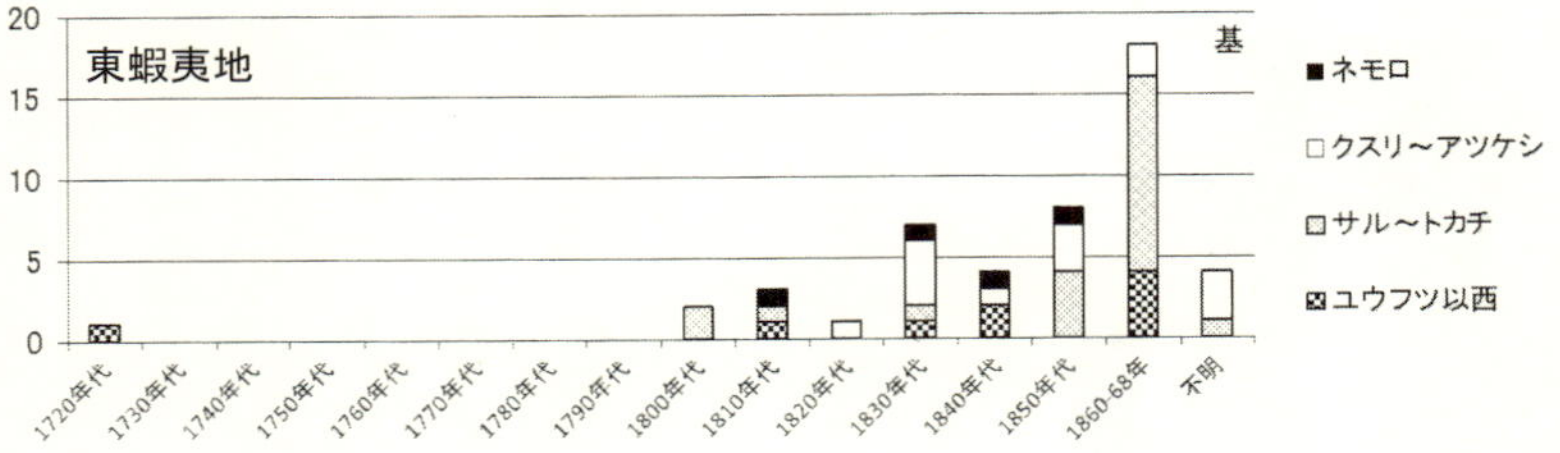

図70　蝦夷地の近世石造物（墓標を除く）分布と年代別造立数

四〇年代以降のものしかみられない。西蝦夷地では、和人地側から次第に遠隔地に向かって石造物の造立が拡散していったわけではない。

イシカリ周辺で早くから石造物が建てられたのは、一七世紀末・一八世紀初頭頃から石狩川でさかんになった鮭漁（石狩秋味運上）に関連して、他地域より古くから多くの和人が出入りしたためと考えられる。一八世紀末には石狩川は蝦夷地最大の鮭産出場所となっており、他国商人が運上請負に参加し、石狩アイヌによる網漁で捕獲された鮭と瀬戸内海産の塩を用いて鮭塩引を生産し全国市場に乗せていたという(186)。

いっぽう、東蝦夷地では西蝦夷地とは異なり、和人地に近い西から東へと石造物の造立開始時期が遅くなるとともに、東蝦夷地全体では、大局的にみて時代が下るにしたがい造立数が増加する傾向にあることが判明した。東蝦夷地への和人の進出が主として一八世紀末以降の対ロシア政策にともなう政治的理由によるものであるのに対して、西蝦夷地はそれ以前から漁場の開発が活発で、場所請負関係者の出入りが頻繁であったと考えられる。

蝦夷地の近世石造物で、とりわけ注目されるのが、石狩弁天社にある弘化二年（一八四五）の年号をもつ左右一対の手水鉢である（図71）。正面に「禮拝器《れいはいき》」と刻まれたこの風変りな手水鉢は、那珂湊の石工大内石可《おおうちせきか》の手になるもので、町屋石（斑石）と呼ばれる茨城県常陸太田市周辺から産出する蛇紋岩が使われている。町屋石は、水戸藩の許可なしに採石できない御留石であった(187)。奉納者は石狩十三場所の一つで石狩川と篠路《しのろ》川の合流点付近にあった下シノロ場所の請負人梶浦氏と松前・箱館の問屋四名ならびに番人たちである。

大内石可は水戸藩主徳川斉昭お抱えの石工で、手水鉢の写真を見た水戸市の関係者からは「禮拝器」の文字が徳川斉昭の筆跡に似ていると教えられた。

水戸藩と蝦夷地イシカリとの結びつきは古く、徳川光圀の命による蝦夷地探検により快風丸が石狩川に到達し

図71　北海道石狩市石狩弁天社の手水鉢（筆者撮影）
【正面】禮拜器
【側面】石工　水府港　大内石可
願主　梶浦五三郎
湖河長左衛門
森山辦蔵
秋田屋和次郎
阿部屋林太郎
番人惣中

た貞享五年（一六八八）にまで遡る。徳川斉昭の蝦夷地への関心はさらに高く、北方防備と藩財政立て直しの観点から、蝦夷地開拓許可の請願を幕府に繰り返し行っている。天保一〇年（一八三九年）には、「戊戌《ぼじゅつ》封事」を将軍に提出し、大船解禁と蝦夷地開拓を建議するとともに、将来の蝦夷地経営と防衛を目的として、築城・移民・開拓・防備・産業・アイヌの同化などについての計画をまとめた「北方未来考」を著している。

光圀の時代に快風丸が石狩川を遡ったように、斉昭が考える蝦夷地開拓でも、石狩川は日本海と内陸を結ぶ水上交通の大動脈に位置づけられていた。斉昭にとって石狩弁天社のある石狩川河口部は、蝦夷地開拓の原点であったに違いない。

斉昭の蝦夷地開拓計画は幕閣の反対にあって実現しなかった。手水鉢が奉納される前年の弘化元年（一八四四）、幕命により斉昭は強制隠居と謹慎を命じられてしまう。石狩弁天社の手水鉢は、謹慎中にあっても斉昭が蝦夷地開拓の夢を諦めていなかったことを物語っているように思える。

カラフトアイヌ供養・顕彰碑の発見

二〇〇七～九年にかけ、筆者は夏は毎年、北海道最南端に位置する松前町に通い、学生と一緒に、この日本最北の城下町にある江戸時代の墓石を全て調べることに精を出していた。墓石や過去帳など松前に骨を埋めた人々の記録を通して、彼らが生きた近世社会（家・地域・国家）の姿を描くことができた。(188)

松前氏の居城である福山城北側の浄土宗光善寺にある地元で「アイヌの墓碑」(189)と呼ばれる石碑も当然のことながら調査の対象となった。調査の結果、石碑はカラフトアイヌの供養碑であるとともに、嘉永六年（一八五三）のロシアによるサハリン島クシュンコタン（現コルサコフ・旧大泊）占拠事件に関係するカラフトアイヌの顕彰碑であり、我が国の外交史・北方史・アイヌ民族史上、重要な資料であることが判明したのである（図72）。

クシュンコタン占拠事件が起きた嘉永六年（一八五三）は、アメリカの遣日使節ペリーが開国・通商を要求して浦賀に来航した上、国境画定・通商交渉の使命を帯びてロシア使節プチャーチンが長崎に来航し、幕府はその対応に追われていた。プチャーチン使節との交渉の最中の八月三〇日、北蝦夷地（カラフト）のクシュンコタン(190)に一隻のロシア船が来航し、七十余人のロシア兵が上陸、軍事施設（ムラヴィヨフ哨所）を構築し、以後八ヵ月にわたって同地を占拠するという事件が起った。(191)たまたまクリミア戦争が勃発しロシアがクシュンコタンから引き上げたため、日露間の軍事衝突には至らなかった。しかしサハリン島南部のアニワ湾に面するクシュンコタンは北蝦夷地支配の最重要拠点であったことから、翌年、ロシア使節との国境画定・通商交渉にともない、日露国境界見分のためにカラフトに派遣された目付の堀織部正《ほりおりべのしょう》と勘定吟味役《かんじょうぎんみやく》の村垣与三郎は、ロシア撤退後に事件の詳細を調査・報告している。(192)

石碑の正面には、中央の「南無阿弥陀仏」の題目を挟み、右側に「北蝦夷地惣乙名キムラカアヱノ行年七十二

（正面）

（背面）

（左側面）

（右側面）

嘉永６年（1853），ロシア使節プチャーチンが長崎で幕府と国境画定・通商交渉していた最中，日本がサハリン島支配の拠点としていたクシュンコタン（現コルサコフ）をロシア兵が占拠する事件が発生した．松前町光善寺には，カラフト場所の支配人であった清水平三郎が，この事件の際に日本側に協力的だったカラフトアイヌを顕彰するとともに，彼らの先祖を供養するために，クシュンコタンに建てた石碑が移設され残されている．

図72　北海道松前町の光善寺境内にあるカラフトアイヌ供養・顕彰碑（筆者撮影）

歳」、左側に「先祖代々為菩提脇乙名ハリ〳〵ホクン」とある。また背面には「嘉永元（キムラカ）戊申年正月廿五日」の日付と「世話人」・「清水平三郎」の名が刻まれている。

北蝦夷地惣乙名《そうおとな》のキムラカアヱノは、一八世紀末以来の幕府や松前藩によるカラフト探査・場所開発の協力者で、カラフトアイヌ統治に欠かせない地域を差配する有力者であった。ハリハリホクンは、文化露寇事件(193)を受けて幕府が策定したロシア船打ち払い方針を接近する外国船舶に通告する役割を付与されており、キムラカアヱノ同様、日本側に協力的なカラフトアイヌであった。

世話人として石碑に名前が記された清水平三郎は、クシュンコタン占拠事件当時はカラフト場所請負人の伊達林右衛門・栖原《すはら》六右衛門配下の現地支配人兼アイヌ語通詞に過ぎなかったが、事件のさいにはロシア側との対応において前面に立って行動していた(194)。アイヌ語に加え山丹《さんたん》交易（江戸時代にカラフトを中継して沿海州の人々とアイヌとの間で行われた交易）に不可欠なサンタン語まで操る通詞としての高い能力と事件の際の働きが認められ、カラフトが松前藩の直支配になった後、嘉永七年（一八五四）には松前藩士に取り立てられ、幕府の第二次蝦夷地直轄後の安政三年（一八五六）には箱館奉行所の役人に登用された(195)。

この石碑は正面と背面の内容から、嘉永元年（一八四八）一月二五日に七二歳で没した、カラフトを代表する惣乙名・キムラカアヱノの供養と先祖の菩提を弔うため、脇乙名のハリハリホクンが清水平三郎の「世話」を介して建立した供養碑であるといえる。キムラカアヱノとハリハリホクンはともに、近世権力のカラフト統治に役割を果たした地域社会の有力者であったのであり、カラフト場所支配人であった清水平三郎は場所経営の必要性から、キムラカアヱノの生前より両者と密接な関係にあったと理解される。

石碑の右側面には、「嘉永六 癸 丑《みずのとうし》八月晦日《みそか》 久春古丹江異船渡来矣 依之土人懼而多奔走乎 就中《なかんづく》止住而戍於其

地　誠心者于茲記焉」につづけて、上下二段にわたってヘンクカリ（久春古丹惣乙名）をはじめとする一〇人のカラフトアイヌの名が刻まれている。「嘉永六癸丑八月晦日　久春古丹江異船渡来」とは、ロシアのクシュンコタン占拠事件のことを指している。この一〇名のカラフトアイヌは、クシュンコタンや周辺のアニワ湾沿岸各地に居住し、クシュンコタンでの漁場労働に参加しており、ロシア人の到来で越年番人らが逃亡するなか現地に留まり、和人施設を保守し、かつロシア人にしたがうことがなかったという。なかでも、脇乙名のラムランケと平蝦夷人のアシリやシフランマは松前藩の出兵を想定して、翌春にソウヤに渡海し、派遣された藩士を出迎えたという。

石碑の左側面には、「宗谷江送於番人　来《きたりて》而於其地越歳之者　名列矣　都計《つごう》十有五員」につづけて、上下二段にわたって、ヱレンカら一五人のカラフトアイヌの名が刻まれている。彼らは、ロシア兵のクシュンコタン上陸に動揺し、カラフト西海岸で越年する予定を変更した番人文吉ほか八名の和人を無事にソウヤ（宗谷）まで送り返した、日本側に協力的なカラフトアイヌであった。その一五名の下に名前が刻まれた八名のアイヌは、カラフト南部、西海岸のヱンルモコマフ（現ホルムスク・旧真岡）・シラヌシ会所管轄地に住む有力なアイヌであり、彼らが前に名前の挙がった一五名に対して番人らをソウヤまで送り届けるよう指示したのであった。

石碑両側面の内容は、ロシアによるクシュンコタン軍事占拠という対外危機にさいし、日本に協力的な動向を示したカラフトアイヌの顕彰を意図している。

次に問題となるのが、石碑が建てられた場所である。なぜならカラフトアイヌが浄土宗を信仰し、光善寺に帰依していたとは考え難く、清水平三郎の意図による建立であったとしても、彼の墓は松前町の浄土真宗大谷派専念寺と山形県鶴岡市の曹洞宗善宝寺《ぜんぽうじ》にあり、平三郎と光善寺との関連性も見出せないのである。嘉永七年（一八五四）の堀織部正・村垣与三郎のカラフト見分に随行した依田治郎祐《よだじろうのすけ》は、カラフト南端のシラヌシで通行屋横手にある御影石《みかげいし》で作られた惣乙名シヨロクルの墓石を目撃している。[196] シヨロクルは幕府の蝦夷地第一次直轄期から松前藩復領期にかけ日本に協力的であったため、死後に供養碑を建立されたという。[197] 彼の子もクシュンコタン占拠事件にさいして、ナヨロ（現ベンゼンスコエ・旧名寄《なよろ》）アイヌ首長の案内で来たロシア人の通行を許さず、越年番人の逃亡後にシラヌシを守衛したという。[198] カラフトには和人が建てたアイヌの供養碑が存在したのである。光善寺の石碑もクシュンコタンに建てられ、維新後の樺太・千島交換条約を契機するカラフトアイヌの北海道への強制移住などにより現在地に移されたものと推測される。

ところで、この石碑はいつ建立されたのだろうか。手掛かりは石碑に刻まれた「土人《どじん》」・「惣乙名」・「脇乙名」・「小使」・「土産取」という名称にある。幕府がアイヌの呼称を「蝦夷人」・「夷人」から「土人」へ変更したのは、蝦夷地第二次直轄後の安政三年（一八五六）五月である。[199] 同年一二月には、アイヌの役名が和人社会同様に、惣乙名＝庄屋、惣小使＝惣年寄、脇乙名＝惣名主、乙名＝名主、小使＝年寄、土産取＝百姓代と改称されている。[200] したがって石碑が建てられた時期は、安政三年五月から一二月までの間に限定できる。

石碑建立の中心的人物である清水平三郎は、安政三年六月に箱館奉行支配のクシュンコタン詰調役下役出役を命じられている。本石碑は、清水平三郎が、幕臣に取り立てられたのを機に、出世の糸口となった嘉永六年（一八五三）のクシュンコタン占拠事件を思い起こし、日本側に協力的であったカラフトアイヌの功績を称え、彼らの先祖を供養することで、カラフトアイヌが引きつづき幕府の支配にしたがうよう願い、クシュンコタンに建てたと結論付けられよう。

北海道古平《ふるびら》郡古平町の寶海寺《ほうかいじ》には、清水平三郎が（カラフト場所）八代目支配人の肩書きで奉納した半鐘《はんしょう》が残されている（図73）。半鐘は、伊達・栖原両家の持ち船の海上安全を祈願して、支配人である清水平三郎が、嘉永六年（一八五三）五月にクシュンコタンの弁財天に奉納したものである。「天下泰平」・「国家安全」の銘文をもつ半鐘が奉納された三ヵ月後にクシュンコタンがロシアに占領されてしまったのは、まさに歴史の皮肉としか言いようがない。

清水平三郎の墓を訪ねて山形県鶴岡市の曹洞宗善宝寺を訪ねた私は、そこで忘れられない体験をした。清水兵三郎の墓を確認し終えて帰ろうとする私に、寺の関係者が、せっかく遠路来たのだから、清水平三郎の雇い主である伊達家・栖原家の寄進により安政二年（一八五五）一〇月に落成した五百羅漢堂をお参りするよう勧め、お堂の鍵を開けてくれた。中に入った私の目に飛び込んできたのは、薄暗いお堂の中でこちらに視線を向ける裃《はかま》姿《すがた》の三体の坐像であった（図74）。左から栖原六右衛門・伊達林右衛門、そして右端には清水平三郎がいるではないか。庄内の地で清水平三郎に出会うことになろうとは夢にも思っていなかった。彼が建てたカラフトアイヌの供養・顕彰碑の調査を通して、私の頭のなかに清水平三郎のイメージが出来あがりつつあっただけに、彼の容姿が分かる坐像に偶然出会えたことは、驚きであり幸運であった。

平成二一年三月、光善寺のカラフトアイヌ供養・顕彰碑は、松前町の有形文化財に指定された。

余市の大山酒

ウイマムやオムシャのさいに和人からアイヌへ下賜された物品や蝦夷地場所での交易品の古記録には、酒やタバコが頻繁に登場する。それら古記録を見る限り、和人によってアイヌの人々は「酒とタバコ漬け」にされていたようにすら見える。交易品では米と糀がセットで記載されている場合も多く、移入された米がアイヌの人々によって酒米に使われた可能性もある。(201) ウイマムやオムシャのさいにアイヌに支給される酒は、役職や年齢、功績

御
宝　弁才天女
前　半鐘
八代目
施　支配人
清水平三郎
主　惣番人中

天下泰平
国家安全
諸願成就
子絲繁昌
息災延命

請負人
伊達林右衛門
栖原六右衛門
手船連
并　番船
春日丸
海上安全

嘉永六
五月吉日癸
羽州由利郡本庄
御鋳物師
北原金左エ門尉
藤原将名

図73　清水平三郎が奉納した半鐘
（北海道古平町賓海寺蔵．筆者撮影）

図74　山形県鶴岡市の善宝寺五百羅漢堂内にある坐像
左から順に　（筆者撮影）
栖原六右衛門
伊達林右衛門
清水平三郎

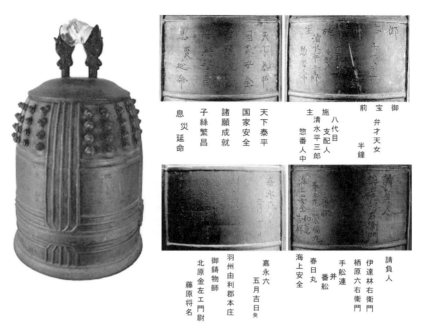

に応じて種類や分量が細かく決められており、和人は酒をアイヌ支配の道具として巧みに利用していたと考えられる。

蝦夷地関連史料に残る酒には清酒と濁酒があり、清酒は大坂酒と越後酒に加えて、現在の山形県鶴岡市大山《おおやま》地区で造られた大山酒が多く確認される。北海道余市《よいち》町入舟遺跡からは、大山酒が入れられていた酒樽の底板が出土している。

余市町には昭和一一年（一九三六）に竹鶴政孝《たけつるまさたか》が始めたニッカウヰスキーの蒸溜所があり、現在はウイスキーの町として全国に知られる。入舟遺跡は、ニッカ余市蒸溜所から北へ約六〇〇㍍《メートル》、余市川河口左岸のモイレ山南東麓に位置する。江戸時代にはモイレ山の北西側の海岸に下ヨイチ運上屋があった。発掘調査の結果、入舟遺跡では一七・一八世紀のアイヌ墓地と一九世紀の貝塚や建物跡が検出されており、下ヨイチ運上屋の設置にともない、墓域から漁撈関連の生業空間・住空間へと土地利用が変化したことが判明している(202)。

「羽州 大山 石寺屋」の焼印が押された酒樽の底板は、一九世紀後半以降に使われたニシン釜を据える石組炉の下から出土した。同じ場所からは、アイヌ文様のある糸巻も発見されている（図75）。

酒樽の底板は、厚さ二四㍉《ミリ》のスギ板を四枚つなぎ合わせており、直径は約四〇㌢《センチ》である。大山酒の酒樽には五升入から四斗入まで大小さまざまあるが、通常、地売りには小樽、遠国出しには大樽が用いられたという(203)。入舟遺跡の出土品は、底板の大きさからみて二斗入の酒樽であった可能性が高い。

焼印にある羽州大山は、現在の山形県鶴岡市大山地区をさす。大山は、秋田街道の宿駅で、城下町鶴岡と湊町加茂を結ぶ中継基地でもあった。主要産業は庄内米を用いた酒造業で、「東北の灘《なだ》」の異名をもつほどの酒どころである。

焼印にある石寺屋《いしでらや》は、享保年間に酒造業を始め、遅くとも一八世紀中頃には石寺屋の屋号を名乗り、幕末まで操業していた老舗の造り酒屋であった。[204] 入舟遺跡出土の「羽州 大山 石寺屋」の焼印をもつ酒樽は一八世紀中葉から幕末のもので、石寺屋が醸造した「志《し》ら鷹《たか》」が入っていたと思われる。

大山酒の恒常的な移出先は主に松前・函館と新潟であった。[205] 安永三年（一七七四）の売目録によれば、六月二日に加茂より松前に向け一五〇樽の大山酒が沖出しされた。一五〇樽の総額は約一〇〇両で、税金や諸経費を差し引いた残額は約八〇両であった。[206] いっぽう、東蝦夷地シベツ場所（北海道標津町）の通詞であった加賀伝蔵の仕入物注文帳には、三五〇樽の越後酒を仕入れたが、搬送中に一五〇樽が白く変質してしまい、それをアイヌに払い下げたならかなりの損になることや、三五〇樽のうち二五〇樽は年内販売せず「囲酒」として保管するので、秋味（鮭）を運ぶ船で越後酒と大山酒をとり混ぜて送ってほしい旨記されている。[207] 越後酒が白変したのは、火入れが十分でなかったためと思われる。越後酒より大山酒のほうが良い酒と認識されていたことや、越後酒は大坂酒の一〇分の一の価格であったことが確認できる。

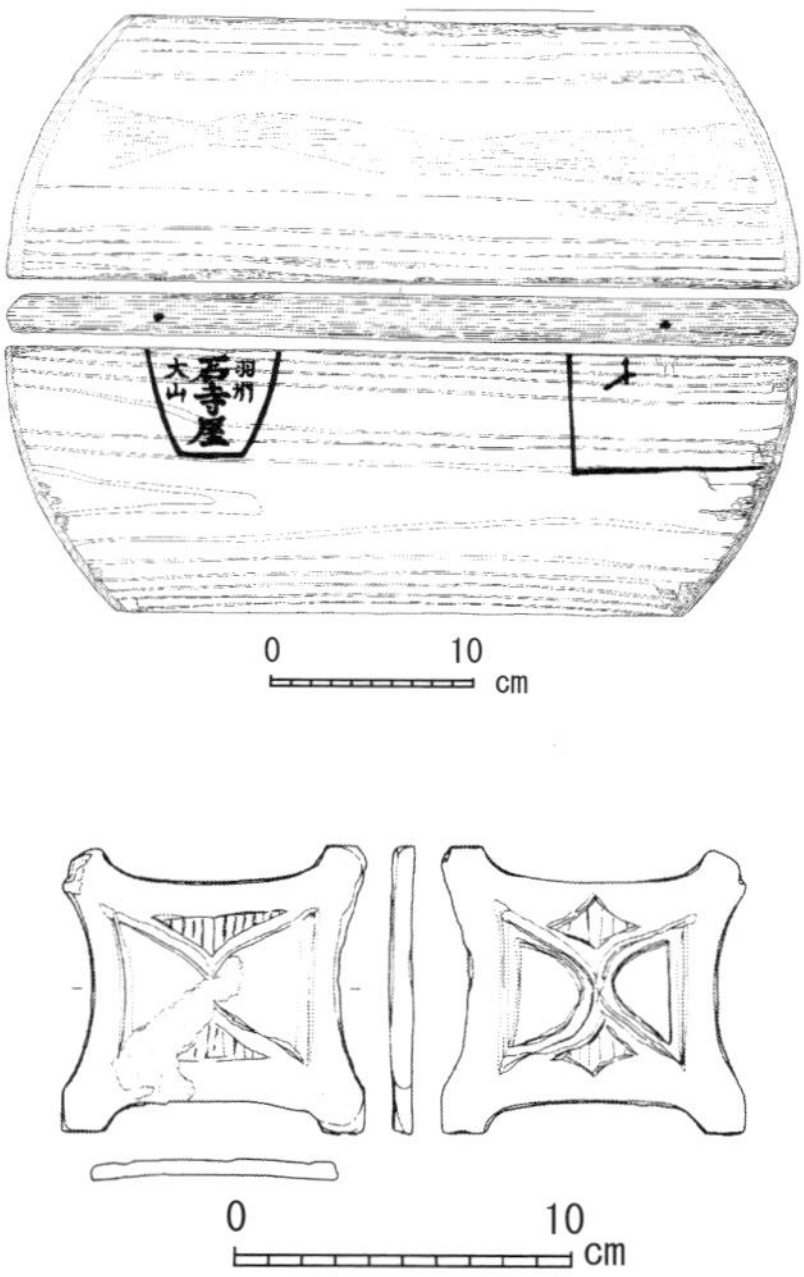

図75　北海道余市町入舟遺跡から出土した大山酒の酒樽の底板とアイヌ文様のある糸巻（註202の文献より転載）

道南の和人地での日本酒の製造は、天和元年（一六八一）に江差で関川《せきがわ》與左衛門《よざえもん》が造酒屋を営んだとの記録がもっとも古く、享保二年（一七一七）の幕府巡見使の記録では、松前は造酒屋四軒二〇〇石、江差は四軒二〇〇石であった。[208] 天明八年（一七八八）には、松前と江差あわせて一〇軒で九四一石二斗、天保二年（一八三一）には松前だけで五軒一一〇七石一斗九升にまで増えたが、翌年幕府が株高と酒造米高を調整した結果、天保四年の酒造量は天明八年の段階に戻っている。一九世紀の松前領内での酒造量は、同時期の大山酒の一〇分の一から五分の一程度に過ぎない。松前や江差で造られた酒だけでは、アイヌや増えつづける蝦夷地の和人の需要を満たすことは到底できず、本州から多量の酒が蝦夷地に移出されたのである。

　安政六年（一八五九）、幕府から西蝦夷地のハママシケ（浜増毛・浜益）、ルルモッペ（留《る》萌《もい》）からテシホ（天《て》塩《しお》）までと、テウレ（天売《てうり》）島・ヤンゲシリ（焼尻《やぎしり》）島が鶴岡藩主酒井忠発《ただあき》に下賜され、鶴岡藩が日本海沿岸のヲタスツ（歌棄）からアツタ（厚田）までの警備を命じられた。鶴岡藩の蝦夷地警備により、大山酒の蝦夷地移出に拍車がかかった可能性が高い。また、大山に近い鶴岡市下川には、航海安全や大漁祈願を通して北前船の関係者や蝦夷地の場所請負人の信仰を集めた曹洞宗善宝寺がある。彼らが善宝寺に寄せる信仰も大山酒の蝦夷地移出に一役買っていたであろう。

　入舟遺跡から出土した酒樽に入っていた大山酒「志ら鷹」は、下ヨイチ場所でのオムシャのさいにヨイチアイヌに振舞われたと思われる。

◇エピローグ――民族共生への道

蝦夷地史の提唱

本書はアイヌの人々の物質文化に焦点を当て、彼らが遺した「遺物」を中心に、モノ資料からその歴史を復元することを試みた。この作業を通して見えてきたのは、アイヌ文化における日本製品（和産物）が占める比重の大きさであり、アイヌの人々が経済的・政治的に日本という国家に組み込まれていく姿であった。日本国内経済圏が北方に拡大するのにともない、民族の土地であった「アイヌモシリ」は分断され、次第に「蝦夷地」として日本国の経済を支えるための物資供給地へと変貌する。そして最終的には一八世紀末以降ロシアとの間に繰り広げられる帝国主義的領土拡大競争のなかで国境が引かれ、国家の領土に組み込まれることになる。

アイヌの人々の歴史が和人との関係を抜きに語れないように、日本の中近世史もまたアイヌの人々を抜きには描けない。日本という国家の北方に位置するアイヌ民族の土地で展開された歴史は、日本史やアイヌ史のようにどちらかいっぽうの立場からではなく、よりニュートラルな視点から描く必要がある。

「蝦夷地」は道南の松前領すなわち「和人地」と対になる言葉で、江戸時代の用語である。蝦夷地という言葉自体にすでに和人の視点が入ってはいるが、アイヌ民族の土地という意味合いも含まれている。内地での中世・近世に相当する時期、すなわちアイヌ文化の成立以降、北海道が成立するまでの歴史を「蝦夷地史」と呼んではどうだろうか。

アイヌ文化は、一〇・一一世紀に起きた擦文文化の拡大にともなう南のエミシ文化・北のアムール女真文化・東のオホーツク文化との文化的接触と、一二世紀に列島規模で展開し始めた中世的物流による日本製品の大量移入により形成された。一二世紀以降、本州から来る和人はいたものの、一四世紀までは余市や函館（宇須岸・志海苔）など主要な交易場に小規模な「居留地」が点として存在するに過ぎなかったと見られる。一三～一五世紀前半の初期アイヌ文化は大陸的色彩が色濃く、日本製品の分布は道央部の石狩低地帯を北限とする。津軽安藤氏の影響力は道東・道北にはおよんでいなかった可能性が高い。

一五世紀には本州から道南渡島半島に来る和人が急増する。コシャマインの戦い後の一五世紀後半の渡島半島には、内地と同じように「お茶」と「仏教」の文化が広がり、和人とアイヌだけでなく、和人同士も抗争する「戦国的様相」が展開していた。さらに松前領の成立に先立ち、一六世紀後半には渡島半島西側の松前を中心とするごく限られた範囲とはいえ「初期和人地」が創出される。一六世紀には日本製品が道東にも流通するようになり、松前藩が成立した一七世紀前半には、金掘りや鷹待などの和人が蝦夷地の奥深くまで入り込み始めた。一五世紀後半から一七世紀後半の中期アイヌ文化は、初期アイヌ文化に比べ大陸的色彩が薄れ、日本国内経済への依存度が高まる。この時期にアイヌの首長層を中心として、シカ皮や干鮭など和人交易用品の集荷システムが構築され、日本製の宝物をより多く保持する者が集団の頂点に立つ社会が形作られた。

シャクシャインの戦い以降、蝦夷地は完全に日本国内経済圏に組み込まれた。一七世紀末からクナシリ・メナシの戦いが起きる一八世紀末までの後期アイヌ文化に見られる日本製品は、中期以前に比べ質の低下が著しい。クンシリ・メナシの戦いや文化露寇事件をへて蝦夷地の内国化とアイヌ民族に対する国民化政策が進められた一九世紀には、彼らが好む漆器やガラス玉の大半を、アイヌ向けに内地で生産された粗雑な輸出品が占められるようになる。

経済的・政治的関係から文化的関係へ

東北地方では四〜一二世紀、北海道では一三〜一九世紀にかけ内国化が進んだ。その歴史を振り返ると、どちらも「政治的内国化」に先行して、朝貢儀礼に始まる交易による「経済的内国化」が確認される。対ロシア政策上、一八世紀末に幕府が始めた蝦夷地の政治的内国化以前に、経済活動をともなう和人と日本製品の蝦夷地進出により、アイヌ民族の経済的自立性は失われていた。本来、和人とアイヌとの関係は交易を媒介とした緩やかで対等なものだったが、「北蝦夷地」（カラフト）の領有をめぐるロシアとの交渉で、幕府は、「古来より朝貢関係により日本の支配下にあるアイヌ民族の居住地は日本の領土である」との東アジア世界特有の前近代的な領土観にもとづく主張を繰り返した。

本書では、本州北端の弘前藩・盛岡藩領内に住むアイヌや道南の和人地に住む本州アイヌの記述に多くの頁を割いた。彼らは蝦夷地に住むアイヌと違って、多くの和人の中で暮らすマイノリティーであった。彼らは和人との婚姻が進み、形質的には和人と区別がつかないまでになった後も、アイヌ民族としてのアイデンティティーに関わる文化と独自の生業を保持しつづけていた。松前藩は蝦夷地のアイヌに対して経済的収奪は行ったものの、幕府や明治政府と違って同化するつもりも余裕もなく、彼らの文化には特段口出ししなかった。アイヌ民族に対する基本姿勢は、松前藩では経済性が最優先され、弘前・盛岡藩の場合は、経済性よりも異民族を支配しているとの「見栄」を重視していたように思える。三藩ともそれぞれ思惑があってのことだが、アイヌの生業を保護するとともに、酒・タバコをはじめとする日本製品の下賜《かし》による撫育《ぶいく》を怠らなかった。

北海道が平成一八年に実施した「北海道アイヌ生活実態調査報告書」によれば、北海道に住むアイヌ民族の人口は八二七四世帯・二万三七八二人とされ、生活基盤の弱さと差別の実態が示された[209]。アイヌの人々が現在もっとも多く暮らす北海道においてすら、その比率は約〇・四パーセントで、極端なマイノリティーということになる[210]。北海道のアイヌが抱える問題と沖縄の基地問題は、元をたどれば日本の内国化に起因する問題である。日本の安全保障に係わる沖縄の基地問題ですら「本土の人」はなかなか関心を持とうとしない。「本土の人」はアイヌの人々が問題を抱えていることすらあまり認識していない。アイヌの人々が抱えている問題は、従軍慰安婦問題などと同様、日本の歴史認識が問われる問題であることを我々は認識し、歴史に学ばなければならない。

本書では、一二世紀の秋草双鳥鏡から一九世紀の米国製金ボタンまで、アイヌ文化に関わるさまざまな遺物を取り上げた。和人から入手しアイヌの人々が消費した酒やタバコ、反対にアイヌから入手した和人によって消費された毛皮や海産物のように、それ自体は遺物として残っていないものも、キセルや酒樽、動物遺体といった関連する遺物から検討した。

アイヌの物質文化研究を通し感じられるのは、「モノ」は単なる物ではなく、モノには魂が宿っているという一貫した思想である。彼らの頭の中では、生物の生や死と同じように、人が作り出すモノの生産と消費が認識されていたに違いない。そう考えると、アイヌの人々が交易に便利なはずの貨幣をなぜ受け入れなかったのか理解できる。彼らにとっては、お金で生命が買えないのと同じ理屈で、お金でモノは買えないのである。

アイヌの人々は縄文人と違って自給自足の生活をしていたわけではない。しかし、交易のためとはいえ、狩猟や採集に生業の基盤を置く限り、自然に対する畏敬の念を失うことはなかった。だからこそ、和人には希薄となるいっぽうのモノに対する魂送りの思想が保たれたのであろう。

普段あふれかえるモノに囲まれて暮らす我々現代日本人の多くは、地震や津波といった自然の脅威にさらされて初めてモノの生産と流通に関する膨大な手間を痛感し、モノの有難みを再認識する。モノとの付き合い方に関しては、アイヌの人々のほうが上手であったと言わざるを得ない。

文化の多様性は何物にも代えがたい人類の財産である。アイヌ文化に対する理解を深めることは、アイヌの人々だけでなく、日本人全体に知的・精神的刺激を与え、新たな文化の創造に寄与するに違いない。

註・参考文献

（1）埴原和郎『日本人の誕生』（歴史文化ライブラリー一、吉川弘文館、一九九六年）、近藤修監修『日本人の起源』（別冊宝島二二三三、宝島社、二〇一四年）

（2）『栖家能山《すみかのやま》』・『外浜奇勝《そとがはまきしょう》』・『追柯呂能通度《つがろのつと》』（内田武志・宮本常一編『菅江真澄全集』三、未来社、一九七二年所収）、『美香幣《みかべ》の誉路臂《よろい》』（内田武志・宮本常一編『菅江真澄全集』四、未来社、一九七三年所収）、『新古祝甕品類之図《しんこいわいべひんるいのかた》』（内田武志・宮本常一編『菅江真澄全集』九、未来社、一九七三年所収）

（3）関根達人「菅江真澄が描いた縄文土器と土偶」（『真澄学』四、東北芸術工科大学東北文化研究センター、二〇〇六年）

（4）喜田貞吉「日本石器時代の終末期について」（『ミネルヴァ』一―一、一九三六年）、「『あばた』も『えくぼ』・『えくぼ』も『あばた』―日本石器時代終末期問題―」（『ミネルヴァ』一―五、一九三六年）、山内清男「日本考古学の秩序」（『ミネルヴァ』一―四、一九三六年）、「考古学の正道―喜田博士に答ふ―」（『ミネルヴァ』一―六・七、一九三六年）

（5）藤尾慎一郎『〈新〉弥生時代』（歴史文化ライブラリー三六九、吉川弘文館、二〇一一年）、国立歴史民俗博物館編『弥生ってなに?!』（企画展示図録、二〇一四年）

（6）松本建速『蝦夷の考古学』（同成社、二〇〇六年）

（7）三浦圭介「北奥・北海道地域における古代防御性集落の発生と展開」（『国立歴史民俗博物館研究報告』六四、一九九五年）

（8）小口雅史「火山灰と古代東北史―十和田aと白頭山を中心に―」（『北から生まれた中世日本』、高志書院、二〇一二年）

（9）入間田宣夫『北日本中世社会史論』（吉川弘文館、二〇〇五年）

（10）瀬川拓郎『アイヌの歴史―海と宝のノマド―』（講談社選書メチエ四〇一、二〇〇七年）

（11）例えば、瀬川拓郎氏は著書『アイヌ学入門』（講談社現代新書、二〇一五年）のなかで、擦文文化の担い手を含めてアイヌと表記している。

（12）渡辺仁氏は『縄文式階層化社会』（六興出版、一九九〇年）等において、北海道アイヌの雑穀農耕を認めつつも狩猟採集社会であるとし、アイヌ等の北洋沿岸民族例に基づき「縄文式階層化社会」のモデル化を行った。

(13) 関根達人『中近世の蝦夷地と北方交易—アイヌ文化と内国化—』（吉川弘文館、二〇一四年）

(14) 北海道・東北史研究会編『北からの日本史』一（三省堂、一九八八年）、北海道・東北史研究会編『北からの日本史』二、（三省堂、一九九〇年）、北海道・東北史研究会編『海峡をつなぐ日本史』（三省堂、一九九三年）、網野善彦・石井進編『北から見直す日本史』（大和書房、二〇〇一年）、村井章介・斉藤利男・小口雅史編『北の環日本海世界』（山川出版社、二〇〇二年）

(15) 大石直正・高良倉吉・高橋公明『日本の歴史一四 周縁からみた中世日本』（講談社、二〇〇一年）、菊池勇夫編『日本の時代史一九 蝦夷島と北方世界』（吉川弘文館、二〇〇三年）

(16) 天野哲也・臼杵勲・菊池俊彦『北方世界の交流と変容』（山川出版社、二〇〇六年）、榎森進・小口雅史・澤登寛聡編『エミシ・エゾ・アイヌ』（岩田書院、二〇〇八年）、榎森進・小口雅史・澤登寛聡編『北東アジアのなかのアイヌ世界』（岩田書院、二〇〇八年）

(17) 上村英明『北の海の交易者達—アイヌ民族の社会経済史—』（同文舘、一九九〇年）、瀬川拓郎『アイヌ・エコシステムの考古学』（北海道出版企画センター、二〇〇五年）、榎森進『アイヌ民族の歴史』（草風館、二〇〇七年）、ブレッド・ウォーカー『蝦夷地の征服１５９０-１８００』（北海道大学出版会、二〇〇七年）、瀬川拓郎『アイヌの歴史—海と宝のノマド—』（講談社選書メチエ四〇一、二〇〇七年）

(18) 佐々木史郎『北方から来た交易民』（ＮＨＫブックス七七二、一九九六年）、木村和男『毛皮交易が創る世界』（岩波書店、二〇〇四年）、森永貴子『ロシアの拡大と毛皮交易』（彩流社、二〇〇八年）

(19) 大塚和義編『北太平洋の先住民交易と工芸』（思文閣出版、二〇〇三年）

(20) 国立民族学博物館『ラッコとガラス玉』（二〇〇一年）

(21) 天野哲也『クマ祭りの起源』（雄山閣、二〇〇三年）

(22) 菊池俊彦『北東アジア古代文化の研究』（北海道大学出版会、一九九五年）、天野哲也『古代の海洋民オホーツク人の世界』（雄山閣、二〇〇八年）、天野哲也・池田榮史・臼杵勲編『中世東アジアの周縁世界』（同成社、二〇〇九年）

(23) 北海道新聞社編『蝦夷錦の来た道』（二〇〇一年）、北海道開拓記念館『山丹交易と蝦夷錦』（第四二回特別展図録、一九九六年）、青森県立郷土館・東奥日報社『蝦夷錦と北方交易』（開館三〇周年記念特別展図録、二〇〇三年）

(24) 榎森進『アイヌ民族の歴史』（草風館、二〇〇七年）、平山裕人『アイヌの歴史』（明石書店、二〇一四年）

(25) 越崎宗一『アイヌ繪』、一九四五年（一九七六年北海道出版企画センター再版）、越崎宗一『アイヌ絵志』（一九五九年、〈一九七二年北海道出版企画センター再版〉）、高倉新一郎編『アイヌ絵集成』（番町書房、一九七三年）、五十嵐聡美『アイヌ絵巻探訪』（北海道新聞社、二〇〇三年）、佐々木利和『アイヌ絵誌の研究』（草風館、二〇〇四年）、新明英仁『「アイヌ風俗画」の研究』（中西出版、二〇一一年）

(26) 東京国立博物館『東京国立博物館図版目録（アイヌ民族資料篇）』（東京美術、一九九二年）、北海道教育委員会『アイヌ民族文化財緊急調査報告書（有形民俗文化財一～五）』（一九七七～八一年）、佐々木史郎・古原敏弘・小谷凱宣『北海道内の主要アイヌ資料の再検討』（国立民族学博物館、二〇〇八年）、小谷凱宣・萩原眞子編『海外アイヌ・コレクション総目録』（南山大学人類学研究所、二〇〇四年）

(27) アイヌ文化期に噴火した北海道の主な火山と遺跡で発見され時代を決める鍵層となる降下火山灰には次のようなものがある（年代順）。

寛永一七年（一六四〇）北海道駒ケ岳（駒ヶ岳d火山灰）
寛文三年（一六六三）有珠山（有珠b火山灰）
寛文七年（一六六七）樽前山（樽前b火山灰）
元文四年（一七三九）樽前山（樽前a火山灰）
寛保元年（一七四一）渡島大島（大島a火山灰）
一八世紀後半 雌阿寒岳（雌阿寒岳a火山灰）
文政五年（一八二二）有珠山（有珠Ⅳa火山灰）

(28) 浪川健治『近世日本と北方社会』（三省堂、一九九二年）、青森県『青森県史 資料編近世1（近世北奥の成立と北方世界）』（二〇〇一年）、榎森進「北奥のアイヌの人々」（『アイヌの歴史と文化』Ⅰ、創童社、二〇〇三年）

(29) 長谷川成一「本州北部における近世城下町の成立」（『海峡をつなぐ日本史』、三省堂、一九九三年）

(30) 喜田貞吉『喜田貞吉著作集』九（蝦夷の研究）（平凡社、一九八〇年）、喜田貞吉『喜田貞吉著作集』一二（斉東史話・紀行文）、（平凡社、一九八〇年）

(31) 佐井村海峡ミュウジアム『佐井村海峡ミュウジアム』（一九九二年）

（32）青森市歴史民俗展示館「稽古館」（『自然と共存したアイヌの人々』、二〇〇二年）
（33）萱野茂『アイヌの民具』（すずさわ書店、一九七八年）
（34）喜田貞吉『喜田貞吉著作集』一二（斉東史話・紀行文）（平凡社、一九八〇年）
（35）東北歴史博物館『杉山コレクション アイヌ関係資料図録』（二〇〇一年）
（36）東京国立博物館『東京国立博物館図録目録（刀装篇）』（大塚巧藝社、一九九七年）
（37）網野善彦編『海と列島文化Ⅰ（日本海と北国文化）』（小学館、一九九〇年）、北海道・東北史研究会編『海峡をつなぐ日本史』（三省堂、一九九三年）、網野善彦・石井進編『北から見直す日本史』（大和書房、二〇〇一年）、アイヌ文化振興・研究推進機構編『よみがえる北の中・近世　掘り出されたアイヌ文化』（二〇〇一年）
（38）今村義孝校注『奥羽永慶軍記（復刻版）』（無明舎出版、二〇〇五年）
（39）青森県『青森県史 資料編近世1（近世北奥の成立と北方世界）』（二〇〇一年）
（40）『津軽編旧記伝類』（青森県文化財保護協会編『みちのく双書』五、一九五八年所収）、『津軽歴代記類』（青森県文化財保護協会編『みちのく双書』七・八、一九五九年所収）、『平山日記』（青森県文化財保護協会編『みちのく双書』二二、一九六七年所収）
（41）「外浜づたひ」（内田武志・宮本常一編訳『菅江真澄遊覧記』二、平凡社東洋文庫六八、一九七八年所収）、菊池勇夫『菅江真澄が見たアイヌ文化』（神奈川大学評論ブックレット三〇、お茶の水書房、二〇一〇年）
（42）矢野憲一『鮑（ものと人間の文化史六二）』（法政大学出版局、一九八九年）
（43）永保元年（一〇八一）、陸奥守として赴任した源義家に対し清原真衡が催した三日厨の引出物に「あさらし」が含まれている（『奥州後三年記』上）。平泉の藤原基衡と左大臣藤原頼長との間で行われた奥州の荘園に関わる年貢交渉に「水豹皮」が登場（『台記』仁平三年〈一一五三〉九月一四日条）。藤原基衡が毛越寺金堂本尊の造立を運慶に依頼した際、運慶に支払った費用の品に「七間々中径ノ水豹皮六十余枚」が含まれている（『吾妻鏡』文治五年〈一一八九〉九月一七日条）。
（44）『本朝食鑑』（島田勇雄訳註『本朝食鑑』全五巻（平凡社東洋文庫二九六・三一二・三四〇・三七八・三九五、一九七六〜八一年所収）
（45）浪川健治『近世日本と北方社会』（三省堂、一九九二年）

(45)　中村生雄・赤坂憲雄・三浦佑之編『狩猟と供養の文化誌』（森話社、二〇〇七年）

(46)　註(21)の文献に同じ。

(47)　擦文文化の終末年代を巡る議論については、小野裕子氏が論文「擦文文化後半期に関する年代諸説の検討」（天野哲也・小野裕子編『古代蝦夷からアイヌへ』、吉川弘文館、二〇〇七年）のなかでまとめている。小野氏は擦文文化の終末に関する議論について、終焉の要因を日本海交易の影響による物質的変化に求め、その時期を北海道と東北北部でほぼ同時とみる「東北・北海道併行終焉説」と、擦文文化の地域的・集団的差異を重視し、終焉時期に時間差差があったとみる「地域的時間差節」とに大別して解説している。

(48)　東北地方では、青森県平川市古館遺跡・蓬田《よもぎた》村蓬田大館遺跡・八戸市熊野堂遺跡、岩手県平泉町柳之御所・金ケ崎町玉貫遺跡、秋田県横手市陣館遺跡、山形県遊佐町升川遺跡などで一一～一二世紀の内耳鉄鍋が出土している。北海道でも一一世紀頃から鉄鍋が流入し始め、一二～一三世紀になると全域に広がるとする説（関口明・越田賢一郎・坂梨夏代『北海道の古代・中世がわかる本』、亜璃西社、二〇一五年など）があるが、確実に一二世紀までさかのぼる出土資料は確認できていない。

(49)　六道銭は、この世とあの世の境にある三途《さんず》の川の渡し銭として、六枚の銭貨を死者の棺に入れることが多い。六道とは、仏教において迷いのある者が輪廻する地獄道・餓鬼道・畜生道・修羅道・人間道・天道の六つの世界を指す。

(50)　笹田朋孝『北海道における鉄文化の考古学的研究』（北海道出版企画センター、二〇一三年）

(51)　天野哲也「擦文期北海道にもたらされた鉄の量とこれに関連する諸問題―アイヌ期との比較において―」、『たたら研究』（三〇、一九八八九年）

(52)　擦文文化終末期に属する漆椀は、札幌市K３６遺跡、千歳市梅川4遺跡・ユカンボシC15遺跡、釧路市緑ヶ岡6遺跡などで出土している。

(53)　関根達人・佐藤里穂「蝦夷刀の成立と変遷」（『日本考古学』三九、二〇一五年）

(54)　擦文文化期の骨角製狩猟・漁撈具は、伊達市有珠オヤコツ（南有珠7）遺跡、羅臼町オタフク岩洞穴、神恵内村神恵内観音洞穴などで出土している。

(55)　八重樫忠郎「考古学からみた北の中世の黎明」（『北から生まれた中世日本』、高志書院、二〇一二年）

(56)　青森県内では、鰺ヶ沢町赤石（珠洲焼）、七戸町左組（1）遺跡（常滑焼）・同（3）遺跡（常滑焼）で一二世紀代の経容器が発見されている（青森県『青森県史資料篇考古４』、二〇〇三年）。また、珠洲焼の経容器が出土した弘前市の堂ヶ平経塚では、大型の方形のマウンドと溝が確認されている（関根達人「北奥の一二世紀」、『平泉文化研究年報』九、二〇〇九年）。また、陸奥湾に面する平内《ひらない》町の白狐塚遺跡でも常滑焼や愛知県渥美半島で生産された渥美焼、宮城県石巻市水沼窯製品など一二世紀代の壺・甕が採集されており、経塚の可能性が指摘されている（岩手県立博物館『比爪―もう一つの平泉―』、二〇一四年）。

(57) 瀬川拓郎『アイヌの世界』（講談社選書メチエ四九四、二〇一一年）、斎藤利男『平泉』（講談社、二〇一四年）

(58) 久慈郡・鹿角《かづの》郡・比内《ひない》郡・津軽平賀《ひらか》郡・津軽鼻和《はなわ》郡・津軽山辺郡・津軽田舎郡・糠部《ぬかのぶ》郡が建郡され、陸奥国に編入された。

(59) 『吾妻鏡』の文治五年（一一八九）九月一七日条にある、中尊寺・毛越寺の宗徒が平泉を占領した源頼朝に提出した「寺塔已下注文」の第一条「関山中尊寺事」の冒頭。

(60) 斎藤利男『平泉』（講談社、二〇一四年）

(61) 仁木宏・綿貫友子『中世日本海の流通と港町』（清文堂、二〇一五年）

(62) 青森県『津軽の仏像』（青森県史叢書、二〇一一年）

(63) 青森県『青森県史　文化財編美術工芸』（二〇一〇年）

(64) 前川要・十三湊フォーラム実行委員会編『十三湊遺跡』（考古学リーダー七、六一書房、二〇〇六年）

(65) 東京大学文学部『常呂』（一九七二年、）大井晴男「礼文島元地《もとち》遺跡のオホーツク式土器について」（『北方文化研究』六、北海道大学文学部、一九七二年）、新岡武彦・宇田川洋『サハリン南部の考古資料』（北海道出版企画センター、一九九二年）

(66) M・M・プロコーフィエフ・V・A・デリューギン・S・V・ゴルブノーフ（中川昌久訳／菊池俊彦・中村和之監修／瀬川拓郎・澤井玄・中村和之解説）『サハリンと千島の擦文文化の土器』（函館工業高等専門学校、二〇一二年）

(67) 菊池俊彦「厚真町ニタップナイ遺跡出土の鉄鏃について」（『北海道考古学』四六、二〇一〇年）

(68) 註(10)文献に同じ。

(69) I・U・M・ワシーリェフ（天野哲也訳）「アムール流域のパクローフカ文化（九―一三世紀）の火葬」（『北海道考古学』三〇、一九九四年）

(70) 清水信行「チェルニャチノ5墓地遺跡の発見」（『北東アジアの中世考古学』アジア遊学一〇七、勉誠出版、二〇〇八年）

(71) 王承礼・曹正榕「吉林敦化六頂山渤海古墓」（『考古』、中国社会科学院考古研究所、一九六一年）、王承礼「敦化六頂山渤海墓

清理発掘記」（『社会科学戦線』、一九七九年）
(72) 宇田川洋「アイヌ墓の成立過程」（『北の人類学』アカデミア出版会、一九九二年）
(73) 藤本強「オホーツク海をめぐる交流」（『日本の古代』三、中央公論社、一九八六年）
(74) 菊池俊彦「銀の道―北海道羅臼町植別川遺跡出土の銀製品に寄せて―」（『郵政考古紀要』一九、一九九二年）、菊池俊彦『北東アジア古代文化の研究』（北海道大学出版会、一九九五年）
(75) 東京大学文学部考古学研究室・常呂研究室編『ライトコロ川口遺跡』（一九八〇年）
(76) 河野広道氏は「貝塚は、少なくともアイヌの場合には、（中略）「物送り場」の跡であって、物の霊を天国に送った「骸」の置場である。（中略）「物送り場」はタブーにより汚すことを厳禁され、物送り場に物を送るのは、一定の儀式と祈りとを捧げた後になされた。だからこそ、霊の上天した人間の遺骸をも亦貝塚に葬ったとて何の矛盾もない」（河野広道「貝塚人骨の謎とアイヌのイオマンテ」、『人類学雑誌』五〇―四、一九三五年）と考えた。
(77) 続縄文時代では伊達市有珠モシリ遺跡や余市町入舟遺跡、擦文期では有珠オヤコツ遺跡で貝塚に墓地が営まれている（青野友哉「北海道における貝塚文化の消長」、『地域と文化の考古学Ⅱ』、明治大学文学部考古学研究室、二〇〇八年）。
(78) 上野秀一「札幌市K三九遺跡大木地点の中世遺跡をめぐって」、『アイヌ文化の成立と変容―交易と交流を中心として　上　エミシ・エゾ・アイヌ』（岩田書院、二〇〇八年）
(79) 河野広道『河野広道著作集』Ⅱ（北海道出版企画センター、一九七二年）
(80) 宇田川洋『アイヌ文化成立史』（北海道出版企画センター、一九八八年）
(81) 宇田川洋「アイヌ文化期の送り場遺跡」（『考古学雑誌』七〇―四、一九八五年〈宇田川洋『アイヌ考古学研究・序論』、北海道出版企画センター、二〇〇一年に再録〉）
(82) 難波琢雄・青木延広「沖の神（シャチ）とカムイギリ」（『北海道の文化』七二、北海道文化財保護協会、二〇〇〇年）、乾芳宏「ヨイチアイヌと沖の神『カムイギリ』」（『余市水産博物館研究報告』一五、二〇一二年）
(83) 秋野茂樹「北海道アイヌの動物神の送り儀礼」（『アイヌ文化の成立』、北海道出版企画センター、二〇〇四年）
(84) 高橋理「アイヌ文化を考える―シカ送り儀礼をめぐって―」（『アイヌ文化の成立』、北海道出版企画センター、二〇〇四年）、高橋理「アイヌの送り場」（『季刊考古学』一三三、雄山閣、二〇一五年）

(85) 出利葉浩司「近世末期におけるアイヌの毛皮獣狩猟活動について」（『国立民族学博物館研究報告』三四、二〇〇二年）

(86) 佐々木利和『アイヌ文化誌ノート』（歴史文化ライブラリー一二八、吉川弘文館、二〇〇一年）

(87) 行器（ほかい）は元々、神前に食物を備える容器であったが、儀礼の際に食物を運搬するコンテナの役目を果たすようになった。耳盥は角盥とも呼ばれ、左右に角のような突起を持つ盥で、中に水を張って顔を洗い、口を漱ぐのに用いられた。いっぽう、アイヌの人々は行器を「トノト」と呼ばれる濁酒を醸すための容器（酒槽器）として用いた。行器で醸された濁酒は耳盥へと移し替えられた。

(88) 名取武光「北海道噴火湾アイヌの捕鯨」（『北方文化研究報告』三、北海道大学文学部附属北方文化研究施設、一九四〇年）

(89) 宇仁義和「アイヌの鯨類認識と捕獲鯨種」（『北海道民族学』八、北海道民族学会、二〇一二年）

(90) 「鳥羽衣」（ラプル）は、カモやエトピリカなどの鳥を丸のまま羽根と皮が付いた状態で裁いて、パッチワークのように縫い合わせて作る衣装である。

(91) 三春町歴史民俗資料館『三春藩主秋田氏』（開館二十周年記念・平成十五年度特別展図録、二〇〇三年）

(92) 河野常吉「蝦夷の刀剣」（『考古学雑誌』四―五、日本考古学会、一九一四年）

(93) 金田一京助・杉山寿栄男『アイヌ藝術』三〈金工・漆器篇〉、（第一青年社、一九四三年）

(94) 杉山寿栄男「アイヌの髭揚篦と日本の刀剣」（『人類学雑誌』五五―一〇、東京人類学会、一九四〇年）

(95) 厳物造とは、手に握る柄と刀身を収める鞘を金属板で包み、太刀を腰に吊るすために紐である佩緒《はきお》や柄の先端の兜金《かぶとがね》につく猿手を鎖製にするなど堅牢かつ緻密な彫刻が施された太刀拵を指す。兵庫鎖太刀に代表される厳物造は、武士階級の台頭に伴い現れた。

(96) 岡本良知訳『北方探検記 元和年間に於ける外国人の蝦夷報告書』（吉川弘文館、一九六二年）

(97) 北構保男『一六四三年アイヌ社会探訪記』（雄山閣、一九八三年）

(98) 高倉新一郎編『日本庶民生活史集成』四（三一書房、一九六九年）

(99) 註(53)の文献に同じ。

(100) 菅江真澄著／内田武志・宮本常一編訳『菅江真澄遊覧記』二（東洋文庫六八、平凡社、一九六六年）

(101) イザベラ・バード著／金坂清則訳『日本奥地紀行』（東洋文庫八四〇、平凡社、二〇一三年）

(102) 河野広道「アイヌの話」(『河野広道著作集』Ⅱ続北方文化論、北海道出版企画センター、一九七二年に再録)
(103) 萱野茂編『アイヌ民族写真・絵画集成』一(祭礼)、(日本図書センター一九九五年の一八頁掲載図)
(104) 佐々木利和編『久保寺逸彦著作集』一(アイヌ民族の宗教と儀礼)、(草風館、二〇〇一年)
(105) 谷本一之『アイヌ絵を聴く』(北海道大学図書刊行会、二〇〇〇年の二二九頁掲載図)
(106) 註(93)の文献に同じ。
(107) ニール・ゴードン・マンロー著/小松哲郎訳『アイヌの信仰とその儀式』(国書刊行会、二〇〇二年)
(108) 秋葉実編『松浦武四郎選集』二(蝦夷訓蒙図彙・蝦夷山海名産図絵)、(北海道出版企画センター、一九九七年)
(109) 摩周湖南東の西別岳に源を発し根釧台地をへて別海でオホーツク海にそそぐ西別川はサケの名産地として知られ、そこで獲れるサケは「西別鮭」として評価が高い。
(110) 秋葉実編『北方史史料集成』二(加賀家文書)、(北海道出版企画センター、一九八九年)
(111) 岩崎奈緒子『日本近世のアイヌ社会』(校倉書房、一九九八年)
(112) 宇田川洋『アイヌの伝承と砦』(北の教養選書三、北海道出版企画センター、一九八一年)
(113) ツクナイや手印については次の研究がある。
菊池勇夫『北方史のなかの近世日本』(校倉書房、一九九一年)
岩崎奈緒子『日本近世のアイヌ社会』(校倉書房、一九九八年)
渡部　賢「「ツクナイ」と起請文」『アイヌ文化の成立と変容』、法政大学国際日本学研究所、二〇〇七年(榎森進・小口雅史・澤登寛聡編『北東アジアのなかのアイヌ世界』、岩田書院、二〇〇八年に再録)
(114) 菊池勇夫『十八世紀末のアイヌ蜂起―クナシリ・メナシの戦い』(サッポロ堂書店、二〇一〇年)
(115) 註(98)の文献に同じ。
(116) 註(98)の文献に同じ。
(117) 万能薬となるサルノコシカケ科の多年生菌。
(118) ニシンの腸と鰓が混ざった乾燥品。
(119) 駒木根恵蔵「ヨイチ場所でのアイヌと出稼和人の取引について」(『北の資料』一二七〈「資料で語る北海道の歴史」講演会講

演録〉、北海道立図書館、二〇〇九年）

(120) 乙名・脇乙名に次ぐ村（コタン）の有力者で、松前藩や幕府がアイヌ支配のため家柄などにより近世社会の村役人に擬して任命した。

(121) 鈴木達也『世界喫煙伝播史』（思文閣出版、二〇一五年）

(122) 鈴木達也『喫煙伝来史の研究』（思文閣出版、一九九九年）

(123) 児玉幸太「江戸時代のたばこ」（『たばこと塩の博物館研究紀要』五、一九九三年）

(124) 註(97)の文献に同じ

(125) インドネシア共和国モルッカ諸島北部に位置するテルナーテ島産のタバコと思われる。大航海時代にはこの島で産出される高価な香辛料を求めヨーロッパ人が進出した。一六四三年当時、テルナーテ島はオランダとスペインの支配下にあった。

(126) 註(96)の文献に同じ。

(127) 北海道埋蔵文化財センター『調査年報』一八（二〇〇五年）、北海道埋蔵文化財センター『森町森川3遺跡（2）』、（二〇〇六年）。森川3遺跡から出土したキセルの雁首は、大きめの火皿には火皿窓、火皿と脂返しとの接合部分には補強帯がそれぞれ見られ、羅宇側に肩が付くもので、古泉弘氏によるキセル編年（古泉弘『江戸を掘る』、柏書房、一九九〇年）のⅠ期とⅡ期の過渡的な様相を示す。なお、このキセルに伴う焼土の年代測定値は一六〇〇±三〇年と報告されている。

(128) 伊達市噴火湾文化研究所『有珠4遺跡発掘調査報告書』（二〇〇九年）

(129) 馬場脩「日本北端地域のアイヌとタバコ」（『古代文化』一三―一一、一九四二年〈馬場脩『樺太・千島考古・民族誌』一、北海道出版企画センター、一九七九年に再録〉）

(130) 関根達人二〇〇三「アイヌ墓の副葬品」（『物質文化』七六、二〇〇三年〈関根達人『中近世の蝦夷地と北方交易』、吉川弘文館、二〇一四年に再録〉）

(131) 蝦夷地場所での対アイヌ交易品の古記録としては、ヨイチ場所の場所請負人である林家（竹屋）文書（『余市町史』資料編一、一九九五年）や、シベツ場所の支配人であった加賀伝蔵が遺した加賀家文書（秋葉實『北方史資料集成』二、北海道出版企画センター、一九八九年、別海町郷土資料館『加賀家文書』、一九八九年、同『加賀家文書』二〇一五年）等が参考になる。

(132) 山本正編『近世蝦夷地農作物年表』（北海道大学図書刊行会、一九九六年）によれば、松前地（和人地）では享保二年（一七一七）には煙草が栽培されており（「松前蝦夷記」）、蝦夷地でも一九世紀初頭にはムカワ（鵡川）でアイヌによる煙草の栽培が確認できる（「東蝦夷地紀行」）。

(133) 松前町史編集委員会『松前町史』資料編三（一九七九年）に所収。

(134) 久保寺逸彦「挨拶・礼儀・作法」（『アイヌ民族誌』、第一法規株式会社、一九七〇年）

(135) 村上隆『金・銀・銅の日本史』（岩波新書一〇八五、岩波書店、二〇〇七年）

(136) 平取町教育委員会『平取町カンカン2遺跡』（平取町文化財調査報告書三、一九九六年）

(137) 深澤百合子「アイヌ文化とは何か」（『新北海道の古代3 擦文・アイヌ文化』北海道新聞社、二〇〇三年）

(138) 北海道埋蔵文化財センター『根室市穂香竪穴群』（北海道埋蔵文化財センター調査報告一七〇、二〇〇二年）

(139) 伊達市教育委員会『有珠オヤコツ・ポンマ遺跡』（一九九三年）

(140) 恵庭市教育委員会『カリンバ2遺跡第Ⅲ・Ⅳ・Ⅴ地点』（一九九八年）

(141) 註(112)の文献に同じ。

(142) 北海道立函館美術館『蠣崎波響とその時代』（一九九一年）

(143) 佐々木利和「蠣崎波響筆『東武画像について』」（『松前藩と松前』一〇、一九七七年）。紋別の比定地について、佐々木氏は東蝦夷地の噴火湾沿岸とした。

(144) 註(93)の文献に同じ。宇田川洋「アイヌ文化の形成過程をめぐる一試論」（『国立歴史民俗博物館研究報告』一〇七、二〇〇三年）、瀬川拓郎「宝の王の誕生」（『北海道考古学』四五、二〇〇九年）

(145) 東京国立博物館『東京国立博物館図版目録（アイヌ民族資料篇）』（東京美術、一九九二年）、横田直哉「栗山町桜山出土の『鍬形』」（『北海道の文化』七四、北海道文化財保護協会、二〇〇二年）

(146) 註(139)文献に同じ。恵庭市教育委員会『ユカンボシE4遺跡』（一九九七年）、東京大学文学部考古学研究室・常呂研究室編『ライトコロ川口遺跡』（一九八〇年）

(147) 余市町教育委員会『一九九二年度大川遺跡発掘調査概報』（一九九三年）、余市町教育委員会『一九九三年度大川遺跡発掘調査概報』（一九九四年）、余市町教育委員会『大川遺跡における考古学的調査』Ⅱ（二〇〇〇年）

(148) 根室市教育委員会『根室市コタンケシ遺跡発掘調査報告書』（一九九四年）

(149) 釧路市埋蔵文化財調査センター『釧路市幣舞遺跡調査報告書』Ⅱ、(一九九四年)
(150) 関根達人編『北海道渡島半島における戦国城館跡の研究』(弘前大学人文学部文化財論研究室、二〇一二年)
(151) 苫小牧市教育委員会・苫小牧市埋蔵文化財調査センター『弁天貝塚Ⅲ』(一九八九年)
(152) 註(151)の文献に同じ
(153) 佐々木譲『五稜郭残党伝』(集英社、一九九一年、一九九四年に集英社から文庫化)
(154) Ridgeway Reference Archive. Civil War buttons. Catalog of button backmarks. Scovill companies. http://relicman.com/
(155) 日本民芸館所蔵のタマサイ(所蔵番号あ24)に使われている金ボタンは直径二一・八ミリメートルで、表面の中央にある紋章には「U. S. M.」、縁に沿って「NEWYORK & LIVERPOOL LINE」と記されている。この金ボタンは、ニューヨークとリバプールを結ぶ定期便の船員制服に着けられていた可能性が高い。ニューヨーク・リバプール間の定期便は、一八一八年に船会社ブラック・ボール・ライン社によって運航が開始された帆船フリア号を嚆矢とする。一八六六年には、ニューヨークのS・ビーギオンによるギオン・ラインが同航路に参入し、途中不況による中断を挟みながらも一八八五年まで運行した。また、一八七一年には英国のホワイト・スター・ライン社が汽船オセアニック号でニューヨーク・リバプール間の運行に参入した。
(156) 新藤透『松前景広「新羅之記録」の史料的研究』(思文閣出版、二〇〇九年)
(157) 菅原慶郎「松前・蝦夷地における長崎貿易向けコンブの集荷—一八世紀後半を中心に—」(『近世・近代における歴史的諸相』、三省堂書店、二〇一五年)
(158) 北海道産コンブが本州に移出され始めた時期に関しては、七世紀末~八世紀代にマコンブの生息分布域である渡島半島沿岸と本州東北太平洋側とを結ぶコンブ交易のパイプが形成されたとの説が出されている(簑島栄紀『「もの」と交易の古代北方史』、勉誠出版、二〇一五年)。
(159) 函館市教育委員会『史跡志苔館跡』(一九八六年)
(160) 市立函館博物館『函館志海苔古銭』(一九七三年)、田原良信「志海苔中世遺構出土銭の再検討」『出土銭貨』一九(出土銭貨研究会、二〇〇三年)
(161) 白山友正「志海苔古銭の流通史的研究」(『日本歴史』二八三、一九七一年)、白山友正「志海苔古銭の流通史的研究補遺」

（『函大商学論究』八、函館大学商学部、一九七三年）、工藤清泰「北へ向かった人々—謎の埋納銭をめぐって」（『日本海域歴史大系』三〈中世篇〉、清文堂出版、二〇〇五年）
(162) 村上島之丞（秦檍丸）『蝦夷嶋奇観』、一八〇〇年（東京国立博物館『蝦夷島奇観』、雄峰社、一九八二年）
(163) 註(86)の文献に同じ。
(164) 深澤百合子「一七世紀沙流川流域アイヌ文化の鋼製造技術」（『北海道考古学』三四、北海道考古学会、一九九八年）
(165) 註(96)の文献に同じ。
(166) 註(96)の文献に同じ。
(167) 北桧山町教育委員会『瀬田内チャシ跡遺跡発掘調査報告書』（一九八〇年）、瀬棚町教育委員会『瀬田内チャシ跡遺跡発掘調査報告書』（一九八〇年）
(168) セタナイのアイヌの首長ハシタインを上ノ国の天《あま》の川の郡内に据え置いて西部アイヌの長とし、知内《しりうち》のアイヌの首長チコモタインを東部アイヌの長とした上で、蠣崎氏が諸国より来航する商人から徴する「年俸」の一部を両首長に「夷役」として配分することを定めた（註(24)の榎森文献による）。
(169) 入間田宣夫「糠部・閉伊・夷が島の海民集団と諸大名」（『北の内海世界』、山川出版社、一九九九年）、網野善彦・石井進編『北から見直す日本史』（大和書房、二〇〇一年）
(170) 檜山安東（安藤）氏を頂点とする「三守護体制」については、実際には松前の下国定季を守護とする「一守護体制」ではなかったかとの意見が提起されている（小林真人「北海道の戦国時代と中世アイヌ民族の社会と文化」、『北の内海世界』、山川出版社、一九九九年）。
(171) 註(150)の文献に同じ。
(172) 秦野裕介「鎌倉・室町幕府体制とアイヌ」（『新しいアイヌ史構築　先史編・古代編・中世編』、北海道大学アイヌ・先住民研究センター、二〇一二年）
(173) 金田一京助「アイヌのイトクパの問題」（『人類学雑誌』四五—四〈通巻五一〇〉、東京人類学会、一九四〇年）
(174) 上ノ国町教育委員会『史跡上之国勝山館跡ＸＸ』（一九九九年）
(175) 上ノ国町教育委員会『史跡上之国勝山館跡ＸＸⅠ』（二〇〇〇年）

(176) 上ノ国町教育委員会『夷王山墳墓群』（一九八四年）、上ノ国町教育委員会『夷王山墳墓群Ⅱ』（一九九一年、上ノ国町教育委員会『史跡上之国勝山館跡ⅩⅩⅡ』、二〇〇一年）

(177) 奈良貴史「形態人類学からみたアイヌ」（『季刊考古学』一三三、雄山閣、二〇一五年）

(178) 米田穣・奈良貴史「アイヌ文化における食生活の多様性」（『季刊考古学』一三三、雄山閣、二〇一五年）

(179) 稲葉一郎解読『入北記』（北海道出版企画センター、一九九二年）

(180) 簑島栄紀『「もの」と交易の古代北方史』（勉誠出版、二〇一五年）

(181) 海保嶺夫『日本北方史の論理』（雄山閣、一九七四年）、海保嶺夫『中世の蝦夷地』（吉川弘文館、一九八七年）、大井晴男「『シャクシャインの乱（寛文九年蝦夷の乱）』の再検討」（『北方文化研究』二一、北海道大学文学部附属北方文化研究施設、一九九二年）、大井晴男「『シャクシャインの乱（寛文九年蝦夷の乱）』の再検討（承前）」（『北方文化研究』二二、北海道大学文学部附属北方文化研究施設、一九九五年）

(182) 昭和三八年の調査は、静内町教育委員会が計画し、静内高等学校文化人類学研究部を中心に行われた（藤本英夫編「シベチャリのチャシ発掘報告―第1次調査―」、『せいゆう』九、北海道立静内高等学校文化人類学研究部、一九六四年〈同『創立二五周年記念誌』、一九七八年に再録〉）。昭和六二年の調査は静内町教育委員会により行われたが、正式な報告書は刊行されていない。

(183) この四名はシャクシャインと共謀したとの嫌疑により、松前軍からによって庄内の作左衛門・最上の助之丞・尾張の市左衛門は斬殺、越後の庄太夫はピポク（新冠町）で火刑に処せられた。

(184) クナシリ・メナシの戦いについては、事件当事者の「口書」（調書・証言）の検証にもとづき、アイヌに横暴を働いた出稼ぎ和人に焦点を当てた優れた研究がある（菊池勇夫『一八世紀末のアイヌ蜂起―クナシリ・メナシの戦い』、サッポロ堂書店、二〇一〇年）。

(185) 蝦夷三官寺とは、蝦夷地を直轄地化した幕府が、蝦夷地で死亡する和人の供養とキリスト教の防遏を目的として文化元年（一八〇四）に東蝦夷地に建てた、厚岸の臨済宗国泰寺・様似《さまに》の天台宗等澍院・有珠の浄土宗善光寺の三ヵ寺。蝦夷三官寺については、佐々木馨『アイヌと「日本」』（山川出版社、二〇〇一年）に詳しい。

(186) 菊池勇夫編『日本の時代史一九　蝦夷島と北方世界』（吉川弘文館、二〇〇三年）

(187) 常陸太田市史編さん委員会『常陸太田市史 通史編上』（一九八四年）

(188) 関根達人編『松前の墓石から見た近世日本』（北海道出版企画センター、二〇一二年）
(189) 松前町『史蹟とさくら』（一九五八年）、北海道高等学校日本史教育研究会編『北海道の歴史散歩』（山川出版社、二〇〇六年）
(190) クシュンコタンは松前藩勤番役所や台場、運上屋など多数の漁場施設、弁天社、稲荷社があるカラフト経営の中心地であった。
(191) 洞富雄・高野明「久春古丹のムラヴィヨフ哨所」（『日本歴史』九二、一九五六年）、秋月俊幸『日露関係とサハリン島―幕末明治初年の領土問題―』（筑摩書房、一九九四年）
(192) 「村垣淡路守公務日記」嘉永七年六月一五日条（東京帝国大学編『大日本古文書　幕末外交関係文書』附録之二、東京帝国大学、一九一七年）
(193) ロシアからの開国要求に応じず、皇帝アレクサンドル一世が派遣したニコライ・レザノフを幽閉状態に置いたことに対する報復として、ロシアは文化三年（一八〇六）にカラフトのクシュンコタンを、翌年にはエトロフ島紗那の幕府会所を攻撃した。
(194) ニコライ・ブッセ著・秋月俊幸訳『サハリン島占領日記一八五三―五四』（東洋文庫七一五、平凡社、二〇〇三年）
(195) 東俊佑「幕末カラフトにおける蝦夷通詞と幕府の蝦夷地政策」（『北海道・東北史研究』二、サッポロ堂書店、二〇〇五年）
(196) 「唐太嶋日記」〈北海道大学附属図書館北方資料室蔵〉嘉永七年七月九日条による。
(197) 註(192)の文献所収「村垣淡路守公務日記」嘉永七年六月二〇日条
(198) 註(192)に同じ。
(199) 東京帝国大学編『大日本古文書　幕末外国関係文書』之一四、（東京帝国大学、一九二二年の七〇号文書）
(200) 東京帝国大学編『大日本古文書　幕末外国関係文書』之一五、（東京帝国大学、一九二二年の一四四号文書）
(201) アイヌの人々が醸す「トノト」と呼ばれる酒は、稗を原料とした濁り酒だが、稗以外の原料も使われた。
(202) 余市町教育委員会『入舟遺跡における考古学的調査』（一九九九年）
(203) 斎藤正一「大山酒造業発達史―東北米作地帯における酒造業の一例―」（『鶴岡工業高等専門学校研究紀要』一、一九六七年）
(204) 大山町酒造組合『大山酒史』（一九一六年）、斎藤正一・佐藤誠朗『大山町史』（大山町史刊行委員会、一九六九年）
(205) 註(203)の文献に同じ。
(206) 大山町酒造組合『大山酒史』（一九一六年）
(207) 「文久元酉年十月戊年御仕入物注文帳」（別海町郷土資料館『加賀家文書二』、二〇一五年）

(208) 加藤良己『北海道の酒造家と酒造史資料』(サッポロ堂書店、二〇一五年)

(209) この調査では、アイヌを「地域社会でアイヌの血を受け継いでいると思われる方、また、婚姻・養子縁組等によりそれらの方と同一の生計を営んでいる方」とし、自らがアイヌであることを表明する人をカウントしている。

(210) アイヌ民族の実態調査は、国連人種差別撤廃委員会から日本政府に要請されているが、全国的な調査は実施されていない。道外に住むアイヌについては、東京都のみが実態調査を実施しており、昭和六三年の時点で推定二七〇〇人と見積もられている(公益社団法人北海道アイヌ協会のホームページより)。

あとがき

学生や一般の方を前に、自分の歴史研究の方法について話をする際、刑事事件や医療にたとえることが多い。歴史研究が刑事事件だとすれば、古文書を扱う研究者や聞き取り調査を行う民俗（民族）学者は、取調室で容疑者や関係者から事情聴取し、事件現場周辺で聞き込みを行う「刑事」である。我々考古学者は、現場検証を担当し、現場や関係個所から押収された物的証拠に基づき犯行の具体像を浮かび上がらせる「鑑識」ということになる。

刑事事件に刑事と鑑識の両者が必要なように、歴史研究も多角的な立場から進める必要がある。刑事事件では容疑者の自供が得られた場合でも、自供を裏付ける物的証拠が必要とされる。同じように、歴史研究では事の詳細を伝える古文書や証言が存在する場合でも、そうした古文書の記載や証言にウソや誤解がないか、「モノ資料」によって検証する必要がある。刑事事件で容疑者が黙秘している場合に鑑識の役割がより重要になるように、古文書や証言が乏しいケースでは我々考古学者が大活躍しなければならない。

まさにアイヌ文化はそうしたケースに当てはまる。関係者（和人）からの供述（古文書）は得られても肝心のアイヌの人々は文字を使わず、黙したままである。また一八世紀以前のこととなると、関係者からの供述も少なく曖昧である。我々考古学者が「物証」を探し出さなければ、この「難事件」は解決しそうにない。

本書では、可能な限り様々な「物証」を集め、モノを通して文化の特徴や歴史的変遷を論じることを目指したが、この試みは上手くいったであろうか。

歴史研究を医療にたとえるなら、古文書を扱う研究者や聞き取り調査を行う民俗（民族）学者は「内科医」や「放射線技師」・「薬剤師」であり、発掘調査を行う我々考古学者は「外科医」である。体への負担を考えできるだけ手術は避けた方がいいように、破壊を伴う発掘は歴史研究でも最終手段といえる。しかし手術でしか治し得ない病があるように、発掘でしか分からない歴史が存在することも事実である。

一八・一九世紀の蝦夷地に関しては発掘調査例が少なく、考古学的な証拠も乏しい。本書ではその欠を補うべく、文字は文字でも紙に書かれた古文書ではなく、石に刻まれた文字、即ち石造物を「物証」として採用した。石造物はアイヌではなく和人が遺したものだが、年号が刻まれており、蝦夷地への和人の経済的・政治的・宗教的進出の実態が分かる重要な歴史資料である。

本書は私の博士論文である『中近世の蝦夷地と北方交易』（吉川弘文館、二〇一四年）をベースとしている。高額な専門書で発行部数が少なかったことから刊行後半年余りで品切れとなっていたが、第六回日本考古学協会賞（大賞）に選ばれ、第二刷が刊行されることとなった。その間、吉川弘文館の永田伸氏から、一般向けの本にしてはどうかとのお話をいただいた。今回一般向けに書き直すにあたり、できるだけアイヌの物質文化の全体像が見えるよう、新しく資料を加えるなど大幅な変更を行った。より詳しく知りたい方は、前著『中近世の蝦夷地と北方交易』を参照されたい。

本書を手に取った方々が、アイヌ文化を通して、マイノリティーであるアイヌの人々にも関心を向けてくれることを願い、結びとしたい。

二〇一六年五月

関根達人

著者略歴
一九六五年　埼玉県に生まれる
一九九二年　東北大学大学院文学研究科博士後期三年の課程中退
現在　弘前大学教授（人文社会・教育学系）
弘前大学北日本考古学研究センター長
博士（文学）

〔主要編著書〕
『墓石が語る江戸時代』（吉川弘文館、二〇一八年）
『中近世の蝦夷地と北方交易』（吉川弘文館、二〇一四年）
『週刊日本の歴史四九号（旧石器・縄文）』（朝日新聞出版、二〇一四年）
『松前の墓石から見た近世日本』（北海道出版企画センター、二〇一二年）
『あおもり歴史モノ語り』（無明舎出版、二〇〇八年）
『北方社会史の視座』一巻（清文堂、二〇〇七年）

モノから見たアイヌ文化史

二〇一六年（平成二十八）六月二十日　第一刷発行
二〇一八年（平成三十）九月二十日　第二刷発行

著者　関《せき》根《ね》達《たつ》人《ひと》

発行者　吉川道郎

発行所　株式会社　吉川弘文館
郵便番号一一三－〇〇三三
東京都文京区本郷七丁目二番八号
電話〇三－三八一三－九一五一〈代〉
振替口座〇〇一〇〇－五－二四四番
http://www.yoshikawa-k.co.jp/

印刷＝藤原印刷株式会社
製本＝ナショナル製本協同組合
装幀＝古川文夫

ISBN978-4-642-08295-2

関根達人著

墓石が語る江戸時代

大名・庶民の墓事情

一八〇〇円　四六判・二五六頁

自らの想いや願いを石に刻むことが流行し、さまざまな石造物が作られた江戸時代。当時の墓石からは、いかなる社会が見えてくるのか。丹念なフィールドワークから、飢饉や疫病などの歴史災害、階層や家族など身分制社会の在り方、大名家の見栄と建前、海運によるヒト・モノ・情報の交流に迫る。墓の無縁化が進む現代に、墓石文化の重要性を考える。

（歴史文化ライブラリー）

中近世の蝦夷地と北方交易

アイヌ文化と内国化

一五〇〇〇円　B5判・四一二頁

未解明であった中近世の蝦夷地の人々とその社会について、考古学と文献史学の双方から解明する。北海道・カラフト・千島へ和人はいつどのような形で進出したか、和人や日本製品の進出がアイヌ文化の形成と変容に与えた影響と、蝦夷地の「内国化」の過程を具体的に論じる。アイヌと和人の両者に光を当て、「蝦夷地史」を新たに提唱する画期的な成果。

〈第6回日本考古学協会賞大賞受賞〉